2017
中国家纺大会

创新物联时代
共享智能家居

10.19-21

中国桐乡

Violet
紫罗兰生机家纺
中国驰名商标
国家工信部认定“品牌培育示范企业”
国家工商总局认定“守合同重信用企业”
院士工作站
高新技术企业
授权发明专利32件
授权实用新型专利33件
省科技厅认定高新技术产品12件
紫罗兰家纺科技股份有限公司
www.violet.com.cn
全 球 生 机 生 活 倡 导 者

2016/2017

中国家用纺织品行业发展报告

中国家用纺织品行业协会　编著

中国纺织出版社

内 容 提 要

《2016/2017中国家用纺织品行业发展报告》共分八个部分。行业运行篇分析了2016年家纺行业的整体运行态势；对行业产业集群最近3年的工作进行了总结与回顾。国际动态篇概述了2016年我国家纺进出口贸易及主要出口市场的发展变化；根据全球2015年家纺贸易成交情况，对世界家纺出口产品、产地及发展趋势进行了整体综合分析。国内市场篇分别从全国大型家纺零售市场、全国家纺专业市场和消费者问卷调查等方面汇集了大量家纺内销市场信息，从多重维度对家纺内销市场及消费者需求情况做出系统的分析。热点研究篇以“创新驱动”为主体，探讨了其在新时期家纺产业生态建设中的重要作用；以“走出去”为关键词，对2016年行业对外交流工作中的新成果进行了梳理总结。上市公司篇分别对家纺行业主板上市公司和新三板上市公司2016年的生产经营情况及发展特点进行了分析综述。研发创新篇着眼家纺文化与时尚流行趋势，对协会2016年举办的三大全国性创意设计及产品设计比赛的成果进行了总结。相关产业篇囊括了棉纺织、化纤、印染及缝纫机等纺织产业链相关行业年度运行情况。另外，附录部分收录了2016年度各类奖项及相关经济数据等资料。

本书是一部集中反映家用纺织品行业年度发展情况与趋势的研究报告，旨在为相关企业、部门机构科学决策和国家宏观经济管理提供具有权威性和指导性的参考依据。

图书在版编目（CIP）数据

2016/2017 中国家用纺织品行业发展报告 / 中国家用纺织品行业协会编著 .-- 北京：中国纺织出版社，2017.6
ISBN 978-7-5180-3602-8

Ⅰ.① 2… Ⅱ.①中… Ⅲ.①纺织品—工业发展—研究—中国—2016-2017 Ⅳ.① F426.81

中国版本图书馆 CIP 数据核字（2017）第 082574 号

策划编辑：孔会云　　特约编辑：沈　靖　　责任校对：武凤余　　责任印制：何　建

中国纺织出版社出版发行
地址：北京市朝阳区百子湾东里A407号楼　邮政编码：100124
销售电话：010—67004422　传真：010—87155801
http://www.c-textilep.com
E-mail:faxing @c-textilep.com
中国纺织出版社天猫旗舰店
官方微博http://weibo.com/2119887771
北京新华印刷有限公司印刷　各地新华书店经销
2017年6月第1版第1次印刷
开本：889 × 1194　1/16　印张：14
字数：248千字　定价：268.00元
京朝工商广字第8172号

《2016/2017中国家用纺织品行业发展报告》
编辑委员会

序 Foreword

当前是实施“十三五”规划、深入供给侧结构性改革的关键时刻，同时，“一带一路”战略在国际中赢得广泛参与和支持。坚持以推进供给侧结构性改革为主线，适度扩大总需求，推动行业转型升级，以提高质量和核心竞争力为中心，坚持创新驱动发展，扩大高质量产品和服务供给，实现制造业大国向制造业强国的转变。家纺行业作为纺织工业的三大终端行业之一，在人民群众日常生活中起着不可替代的作用，在国家经济转型升级的关键时期，是面对挑战的策略参与者，同时也是新时期新机遇的受益者。深入把握国家宏观经济政策以及市场和产业动态对家纺行业影响的分析，对行业发展起着重要的指引作用。

白皮书自问世以来，获得了业界和社会的多方关注和广泛好评。今年是协会第五次面向全社会公开出版发行行业发展报告，报告编撰人员广泛听取各方意见和建议，对过去一年行业发展进行了客观严谨的分析以及有价值的探索。本次白皮书在沿袭一贯风格的同时，根据行业动态和经济热点，新增几处内容，如，阐述了在创新驱动发展的今天家纺行业的创新战略，向全球价值链高端跃升；梳理了2016年家纺行业对外交流、谋求共同发展的新进程；呈现了首届中国丝绸家用纺织品创意设计大赛成果；新增了中国缝制机械行业发展报告；更加综合全面地分析了近3年来产业集群发展情况；更加系统地整理了5年12城家纺消费者的心理与行为调查问卷等内容，使全书的内容更加适应现实的需要。

本书的编著者进行了大量工作，搜集整理行业信息数据，深入研究行业，探讨行业发展前沿热点问题，最后形成本发展报告。报告不尽完美，但协会一直努力，力求把本书打造成一部集中反映行业年度发展情况与趋势的研究报告，为产业发展升级提供服务指南。倘若能够为相关企业、部门机构的科学决策和国家的宏观管理提供信息帮助，家纺企业及相关从业者能从此研究报告中得到收获和启迪，其价值便已超越我们的预期了。

最后，本书在编写过程中得到了社会各界人士的大力支持、真诚鼓励和热心帮助，在此书定稿付梓之际，本人代表协会借此机会向相关单位及个人表示衷心的感谢！

杨兆华

2017年5月

目录 Contents

行业运行

国际动态

国内市场

热点研究

上市公司

研发创新

相关产业

附　录

行业运行

2016年中国家用纺织品行业运行报告

杨兆华　魏启雄　王冉

2016年是“十三五”开局之年，作为纺织三大终端产业之一的家纺行业面临着优势的转换、发展方式的转变和国际产业格局的变化等挑战。2016年家纺行业总体保持平稳态势，主要经济指标增速缓中有进。主要表现在以下几方面：出口数量规模进一步扩大，受汇率影响呈量增价减态势；内销保持中低速增长；投资下降幅度较大；企业运营效益出现分化，转型发展促进效益提升。

一、总体运行稳定，增速缓中有进

2016年，国家统计局统计的1855家规模以上企业（简称规上企业）完成主营业务收入2720亿元，同比增长3.21%，增速较上年同期提高2.67个百分点。在进入中低增长时期后，行业运行总体稳定，而2016年主要经济指标增速比2015年有所回升。协会跟踪统计企业和产业集群的数据也体现这一特点。2016年，协会跟踪的226家重点企业实现主营业务收入835.14亿元，同比增长0.62%，增速较上年提高2.07个百分点；17个产业集群实现主营业务收入3006.6亿元，同比增长3.30%，增速较上年提高0.53个百分点。近几年来规上企业主营业务收入和利润总额增速见图1，规上企业、跟踪统计企业和产业集群主营业务收入增速见图2。

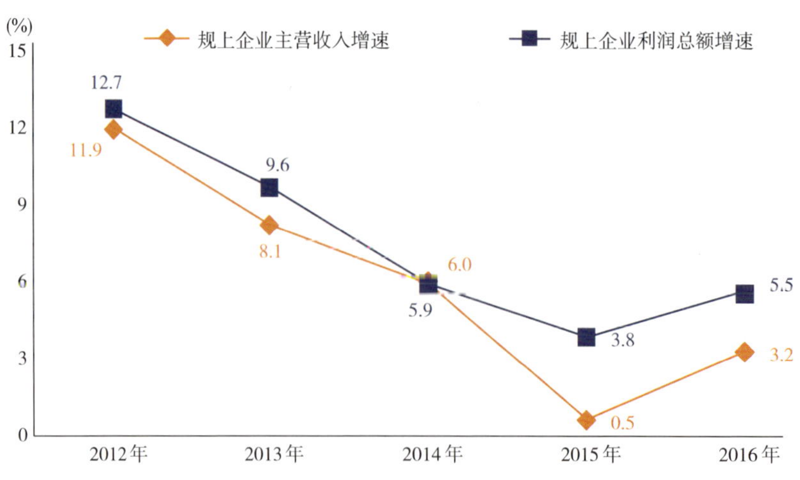

图1　近几年来规上企业主营业务收入和利润总额增速

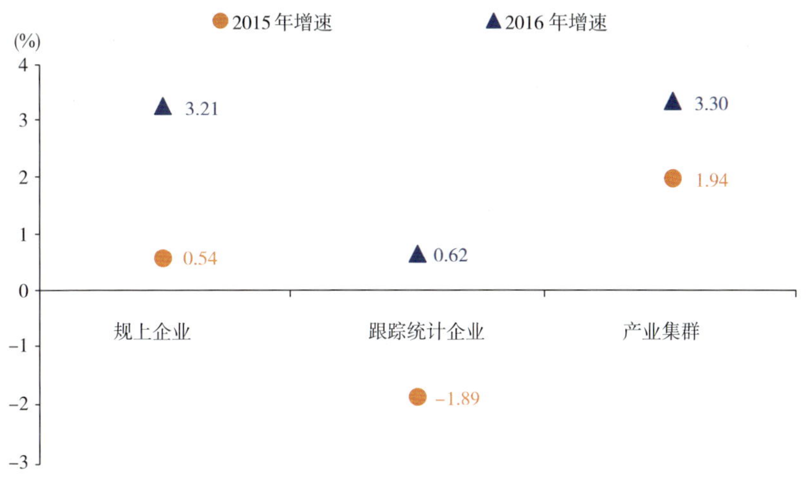

图2　规上企业、跟踪统计企业和产业集群主营业务收入增速

在国家统计的规上企业中，三大家纺主要行业主营业务收入也都实现了增长。其中，2016年976家规上床品企业实现主营业务收入1386.6亿元，同比增长4.56%，增速较2015年提高2.66个百分点；210家规上布艺企业主营业务收入242.1亿元，同比增长2.19%，增速同比下降2.45个百分点；290家规上毛巾企业主营业务收入626.6亿元，同比增长0.08%，增速同比提高6.53个百分点。2015年、2016年规上企业主营业务收入增速见图3。

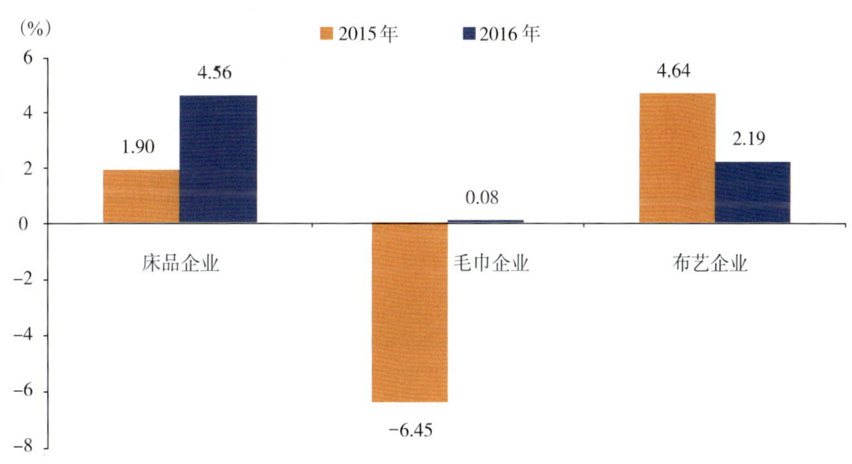

图3　2015年、2016年规上企业主营业务收入增速

二、致力转型发展，运行质效不断改善

当我国经济进入新常态发展时期后，家纺行业规模的增长总体放缓，企业转型加快，运营质效不断改善，力求实现效益的增长、效率的提升和运营质量的提高。

2016年，1855家规上企业累计实现利润169.73亿元，同比增长5.48%，增速较上年提高1.69个百分点；利润率为6.24%，比上年提高0.14个百分点。协会跟踪统计的226家企业利润率为7.71%，比上年增长0.28个百分点。协会统计的重点产业集群的利润率为6.36%，比上年增长0.14个百分点。2015年、2016年利润率比较见图4。

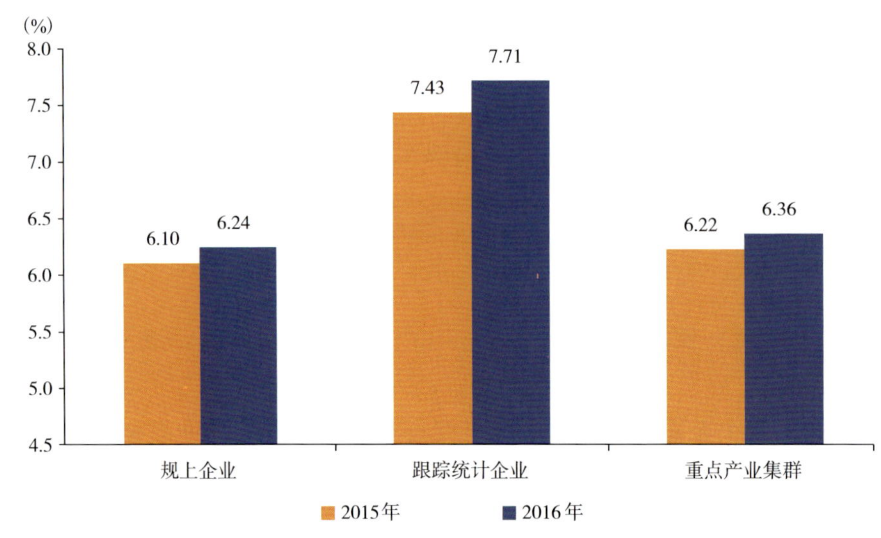

图4　2015年、2016年利润率比较

当经济发展进入新常态时期，企业发展速度换挡，效益增长方式也在变革，从投资和规模驱动转向效率和质量提升。协会跟踪统计的226家企业在2016年实现人均工业总产值88.7万元，较上年增长4.67%。1855家规上企业的流动资产周转率和产成品周转率较上年同期均有所提高，运行质效不断提升见表1。

表1　1855家规上企业流动资产周转率和产成品周转率

项目	2015年	2016年
流动资产周转率（次/年）	3.36	3.38
产成品周转率（次/年）	28.52	28.96

企业间效益差异拉大，优势企业的优势更加明显，而处于劣势的企业的困难也更多。在1855家规上企业中，亏损企业的亏损额同比增大12.18%；而赢利企业的利润总额合计同比增长了5.62%。协会跟踪统计的企业中，效益同比下降的企业占统计企业总数的54%，其企业数超过了效益增长的企业数量。且企业发展呈现两个极端：效益增长的企业，企业其他主要运营指标也呈现好的发展势头；效益下降的企业则相反。企业效益分化主要指标比较见图5。

跟踪统计的226家企业中，利润总额同比增长的企业有104家，其利润总额同比增长20.4%，利润率为9.29%，比上年提高1.17个百分点，同时，104家效益增长企业的主营业务收入、工业总产值、应交增值税等同比均有所增长。另外，有122家利润总额同比减少，其利润总额合计同比下降18.82%，利润率为5.63%，比上年同期下降0.97个百分点，且主营业务收入、工业总产值、应交增值税等同比均有所下降，从而与效益好的企业差距进一步拉大。

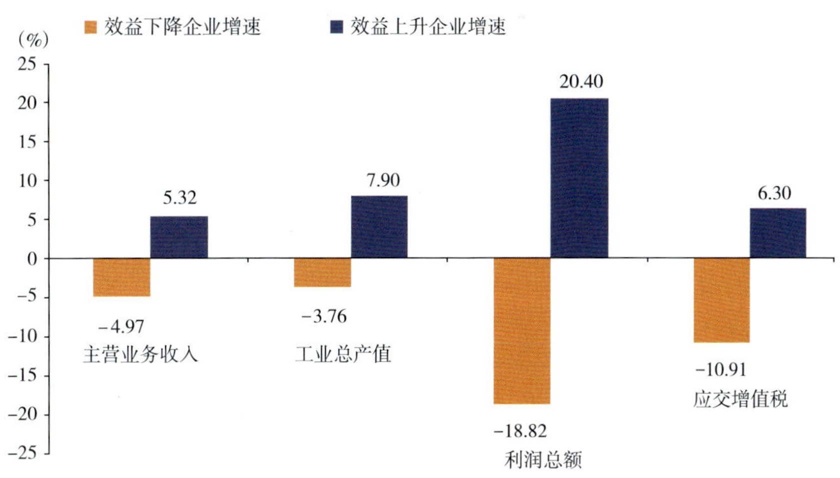

图5　企业效益分化主要指标比较

三、投资下降较快，第四季度起有所回升

在经历了较长时期的投资较快增长后，2016年行业投资出现了负增长。国家统计局统计的2016年行业实际完成投资734.3亿元，同比下降5.2%，增速较2015年下降了19.9个百分点。行业发展在调整的过程中，一方面，投资下降是行业增长速度放缓的产物，不同企业对新常态经济特点的适应程度不尽相同，一些企业对行业发展趋势把握不准，信心不足。另一方面，体现出企业调整规模增长方式，控制产能增加，并且更加注重人才培养、技术研发、科技创新等理念，注重软实力的提高。近几年家纺行业实际完成投资额增速见图6。

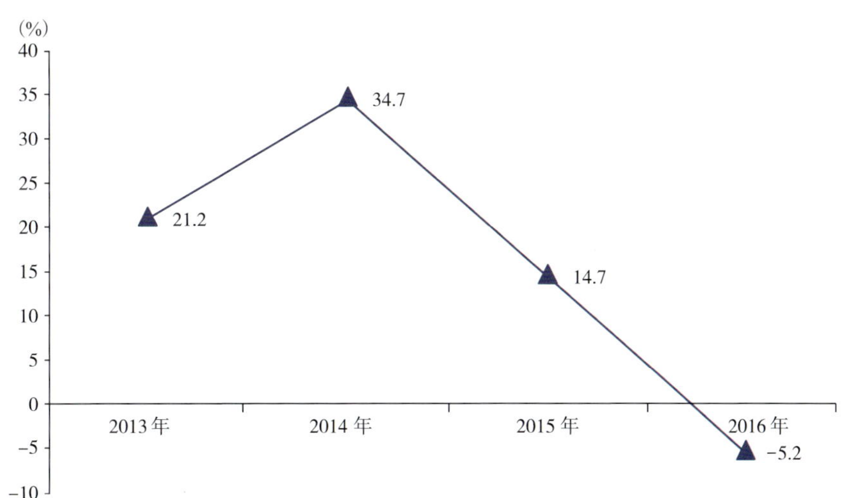

图6　近几年家纺行业实际完成投资额增速

主要的家纺子行业中，床品和布艺行业投资增速均明显下降。2016年，床品制造企业

实现投资338.8亿元，同比下降13.8%，增速较上年下降35.2个百分点；窗帘、布艺类制造企业实现投资61.9亿元，同比增长4.8%，增速较上年下降14.6个百分点；而毛巾类制造企业实现投资110.75亿元，同比增长6.5%，增速较上年提高1.6个百分点。实际完成投资增速见表2。

表 2　实际完成投资增速

行业	2015 年（%）	2016 年（%）
家用纺织制成品制造	14.7	-5.2
床上用品制造	21.4	-13.8
毛巾类制品制造	4.9	6.5
窗帘、布艺类产品制造	19.4	4.8

尽管2016年家纺行业实际完成投资额同比快速下降，但从第四季度开始，投资额增速开始逐月回升。前三季度家纺行业投资额同比下降11.7%，10月同比下降3.7%，降幅明显收窄，11月和12月则实现了正增长，投资总额同比分别增长15.3%和33.1%。各主要子行业也都呈现这一走势：第四季度床品行业、毛巾行业、布艺行业投资额较2015年第四季度分别上升1.3%、16.4%和136.3%。2016年第四季度家纺主要行业实际完成投资额及增速见图7。

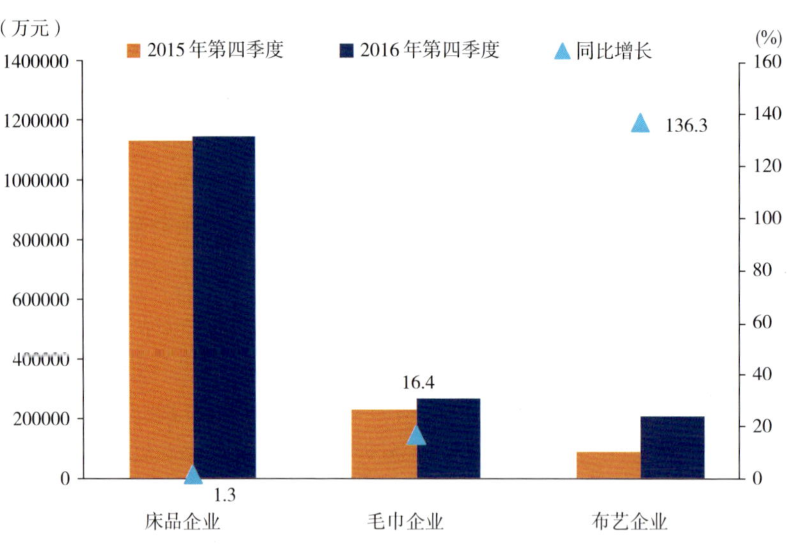

图7　2016年第四季度家纺主要行业实际完成投资额及增速

四、内销中低速增长，大众产品增势相对较好

2016年，国家统计局统计的1855家规上企业内销产值2121.5亿元，同比增长3.61%，增速较上年同期提高1.87个百分点。其中，976家规上床品企业内销产值999.34亿元，同比增长4.27%，增速较上年提高1.66个百分点；210家规上布艺企业实现内销161亿元，同比增长

8.54%，增速较上年下降1.23个百分点。290家规上毛巾企业实现内销产值529亿元，同比增长0.04%，增速较上年增长5.88个百分点。规上企业内销产值增速见图8。

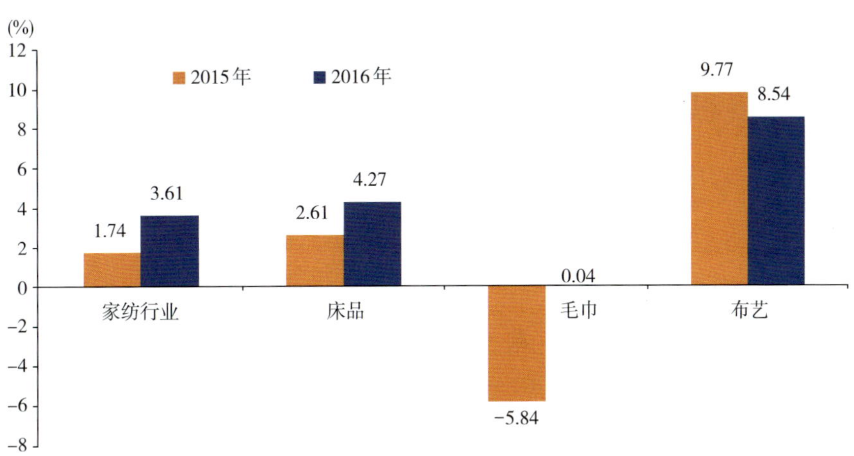

图8　规上企业内销产值增速

2016年大众产品增长势头较好，电商销售仍保持较快增长，电商渠道进一步拓宽和完善，内销网上销售比重继续增大。但大型商业零售持续下降，2016年全国大型商业零售企业床品销售额增速为-3.4%。专业市场销售额持续增长，协会跟踪统计的床品、毛巾、布艺三个代表性市场，2016年销售额同比分别提高了8.38%、5.45%和1.53%。

五、出口量增价减，传统市场和“一带一路”市场作用凸显

据海关统计，2016年我国家用纺织品出口385.96亿美元，同比下降4.06%，降幅较2015年收窄0.37个百分点。2016年以来，美元兑人民币汇率一路上扬，全年平均同比走高接近7%，客观影响了我国家纺产品出口单价和出口额。若以人民币计算，2016年我国家纺产品出口约2570亿元人民币，同比增长2.43个百分点。

综合来看，2016年家纺产品出口呈现四大特点：

一是出口数量增加，出口价格下降。2016年，我国家用纺织品出口价格同比下降7.75%。出口数量同比上升4%，增速较2015年同期提高5.75个百分点。

二是三大传统市场份额稳中有升。2016年，我国家纺产品对美、欧、日三大传统市场出口197.34亿美元，同比下降1.55%，出口额占比达51.15%，较上年提高1.3个百分点。近两年来我国家纺产品对美、欧、日三大传统市场的市场份额稳步提高，同时其他市场所占比重不断减小，受金融危机的影响，一些新兴市场的需求尚未恢复。2016年对其他市场出口188.51美元，同比下降6.54%，其中对非洲、拉丁美洲的出口额明显减少，同比分别下降25.1%和9.75%。

三是“一带一路”沿线市场优势显现。自2013年我国实施“一带一路”战略以来，已取得了阶段性成果，其沿线涉及的65个国家和地区成为我国家纺产品出口的重要市场，且

发挥着越来越积极的作用。我国家纺产品对“一带一路”沿线国家出口占比为35.5%，2016年，对“一带一路”沿线国家共出口139.06亿美元，同比下降2.63%，而出口数量同比增长6.69%，出口额占比达到36.03%，较2015年提高0.53个百分点。

四是毛巾产品出口高度上扬。在经历了2014年来的持续下降后，2016年出口额同比增长11.99%，增速较2015年提高24.61个百分点，是大类产品中以美元计出口额唯一实现增长的品种。2016年毛巾产品出口数量同比增长12.38%，大类产品中除餐厨用纺织品外，其余产品出口数量均实现了不同程度的增长。2016年家纺大类产品出口额及数量同比增速见图9。

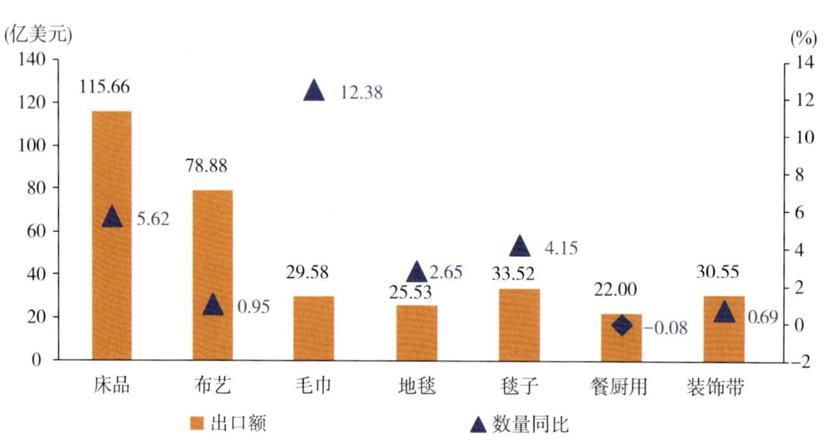

图9　2016年家纺大类产品出口额及数量同比增速

六、行业发展趋势预判

（一）行业将保持平稳发展

展望2017年，内需市场作为我国家纺产品的主要市场，仍保持平稳增长的态势。从供需两方面来看，2016年我国居民人均可支配收入为23821元，比上年名义增长8.4%，扣除价格因素，实际增长6.3%，实际增速较上年下降1个百分点。2016年商品房销售面积为157349万平方米，比上年增长22.5%。其中住宅销售面积增长22.4%，增速高于上年15.5个百分点。对于家纺市场的国内需求量还将扩大，内销市场仍有很大的发展潜力。另外，“十三五”时期，随着新时期人民对生活品质追求的提升和行业引导消费理念的推广，促使家纺产品需求继续增长和升级。再者，伴随国家城镇化率的提高，预计“十三五”期间每年将有50亿元的新增家纺产品消费。此外，国家“全面二胎”政策的推广，增加了对儿童家纺产品的需求，可拉动每年新增家纺消费近百亿元。由此可见，家纺国内市场仍具备增长空间。

出口方面，2016年受美元汇率及国际环境影响，我国家纺产品出口额呈现下降趋势，但三大传统市场贸易份额稳中有升，且随着美欧日地区经济形势逐步好转，加上“一带一路”战略发挥的积极作用，预计家纺出口市场未来发展依然保持平稳。同时，面临优势转换与发展方式的转变、国际产业格局的变化与挑战和生态环保等压力，未来也是家纺行业转型升级的关键时期。随着“十三五”时期世界经济规模和人口数量的进一步扩大、贸易自由化进程的发展，家纺产品的贸易规模总体将继续扩大。此外，随着国际纺织产业分工合作日益深化，全球布局产业体系和跨国配置资源等，也为我国家纺品牌发展壮大并走向国际市场提供了新机遇。

（二）转型创新拓展需求

家纺行业作为纺织三大终端产业之一，是传统民生产业，是科技与艺术融合的创意产业，是创造美好生活的时尚产业，在拉动内需、促进就业、建设生态文明等方面发挥着重要作用。推进供给侧结构性改革，实施“三品战略”，为建设“新家纺”和推进“新生活”创造机遇与条件，同时也创造新的市场需求。

一是加强行业供给侧结构改革，以消费者为中心和导向，扩大有效供给，用创新驱动的供给侧新结构应对新的需求升级，转型或淘汰与消费不适配的产能。增强产品供给对需求变化的适应性和灵活性，发扬工匠精神，做精做优产品，满足人们日益增长、不断升级和个性化的消费需求，进而扩展市场空间。

二是通过引导消费改善供给，进一步激发国内有效需求，衍生出新的需求。拓展应用新领域，从民用类向公共类扩展，从居室向户外延伸，并通过并购以及跨界合作丰富产品系列。开发特色新产品，大力研发生产功能性、智能化等特色产品，创造新消费。倡导消费新理念，推广健康消费和科学消费，促进消费升级，激活潜在需求。

三是以消费者为导向，加快渠道建设与创新，提供快捷且便利的消费方式。加快传统渠道转型升级，注重消费体验与服务。在床品行业，打造“大家居·生活馆”，以新生活方式提升品牌；在布艺行业侧重个性化与成品窗帘，加快渠道转型。以互联网技术为依托，充分发挥线上、线下的优势，鼓励和引导企业开拓O2O、B2B及C2M等渠道创新。整合资源跨界合作，采用互联网与VR技术，加强与设计师、家具企业合作，拓展新模式。

中国家用纺织品行业协会

聚力特色发展，助力转型升级
——家纺协会产业集群三年工作回顾

阮航

自2002年起中国纺织工业联合会开展纺织产业集群试点工作，试点地区主要是市、县、镇三级。截止到目前，纺织产业集群试点总数为207个，其中家纺产业集群试点单位为27个。近些年，随着中国经济进入“新常态”，调结构促转型的发展理念扎根实体经济，家纺产业集群作为行业发展的风向标，在响应国家供给侧改革、提质增效的进程中不断完善产业结构差异化发展，各集群间产品涵盖家纺床品、布艺、毛巾、地毯、流苏等多个门类，试点产业集群年主营收入合计超3500亿元。家纺产业集群作为我国家纺行业极富活力的产业组织形式，已成为我国家纺行业实现健康发展的重要力量。

一、家纺集群特色发展，运行质量稳步提升

近年来，我国家纺产业日益向集群化发展，围绕着专业市场、特色工艺、龙头企业形成了众多以生产加工类产品为主的区域产业集群。如中国叠石桥国际家纺城、中国南通家纺城（通州）、海宁中国家纺城、中国品牌布艺总部基地（余杭）、高阳纺织商贸城、龙洋·成都家纺城（彭州）等专业市场带动了周边家纺产业的集聚，从而形成以长江三角洲经济圈为辐射中心，在家纺主产地浙江省、江苏省等地的大批家纺产业集群；又如浦江的绗缝工艺制品、文登的抽纱绣品家纺、岳西手工家纺、油车港、天凝镇的植绒工艺家纺、青海藏毯、新疆和田手工地毯等特色工艺的形成促进集聚效应；再如山东滨州、大连瓦房店、山东高密等地由一批家纺龙头企业带动当地产业发展形成产业聚集。这些家纺产业集聚地产业链完善，呈现良好发展势头，已成为当地经济发展的主体，对当地经济发展的贡献率日益增长。

随着我国家纺行业日益壮大和集群工作有效开展，2012年以来，中纺联与中国家纺协会相继授予浙江省杭州市萧山区义桥镇为中国床垫布名镇、辽宁省大连瓦房店市为中国家纺流苏名城、四川省彭州市为中国家纺名城、江苏省苏州市吴江区七都镇为中国家纺面料名镇四家家纺集群荣誉称号，使得家纺产业集群一区一品特色更加明显，形成了江苏床品为主，浙江布艺为主，山东、河北毛巾为主，青海、新疆地毯为主的产业集群格局。截至2015年底，207个纺织产业集中的县（市、区）、镇试点地区中，共有27个家纺特色名城（镇），按区域分：浙江省11个，江苏省8个，山东省2个，安徽省、河北省、四川省、辽宁省、青海省、新疆维吾尔自治区各1个；按产品种类分：床品集群14个，布艺集群7个，毛巾集群2个，地毯集群2个，流苏集

群、家纺面料集群各1个。27个家纺特色集群产品囊括了家纺行业主要品类。家纺集群产品和地区分布见图1和图2。

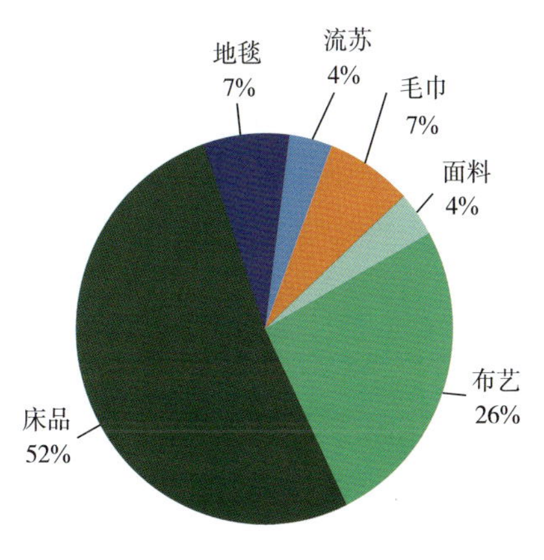

图1　家纺集群产品公布

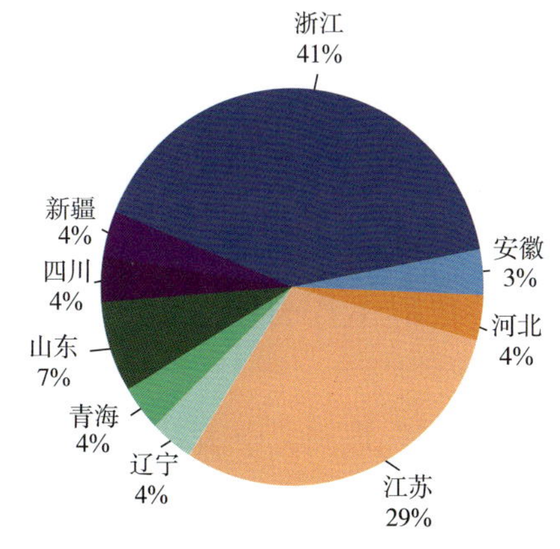

图2　家纺集群地区公布

近三年，协会重点跟踪的16个产业集群产能增速方面虽同比均略有回落，但效益指标均有所提升。2015年，16家产业集群实现主营业务收入2857.5亿元，同比增长1.58%（图3）；出口交货值566.5亿元，同比下降–1.07%（图4）；15个产业集群（缺1家数据）实现内销产值2240亿元，同比增长3.6%（图5）；13个产业集群（缺3家数据）实现利润总额173.7亿元，同比增长4.5%。利润率为6.3%，较2014年提高0.1个百分点（图6）；人均主营业务收入同比增长8.1%，集群发展效益向好，效率稳步提升（表1）。

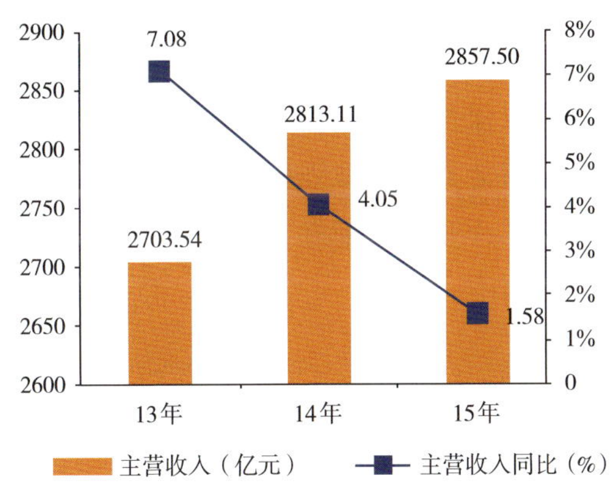

图3　集群主营收入及同比

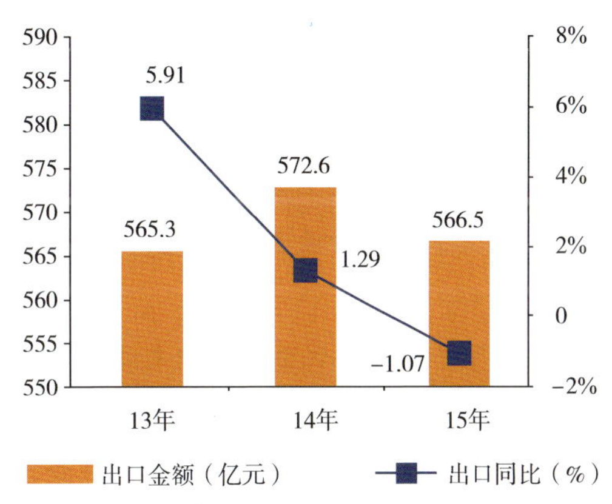

图4　集群出口金额及同比

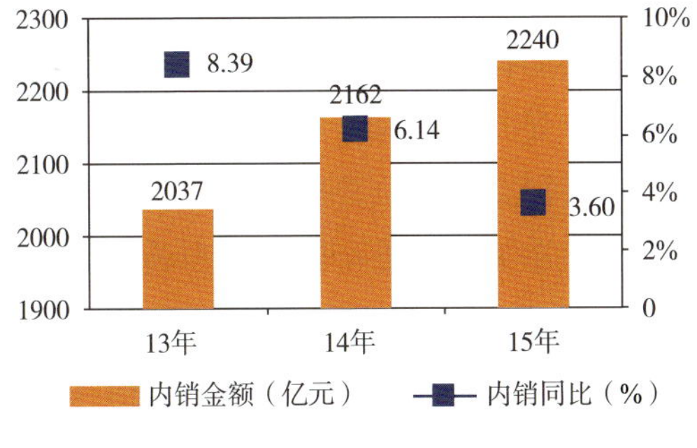

图5　集群内销金额及同比

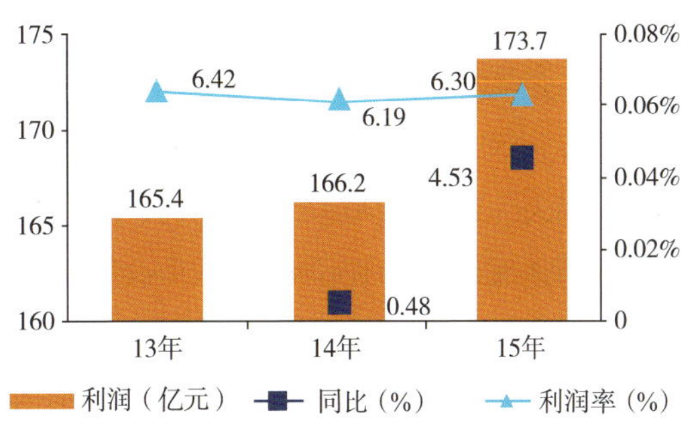

图6　集群利润同比及利润率

表 1 集群和跟踪重点企业人均主营业务收入变化表

项目	2015 年（万元 / 人）	2014 年（万元 / 人）	同比（%）
15 产业集群	49.6	46.6	8.1
219 家企业	77.4	75.0	3.1

资料来源：中国家纺协会《2015年家纺行业发展报告》

二、协会集群工作有序发展，助力集群转型升级

“十二五”期间，中国家纺协会将集群工作继续作为优化家纺产业结构、提升行业整体竞争力的重要途径长抓不懈。针对27家家纺产业集群，协会有目的、有针对性地开展集群产业引导，在优化产业结构与发展方式上开拓思路，强调家纺产业集群的区域特色和差异，打造区域品牌形象，助力集群转型升级。

1. 深入实践、强化集群工作基础研究

了解集群发展趋势，掌握行业动态变化，协会一方面深入产业集群考察调研，掌握一手报告，另一方面总结调研情况，根据集群发展特色协助地方编制纲领性文件。通过多形式开展集群调查研究，协会年平均走访集群数量超过20个。通过走访调研及时了解产业集群运行状况，并辅以行业运行数据对各地产业发展提出建议。从2012年开始，协会每年正式出版《中国家用纺织品行业发展报告》，在报告中发布了《中国家纺产业集群报告》《后工业化家纺产业集群创新转型》等系列集群分析文献；总结集群整体情况，梳理集群发展历程，结合集群特点提出共创“特色区分，差异发展”的集群之路；从集群产业链互补、文化共融的角度对集群工作进行系统性梳理，从“产业升级、产权保护、市场开拓、品牌打造”等方面对集群未来发展提出纲要性引领；同时协会积极参与地方集群规划研究工作，先后根据海宁、高阳等集群特色及产业提升方向制定了中长期《产业发展规划》，为集群发展建言献策。

2. 发挥平台宣传优势，积极打造区域品牌

中国家纺协会以宣传区域品牌为导向，利用协会“一展一会”（上海国际家用纺织品及辅料博览会与中国家纺大会）等平台资源，推进集群特色发展与区域品牌宣传。

上海国际家纺展作为亚洲最大的家纺行业博览会，余杭、海宁、大麻等布艺展团，以通州、海门、浦江、洲泉、震泽、彭州等床品展团，以及高阳毛巾展团和青海地毯展团都悉数登陆上海家纺展。通过区域品牌集中展示与贸易展销并举的方式，将地方区域特色与资源优势集中呈现，展会期间协会组织大量主流媒体和行业媒体在展前、展中和展后对集群进行集中宣传；鼓励和支持区域龙头企业发挥模范示范作用，充分展现家纺集群的规模效应与资源整合能力，打造区域品牌影响力；与此同时，协会将中国家纺大会等全国性的会议资源积极向集群地域倾斜，协会集群工作会议与（床品、毛巾、布艺）专委会年会等专业会议相继在海门、余杭、大连、滨州、南通、青海、成都、绍兴、高密、新疆、山西等家纺特色集群地召开，特别是2015年中国家纺大会在中国家纺名镇——南通海门叠石桥召开；借助行业会

议召开，在推进行业合作交流与资讯共享的同时，也积极助力区域品牌打造与区域间合作便利。2016年11月，中国家纺大会坐落成都，结合“成都家纺周”（彭州），旨在借助行业会议扩散性与影响力，推动西部家纺产业发展。

3. 以设计大赛为依托，提升家纺集群软实力

中国家纺协会分别与海宁、南通两地政府合作，联合举办“海宁家纺杯”中国国际家用纺织品创意设计大赛和“张謇杯”中国国际家用纺织产品设计大赛，均超过十个年头，为使大赛落到实处，协会与地方政府密切协作，以为企业服务为核心，以培养企业设计人才、提倡原创设计和推动产品多元化发展为目的，两个大赛互相映衬、相辅相成，又各有不同的风格和任务。

“海宁杯”以原创设计为基础，借助大赛举办契机，组委会还搭建了校企对接平台，印制获奖选手和参赛院校信息名录，为校企“联姻”编织“纽带”，使原创设计向生产力有效转化，“张謇杯”大赛主要以产品原创设计为基础。近三年，“张謇杯”大赛还增加了评委与参赛者“讲评互动”环节，尤其是2015年，大赛首次与天猫电商平台合作，评选出百款优秀电商家纺产品在天猫商城发售，不仅借助互联网平台扩大了参赛作品的影响力，更是把过去“单纯”的评奖向商品市场转化的重要尝试。

两个大赛的参赛作品逐年递增，参赛国家越来越多，在行业中已具备较高知名度与影响力；除以上两个大赛外，协会与威海市文登区人民政府联合举办了“鲁绣杯”中国大学生家用纺织品创意设计大赛，主旨是弘扬“鲁绣文化”，整体推动文登工艺家纺产业的繁荣发展；2016年，协会以震泽蚕丝文化特色为基础，与震泽政府联合举办“震泽丝绸杯”首届中国丝绸家用纺织品创意设计大赛也已正式拉开帷幕。

4. 以特色活动为契机，促进集群合作交流

协会从区域化层面统筹规划，以产业优势与特色活动主导为契机，鼓励家纺集群走特色化发展之路：如江苏的床品、浙江的布艺，山东、河北的毛巾都各有自己的雄厚基础，一些集群还具有自身的传统文化和工艺特色，如“鲁绣”“藏毯”“蓝布印花”“工艺绗缝”“蚕丝文化”等。针对这些差异和特色，协会大力支持家纺集群主导开展各项特色活动，如海宁家博会、余杭·中国品牌布艺展、中国藏毯国际展览会（青海）、中国家纺流行趋势推广（海门）、中国家纺画稿交易会（通州）、滨州家纺文化节等。协会作为支持单位（主办、承办方）以特色活动为纽带将集群产业与文化内涵相结合，既加强集群间的合作，也彰显集群文化的地域特色。

5. 产业升级，加快集群结构转型步伐

随着国家经济发展步入“新常态”，我国家纺产业集群也面临巨大的机遇与挑战。在环境制约下的“结构转型与产业升级”已成为家纺产业集群未来发展的必由之路。近三年，协会依托各类平台资源，针对集群的产业集中度和发展特色，加快推进“机器换人”“节能减排”等技术改造在集群中的实践与应用。协会多次走访余杭、许村、桐乡、高阳等家纺基地，通过厂家对接、现场考察、数据对比等方式，积极了解各地“机器换人”“环境治理”的政策。在此基础上，协会倡导集群间相互交流学习，鼓励各地因地制宜，如规上企业可加快“设备更新”和“机器换人”节奏，小微企业要从“作坊式”生产向企业化管理转变，以

应对资源价格上升的宏观环境。此外，协会还联合中纺联产业部，完成家纺技术改造项目的储备、推荐、技术改造指导目录，根据行业需求提出技术改造重点及投资方向，协助企业获取更多政策支持。

6. 激发活力，推动专业市场转型升级

专业市场是家纺产品的重要营销渠道，为提升产业集群影响力，协会积极从激活专业市场活力入手。目前，国内的家纺专业市场众多且分布广泛。以床品为主导的江苏叠石桥国际家纺城，是全国家纺产业最大的交易中心和全国知名品牌示范区之一，在2013年获得国家4A级工业旅游景区的基础上，2015年又被列入市场采购贸易方式试点，“叠石桥”已成为家纺产业区域品牌发展的先驱代表；以家纺装饰布、沙发布为特色的浙江海宁国际家纺城，已发展成为中国沙发面料交易的领军市场、全球性的提花家纺产销中心；产业体系完整、门类齐全、装饰布市场份额巨大的浙江余杭家纺品牌基地，从“余杭制造”向“余杭创造”华丽转身，成为品牌策动力多元化的专业布艺市场；从家纺面料专业市场逐步实现集研发、成品、物流全面发展的通州·南通家纺城，正演变成综合实力强大的家纺市场；从纷杂的毛巾“集市”到逐步完善市场管理体制的河北高阳毛巾商贸城，成为由众多毛巾品牌做支撑的国内最大的毛巾专业市场之一。集群工作的逐步推动和集群品牌影响的逐步扩大，有力地激发了各专业市场的活力。全国众多产业集群的专业市场特色更加鲜明，影响力稳步提升。

综上所述，作为家纺行业的重要组织形式，家纺产业集群有着举足轻重的地位，下一步家纺协会将主动围绕“新家纺、新生活”的文化内涵，利用好商业模式变革与产业结构调整的机遇期，为积极打造现代化创新型家纺产业集群、推动家纺行业实现产业转型升级而再接再厉。

中国家用纺织品行业协会

国际动态

2015年世界家用纺织品贸易及发展走势

王冉

本文从联合国商贸统计数据库[1]搜索到全球HS编码分类的家用纺织品，按床上用品、地毯、毛巾、饰品、毯子、窗帘、刺绣类装饰品、餐厨用纺织品、手帕及辅料十大类产品，对2015年世界家用纺织品出口情况做出具体分析，并对自2013年以来世界家用纺织品出口贸易的增长趋势进行了对比分析。

一、2015年世界家用纺织品出口概述

据联合国商贸统计数据库统计，2015年全球142个国家和地区的家用纺织品出口贸易额为850.68亿美元，同比下降了6.93%，增长速度自2013年以来逐渐降低（图1）。2015年，家纺出口贸易排名前15位的国家实现家纺出口贸易额706亿美元，占世界家纺出口贸易总额的83.5%（图2）。在这15个主要出口国中，除排名第12和第13位的国家出口贸易额较2014年有所增长以外，其他13个国家2015年出口额同比均有所下降。

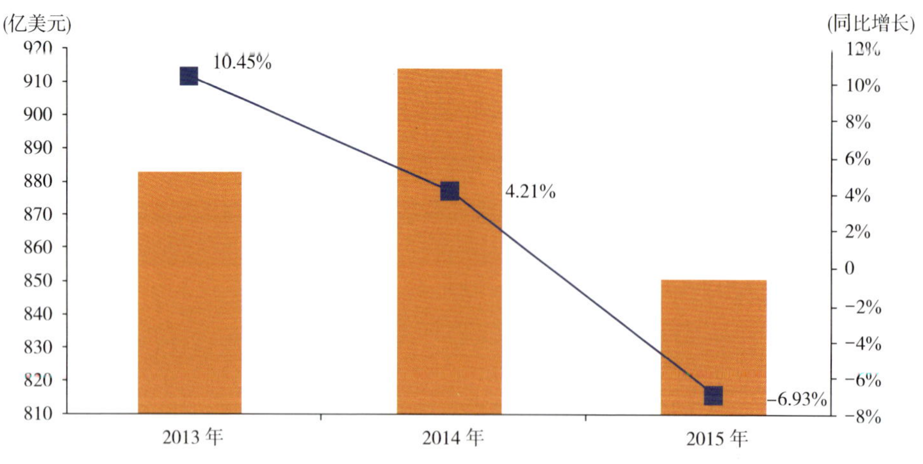

图1　2013~2015年世界家纺出口贸易增长情况

❶ 联合国商贸统计数据库由联合国统计署创建，是全球最大且最权威的国际商品贸易数据库。涵盖全球99%的商品交易数据。

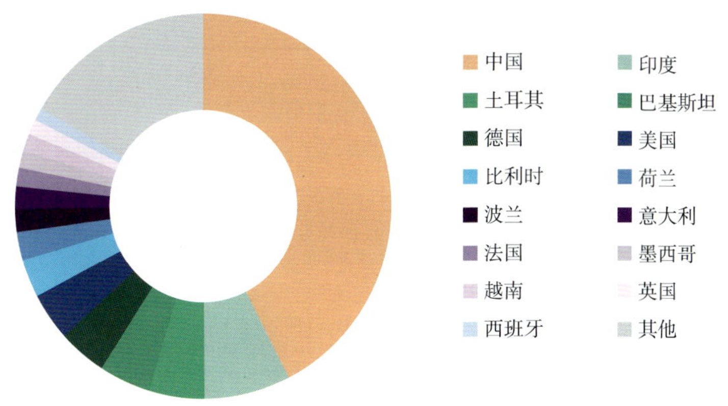

图2　2015年全球主要国家家纺出口额占比

中国为世界家用纺织品最大的贸易出口国，2015年出口额361.23亿美元，较上年下降5.3%（图3），出口贸易额占世界家纺出口总额的42.46%（表1），份额占比较上年增长0.73个百分点。印度为世界第二大家纺出口贸易国，占贸易总额的7.42%，2015年共实现成交额63.08亿美元，较上年略降0.82%，占世界家纺出口贸易比重扩大0.46个百分点。土耳其、巴基斯坦、德国及美国在家纺出口份额旗鼓相当，2015年分别实现贸易额40.8亿美元、37.9亿美元、35亿美元和34.4亿美元，占世界出口额的比重在4%至5%之间，其中美国所占比重扩大0.13个百分点。

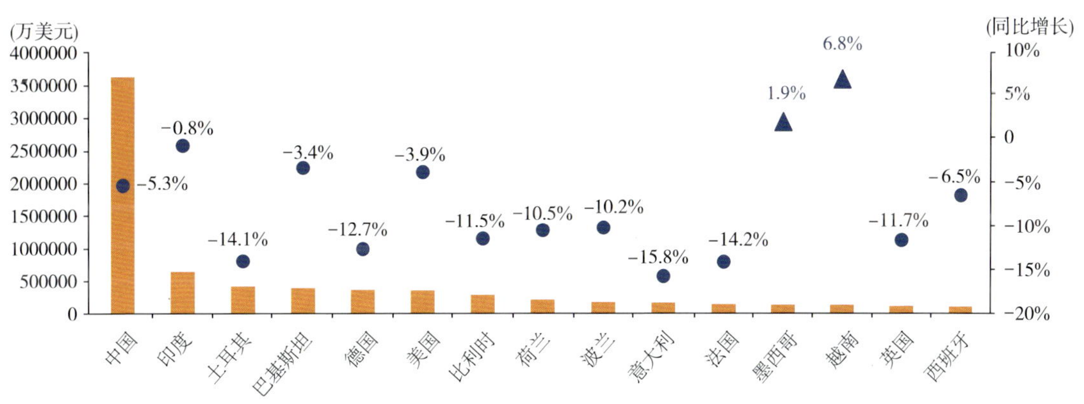

图3　2015年世界主要国家家用纺织品出口金额及增长情况

表1　2013~2015年世界家纺出口排名前十国的市场份额（%）

国家	2013年	2014年	2015年
中国	41.15	41.73	42.46
印度	7.27	6.96	7.42
土耳其	5.16	5.20	4.80
巴基斯坦	4.23	4.29	4.46
德国	4.24	4.39	4.12

续表

国家	2013 年	2014 年	2015 年
美国	4.00	3.92	4.05
比利时	3.60	3.36	3.20
荷兰	2.44	2.48	2.38
波兰	1.77	2.03	1.95
意大利	2.05	2.04	1.84

本文将家用纺织品共分为床品、地毯、毛巾、饰品（花边、装饰带）、毯子、窗帘、刺绣工艺品、餐厨用纺织品、手帕及辅料（绣花线、缝纫线）等十大产品类别（图4）。床品是全球出口贸易量最大的家纺产品，2015年实现出口贸易额291.38亿美元，占全球家纺出口贸易总额的34.25%。各类产品出口贸易额较上年均有不同程度的下降。手帕、刺绣工艺品、毯子及餐厨用纺织品出口贸易额下降幅度较大，2015年手帕实现出口贸易额2.29亿美元，较上年下降15.1%；刺绣工艺品实现出口额31.17亿美元，较上年下降12.07%；毯子和餐厨用纺织品2015年出口贸易额降幅分别为10.73%和10.43%，出口金额分别为46.9亿美元和26.4亿美元。毛巾和窗帘两类产品出口额降幅则较低，所占的份额较上年还略有增加，2015年，毛巾类产品实现出口贸易额68.26亿美元，占全球家纺出口贸易总额的8.02%，所占比重较上年扩大0.02个百分点。2015年窗帘实现出口贸易额44.5亿美元，占家纺出口贸易总额的5.24%，较上年扩大0.04个百分点。

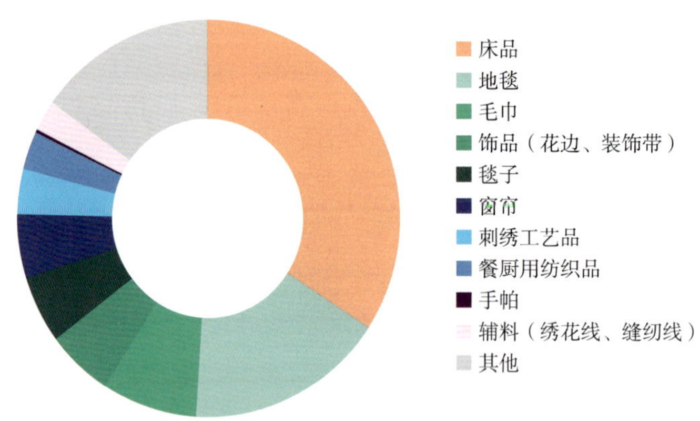

图4 2015年全球家纺主要品类出口额比重

二、各类家用纺织品出口情况分析

（一）床品

床品包含床品套件、单件及芯被类等产品。2015年共实现出口贸易额291.38亿美元，较上年下降7.3%。中国是世界上最大的床品出口国，份额占世界床品出口贸易的47.8%，较上年略有扩大。2015年中国出口床品共计139.37亿美元，金额较上年下降3.96%。另外，印度、巴基斯坦、德国、波兰及土耳其也是世界主要床品出口国，且出口额排名稳定，2015年床品出口成交额占世界床品出口额的比重分别为8.05%、7.39%、3.77%和3.31%。

出口贸易排名前十五位的国家床品出口成交额占比为86.3%（图5）。2015年有十二个主要床品出口国出口金额较上年有不同程度的下降。其中比利时2015年实现床品出口额4.3亿美元，下降幅度较大，降幅为16.13%。2015年土耳其实现床品出口额8.12亿美元，虽然较上年在世界床品出口的占比份额上没有变化，但出口金额同比下降幅度较大，降幅为15.69%。

印度、美国和埃及的床品出口贸易额实现了正增长。2015年印度出口床品23.44亿美元，较上年增长1.38%，在世界床品出口总额的比重也扩大0.69个百分点。2015年美国实现床品出口额5.89亿美元，较上年增长2.31%，在世界床品出口占比为2.02%，份额也扩大0.19个百分点。2015年埃及床品出口增长较大，实现成交额2.48亿美元，较上年增长10.57%，扭转了上年负增长的局面，增幅较上年提高了25.08个百分点。2015年床品出口前十五国增长情况见图6。

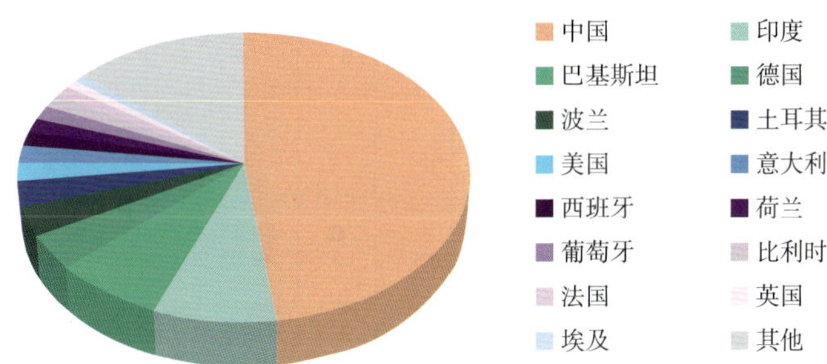

图5 2015年主要国家床上用品出口额占比图

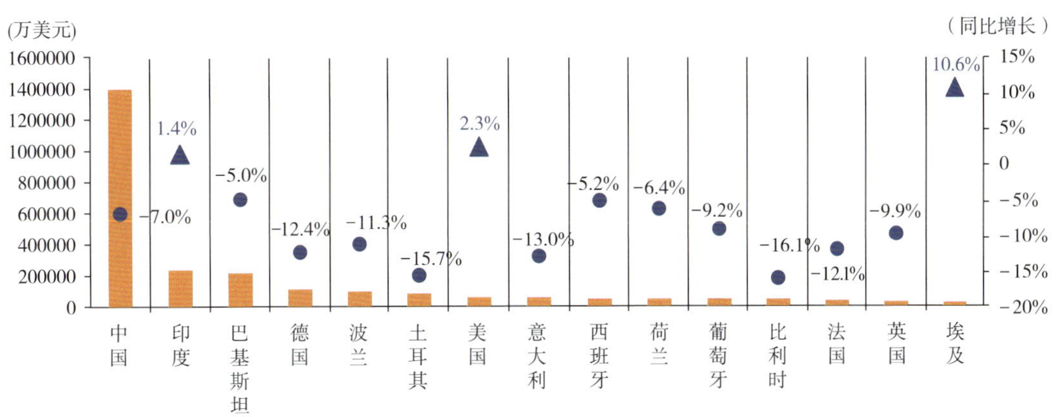

图6 2015年主要国家床上用品出口额及增长幅度

（二）地毯

地毯类产品涵盖了机织地毯、簇绒地毯、栽绒地毯及毡毛地毯等种类。2015年全球共出口地毯142.63亿美元，较上年下降8.9%，降幅较上年下降12.08个百分点。十五个主要地毯出口国家出口贸易额占总量的87%，且各国出口额较上年均有所下降。中国、土耳其、印度、比利时为全球最大的地毯出口国，在世界地毯出口贸易份额中分别占到18.44%、14.09%、12.05%及12.05%。出口额排在首位的中国2015年实现地毯出口额26.30亿美元，较上年下降1.88%。土耳其为仅次于中国的世界第二大地毯出口国，2015年该国地毯出口额下降幅度较大，降幅为14.41%，出口金额为20.09亿美元，一改前两年9.51%和7.34%的增长态势。2015年比利时地毯出口下降幅度也较大，实现出口额17.18亿美元，较上年下降10.25%，降幅继2014年的3.1%之后继续加深7.15个百分点。2015年地毯出口前十五国增长情况见图7。

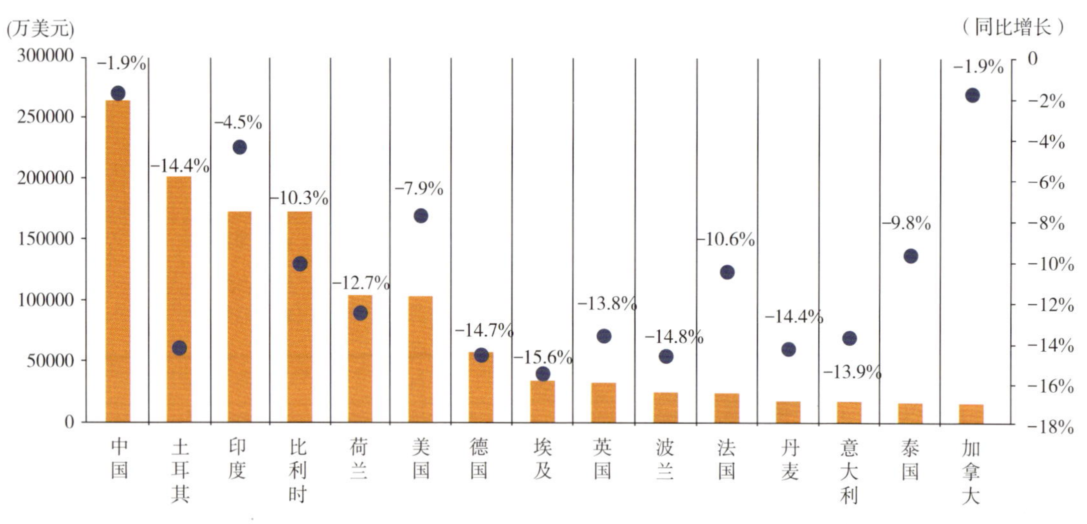

图7　2015年主要国家地毯出口额及增长幅度

从市场份额方面看，中国2015年地毯出口占比较上年扩大1.32个百分点。此外，印度、美国和加拿大在世界地毯出口的市场份额也较上年有所扩大：2015年印度实现地毯出口额17.19亿美元，金额较上年下降4.53%，但市场份额扩大0.55个百分点；2015年美国出口地毯金额为10.3亿美元，金额较上年下降7.9%，市场份额扩大0.08个百分点；2015年加拿大出口地毯1.56亿美元，较上年下降1.9%，降幅小于上年4.53个百分点，市场份额也扩大0.08个百分点。2015年主要国家地毯出口额占比见图8。

（三）毛巾

2015年毛巾类产品全球共出口68.26亿美元，较上年下降6.23%，降幅较上年加深6.06个百分点，主要受中国毛巾出口下降的影响。中国为世界最大的毛巾出口国，占世界毛巾出

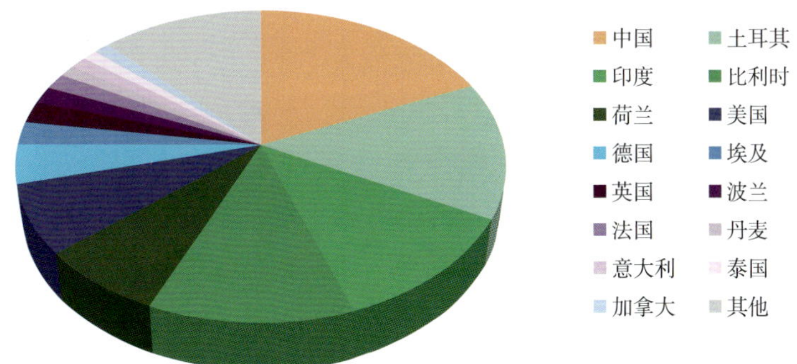

图8　2015年主要国家地毯出口额占比图

口份额的40%。其次为印度、巴基斯坦以及土耳其，占世界毛巾出口的份额分别为13.3%、10.76%和8.94%。2015年中国毛巾出口额为29.79亿美元，较上年下降10.18%，降幅较上年继续加深4.53个百分点，使得2015年中国在毛巾出口的市场份额缩小1.73个百分点，印度和巴基斯坦在毛巾出口的世界市场份额随之扩大。2015年，印度实现毛巾出口额10.19亿美元，较上年增长5.25%，占世界毛巾出口份额的14.92%，较上年扩大1.62个百分点。巴基斯坦实现毛巾出口额8.27亿美元，较上年增长5.6%，增速较上年增长3.34个百分点，占世界毛巾出口市场份额的12.11%，较上年扩大1.35个百分点。2015年主要国家毛巾出口额占比见图9。

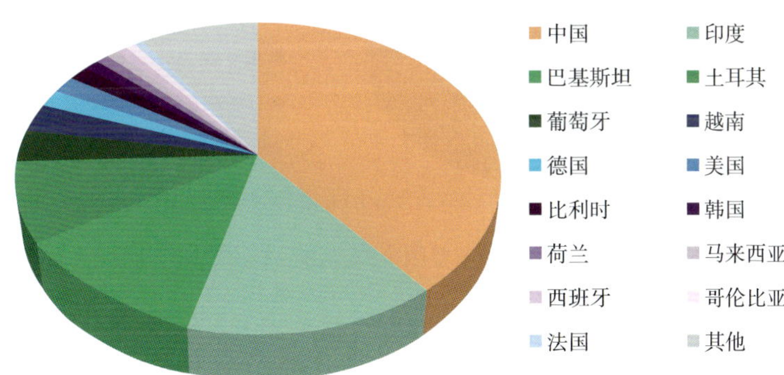

图9　2015年主要国家毛巾出口额占比图

从世界上十五个主要的毛巾出口国2015年的情况看，西班牙、哥伦比亚、韩国、越南、印度和巴基斯坦毛巾出口保持正增长，尤其西班牙增长较快，较上年增长17.38%，实现出口额5634万美元，市场份额也扩大0.17个百分点。2015年毛巾出口前十五国增长情况见图10。

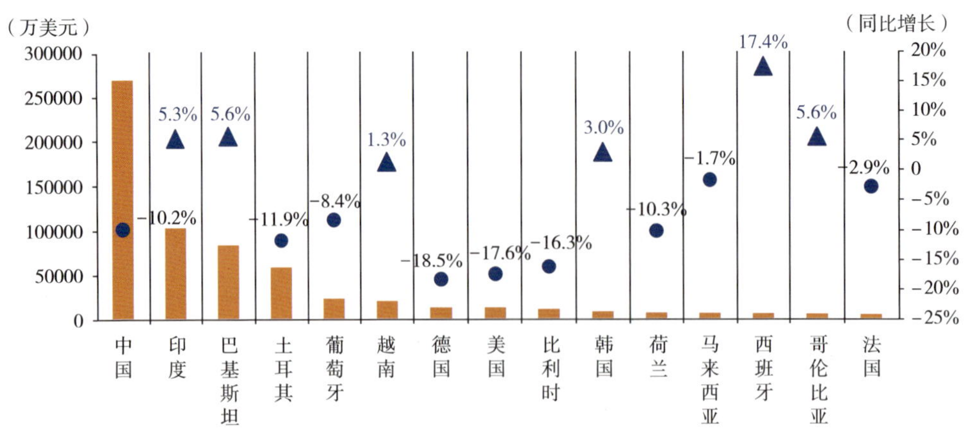

图10　2015年主要国家毛巾出口额及增长幅度

（四）饰品

饰品主要包括花边及装饰带等。2015年，全球共出口该类产品47.43亿美元，较上年下降8.97%。世界该产品出口排名前十五位的国家和地区所实现的出口额占到81.4%（图11）。中国是世界最大的花边及装饰带类产品出口国，2015年该产品出口成交额5.02亿美元，占世界份额的26.9%，占比较上年扩大3个百分点。

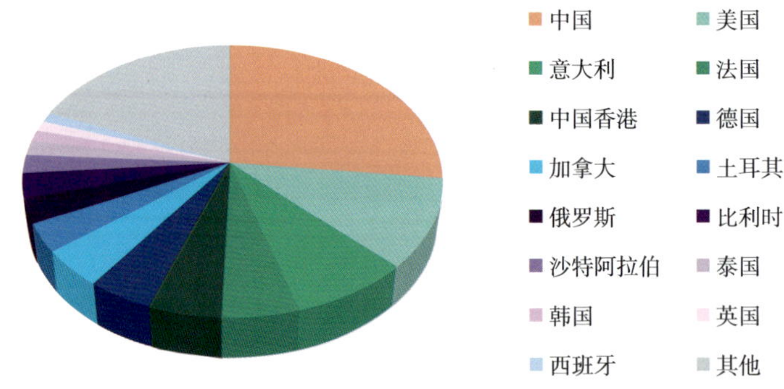

图11　2015年主要国家饰品出口额占比图

从该产品出口额变动情况看，十五个主要出口国家和地区中，中国、中国香港和沙特阿拉伯出口额实现了正增长，其他十二个国家出口额呈负增长态势。而且中国和中国香港一直以来是世界主要的花边装饰带出口国家和地区，位于世界前五名。中国出口该类产品占世界市场的份额没有比出口其他品类的份额大，但却是2015年唯一实现正增长的产品品类。2015年，中国该产品出口额增速为3.26%，占世界的市场份额逐年扩大。此外，沙特阿拉伯2015年也增长强劲，实现出口额1.02亿美元，较上年增长13.6%。另一方面，美国、意大利、法国和德国及加拿大也是世界主要的花边装饰带出口国，但2015年这几个国家出口额却下降较快。意大利和法国是世界第三和第四大该产品出口国，出口额同比分别下降21.9%和27.9%。2015年饰品出口前十五国增长情况见图12。

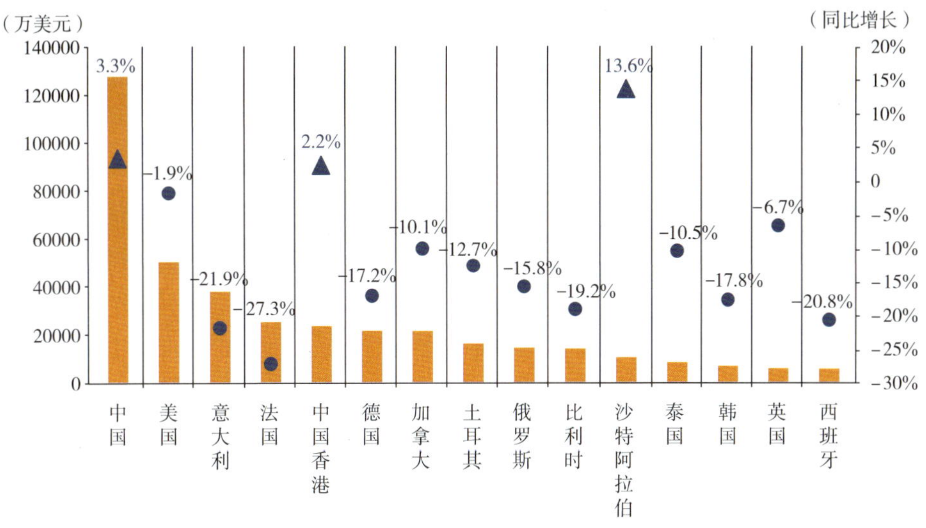

图12 2015年主要国家饰品出口额及增长幅度

（五）毯子

2015年，全球毯类出口成交额46.9亿美元，较上年减少10.73%。2015年中国共出口毯子36.45亿美元，较上年减少10.8%。全球毯子出口份额中有77.7%来自中国（图13），所以世界毯子中国出口降幅是由中国毯子出口降幅造成的。中国该产品出口一改前两年的平稳增长态势，2015年首次出现负增长，但市场份额稳定，与2014年基本持平。

不仅中国，世界毯子出口排名前十五个国家中，有十个国家出现不同程度的负增长。其中，出口降幅最大的是韩国，较2014年出口减少40.4%，实现出口额4537万美元；其次是土耳其，2015年毯子出口下降28.9%，实现出口额5341万美元；再者，2015年墨西哥出口毯子2710万美元，较上年下降22.7%，为第三个毯子出口下降幅度较大的国家。

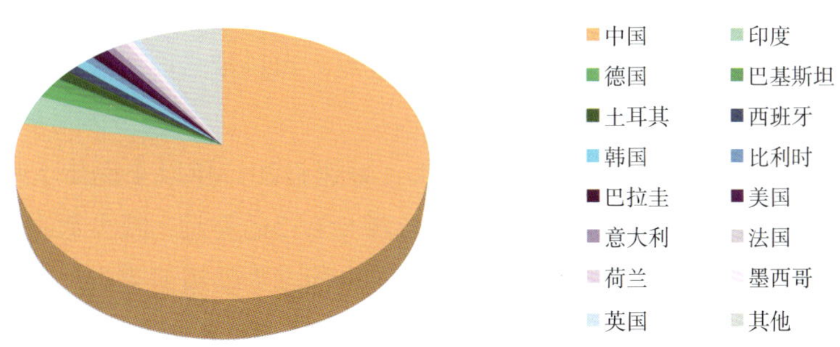

图13 2015年主要国家毯子出口额占比图

与此同时，有四个主要毯类出口国2015年实现正增长。巴拉圭是世界出口毯子增长最迅速的国家，在2014年1.6倍增长速度的基础上，2015年继续增长22.1%，实现毯类出口额3630万美元。在世界毯子出口国家排名中，从2013年的第二十七位到2014年的第十五位，再到2015年一跃升至第九位，其增长态势值得关注。法国是2015年毯子出口增长幅度最大的国家，2015年实现出口额2951万美元，增速为26.8%，该国自2013年开始毯子出口额增速连续三年持续增长。巴基斯坦是四个国家中该产品出口份额最大的国家，占全球毯子出口的1.2%，份额较2014年扩大0.2个百分点；2015年实现毯子出口5531万美元，较上年增长4.7%，且增长平稳。另外，英国该产品出口也保持了稳定增长，2015年实现出口额2695万美元，较上年增长5.4%。2015年毯子出口前十五国增长情况见图14。

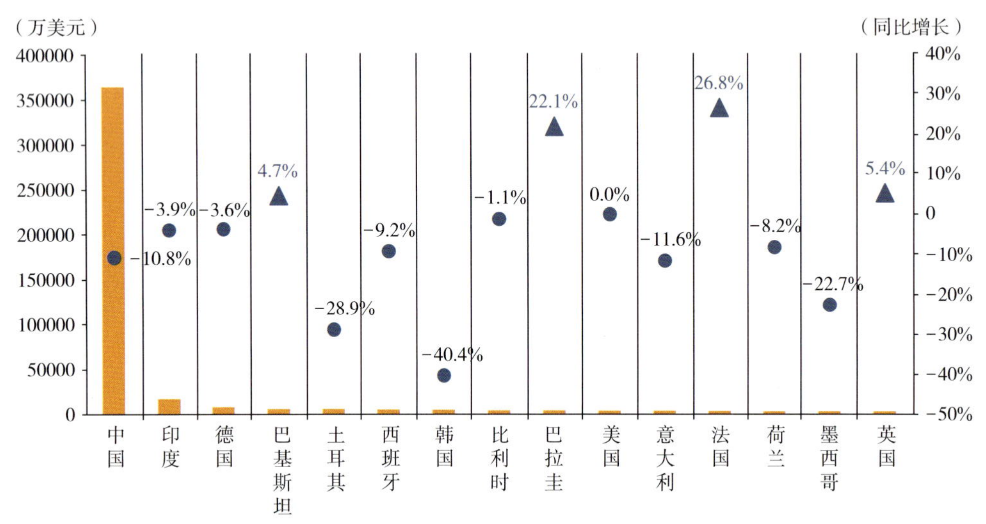

图14　2015年主要国家毯子出口额及增长幅度

（六）窗帘

2015年，世界窗帘出口贸易额达44.53亿美元，世界排名前十五国该产品出口贸易额占总量的89.8%（图15）。中国为世界上最大的窗帘出口国，2015年共实现出口额23.88亿美元，占世界总量的56.63%，占比较上年扩大0.79个百分点。出口排名前十五个国家中，其他各国所占比重相对较为平均，且均未超过10%。

2015年，世界窗帘出口额较上年下降6.6%，增速自2013年以来逐步下降，至2015年出现负增长。主要原因之一是中国该产品出口同比减少1.32亿美元，减少额占世界减少总额的40%。从各国2015年窗帘出口成交额情况看，十五个国家中除墨西哥和巴基斯坦两国较上年有所增长以外，其他各国均有不同程度的下降。越南是前十五国中下降幅度最大的国家，2015年实现出口额1.3亿美元，降幅为27.46%。德国下降幅度也比较大，降幅为19.87%，2015年实现出口额2.47亿美元。荷兰、法国、捷克、意大利、比利时及丹麦这些该产品出口占世界份额2%以下的国家下降幅度也较大，均有10%以上的降幅。2015年窗帘出口前十五国增长情况见图16。

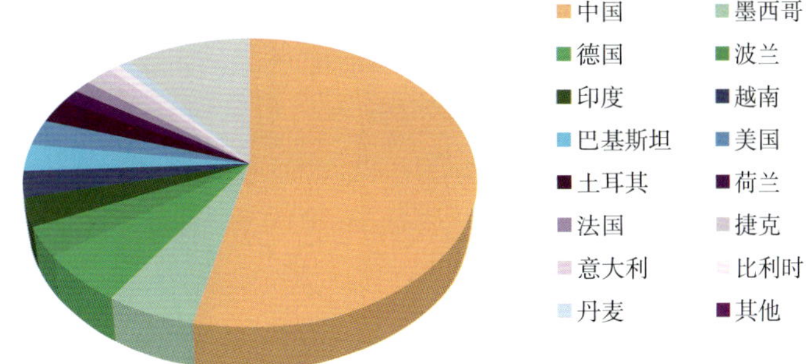

图15　2015年主要国家窗帘出口额占比图

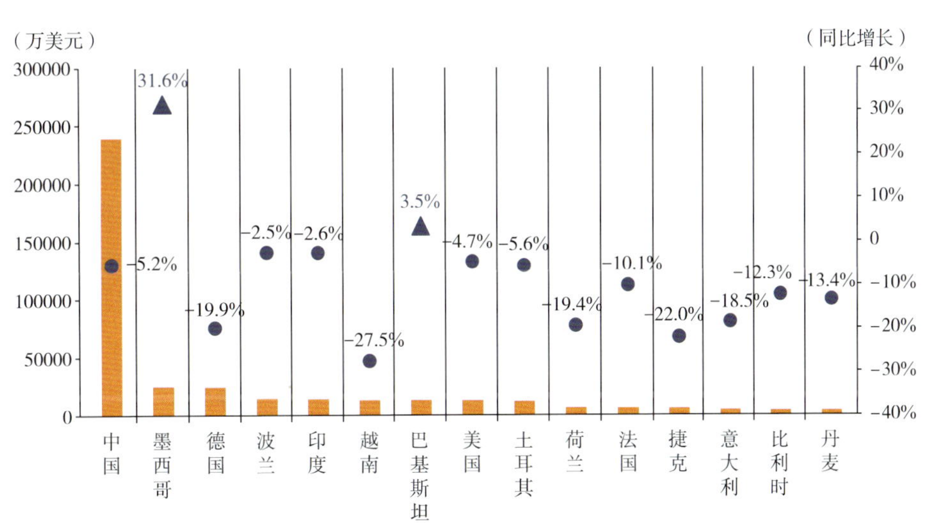

图16　2015年主要国家窗帘出口额增长幅度

与此同时，墨西哥该产品出口近几年却一路攀升。自2013年以来该国一直增长强劲，2013年增速为51.55%，在世界排名第五位；到2014年一跃至排名世界第三位，增速为5%；2015年又实现31.57%的高度增长，成为世界第二大窗帘出口国，实现成交额2.5亿美元，该国窗帘出口趋势值得关注。此外，巴基斯坦也保持了稳定增长，2015年实现成交额1.32亿美元，增速为3.45%。在世界窗帘出口增长幅度大幅下降的大背景下，自2013年以来该国窗帘出口增幅分别为5.99%、12.9%和3.45%，保持持续增长态势。墨西哥2013~2015年窗帘出口增长情况见图17。

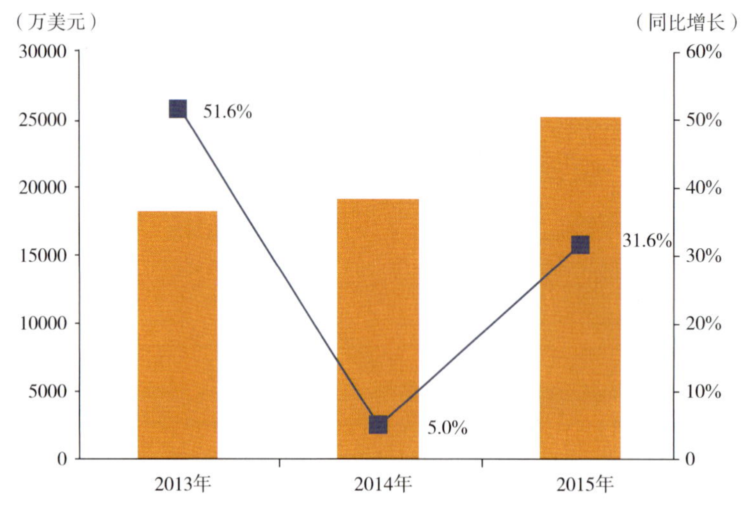

图17 墨西哥2013~2015年窗帘出口增长情况

（七）刺绣装饰品

2015年，全球共实现刺绣类装饰品出口额31.17亿美元，较上年同期下降12.07%。世界排名前十五位的国家共实现该产品出口额占总量的83%（图18），这十五个主要出口国的出口额较上年均有所下降。中国为世界最大的刺绣装饰品出口国，占世界总量的43%。2015年，中国实现该产品出口额13.48亿美元，较上年下降13.16%，降幅大于全球平均降幅。2015年马来西亚、奥地利和韩国该产品出口下降幅度均超过20%，其中马来西亚降幅超过40%。

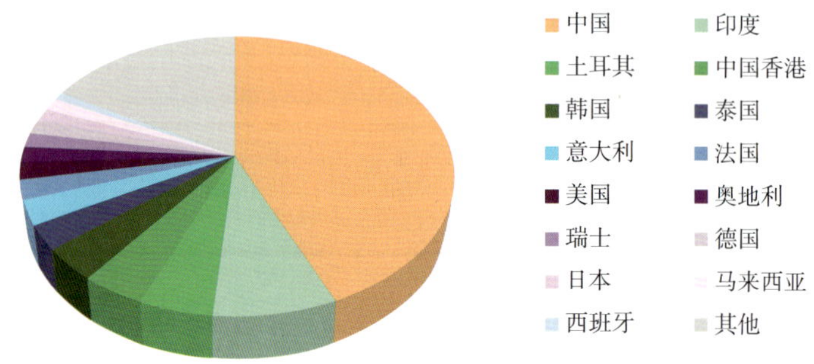

图18 2015年主要国家刺绣装饰品出口额占比图

在全球刺绣纺织品出口缩水的背景下，该产品下降幅度较小的国家和地区占全球出口的份额相对有所扩大。2015年中国香港实现成交额1.32亿美元，较上年下降3.65%，出口占比为4.23%，份额扩大0.37个百分点；泰国出口9043万美元，降幅为5.37%，占比为2.9%，较上年扩大0.21个百分点；意大利出口8973万美元，降幅为9.08%，占比为2.88%，较上年扩大0.09个百分点；法国出口6958万美元，较上年下降5.65%，占比为2.23%，较上年扩大0.15个百分点；美国出口6283万美元，较上年下降1.95%，占比为2.02%，较上年扩大0.21个百分点。2015年刺绣纺织品出口前十五国增长情况见图19。

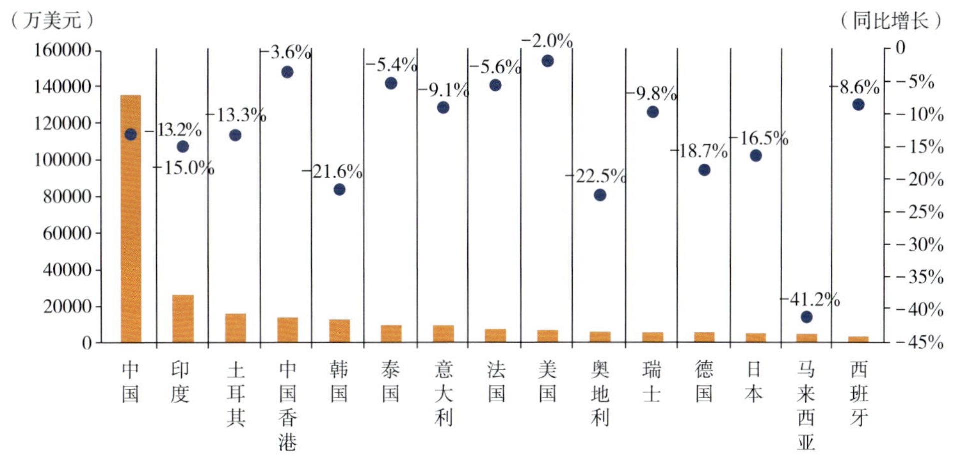

图19　2015年主要国家刺绣纺织品出口额及增长幅度

（八）餐厨用纺织品

2015年餐厨用纺织品共出口26.1亿美元，较上年下降10.43%。排名前十五位的国家出口该产品占全球的90.3%（图20）。在这十五个国家中，墨西哥、西班牙和比利时三个国家出口额实现了增长，其中墨西哥增长较快，实现成交额5054万美元，增速为8.21%；2015年西班牙实现成交额6985万美元，增速5.56%；比利时实现出口额7027万美元，较上年略涨0.76%。其他各国的出口额较上年均有下降，而且降幅较大。降幅在20%以上的国家有6个。其中，巴基斯坦下降幅度达48.97%，实现成交额6226万美元，占全球市场份额为2.36%，较上年缩小1.77个百分点。印度和埃及是全球除中国以外的该产品出口最多的国家，2015年这两国在该产品的出口下降幅度也较大，印度实现成交额1.12亿美元，降幅为31.59%；埃及实现成交额1.52亿美元，降幅为28.63%。此外，2015年美国和葡萄牙该产品出口降幅也超过20%：美国实现出口额3657万美元，降幅为20.56%；葡萄牙出口3358万美元，降幅为28.26%。中国为世界餐厨用纺织品出口最多的国家。2015年，中国实现出口额14.58亿美元，较上年下降1.68%；但中国在该产品出口的市场份额却扩大4.9个百分点，占比为55.14%，是份额增长最大的国家。2015年餐厨用纺织品出口前十五国增长情况见图21。

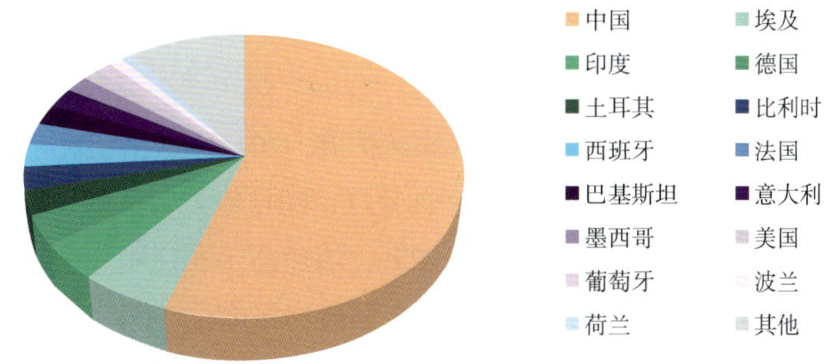

图20　2015年主要国家餐厨用纺织品出口额占比图

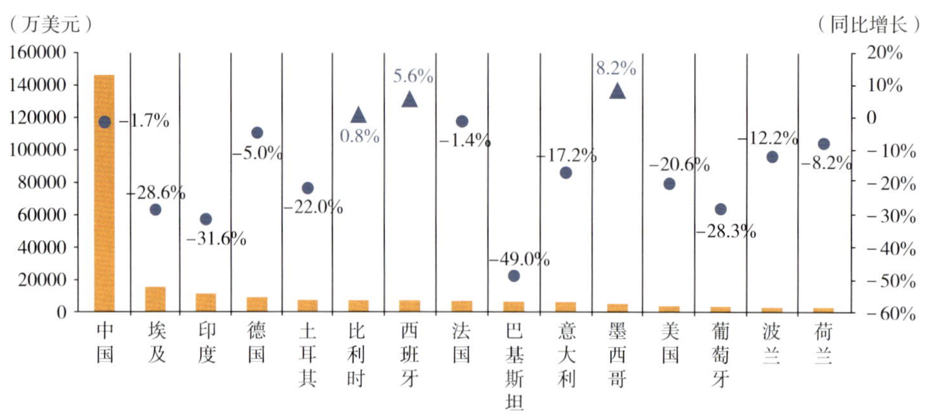

图21　2015年主要国家餐厨用纺织品出口额及增长幅度

（九）手帕

2015年手帕类产品共实现出口额2.22亿美元，较上年同期下降15.1%。中国为世界上最主要的手帕类产品出口国，2015年出口手帕1.5亿美元，占世界份额的67.96%，份额较2014年缩小2.67个百分点。手帕产品出口产地相对集中，排名前十五位的国家出口额占总额的94.5%（图22）。2015年，这十五个国家中有十二个国家对该产品出口贸易额有所下降。中国该产品出口下降幅度较大，降幅为18.31%，高于世界手帕出口额平均降幅。另外马达加斯加、英国和比利时对该产品出口也大幅减少。马达加斯加和比利时自2013年分别实现50.85%和30.69%的高速增长，到2014年增速大幅回落至6%和-8.5%，再到2015年骤降至-27.01%和-46.58%。2015年手帕出口前十五国增长情况见图23。

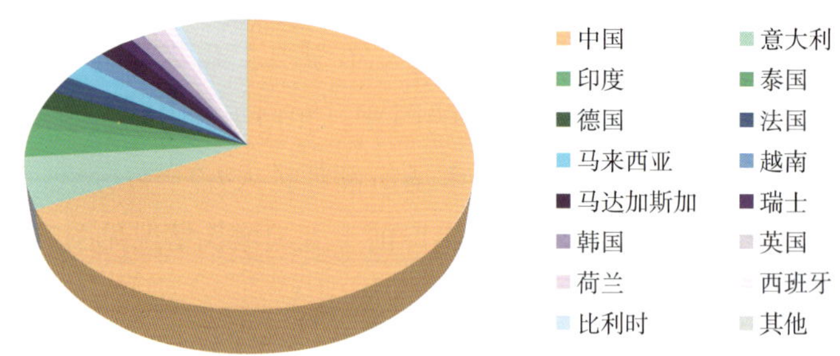

图22　2015年主要国家手帕出口额占比图

值得注意的是，法国对于手帕产品的出口快速扩展，2014年法国扭转了上年负增长的局面，实现增速24.91%，增幅较上年提高34.06个百分点；2015年，在全球手帕出口额普遍下降的背景下，法国对该产品出口额同比又增长37.02%，增速高于2014年12个百分点。此外，泰国和马来西亚两国自2014年以来对该产品出口一直保持稳定增长，2015年两国分别实现出口额534万美元和448万美元，增速为9.46%和6.12%，两国在世界手帕出口市场的份额分别扩大0.5个和0.4个百分点。法国手帕三年出口趋势见图24。

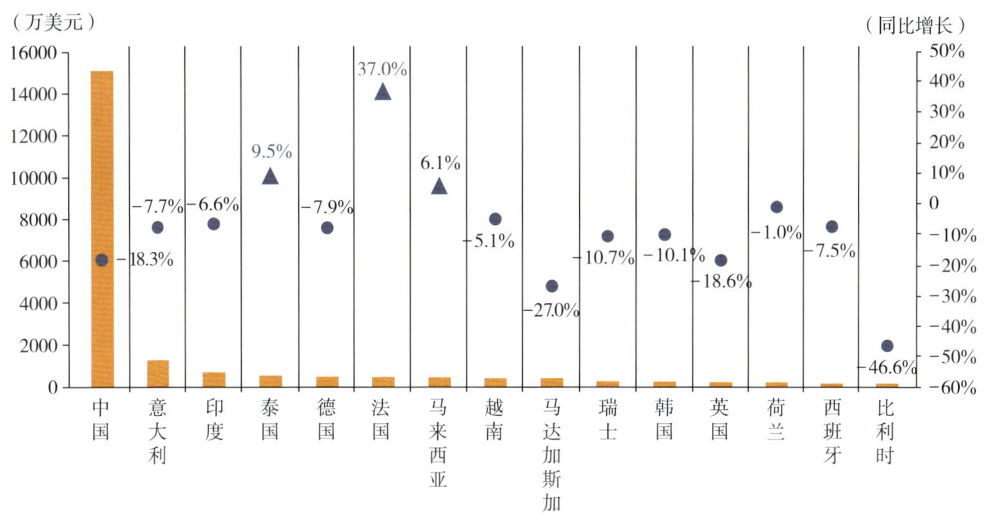

图23　2015年主要国家手帕出口额及增长幅度

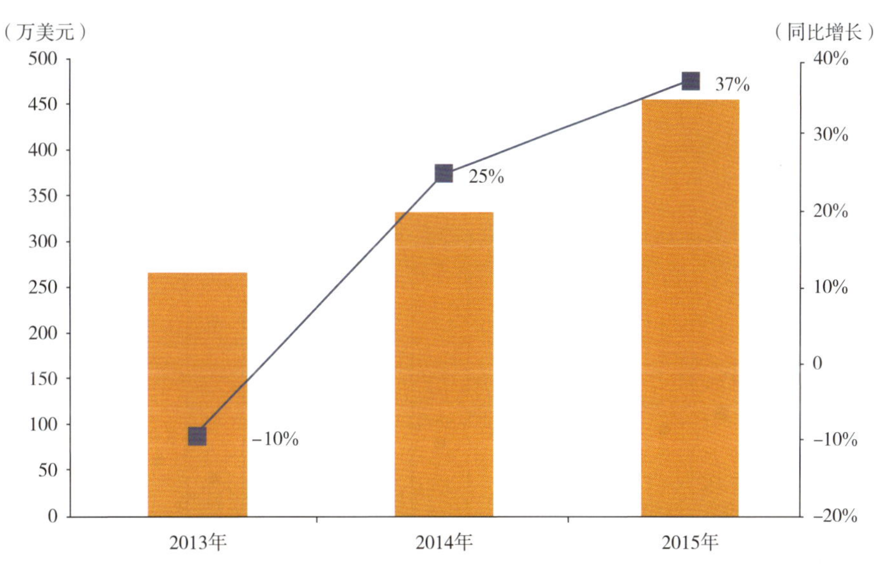

图24　法国2013~2015年手帕出口增长情况

（十）辅料

辅料产品包括家用纺织品所需的缝纫线及绣花线等。2015年，辅料产品共实现出口额21.30亿美元，较上年下降7.53%。世界出口该产品前十五位的国家实现出口份额占比85%（图25）。中国为世界最主要的缝纫线及绣花线出口国，占世界出口份额的41%。2015年，中国出口缝纫线及绣花线共计8.75亿美元，较上年下降8.4%。十五个国家中，除美国、埃及和越南三国对该产品出口额有所增长以外，2015年其余十二个国家该产品出口额较上年均有下降。其中下降幅度最大的是德国、韩国和意大利，降幅在15%至25%之间。与此同时，埃及、美国和越南2015年对该产品出口实现正增长。美国是世界第三大辅料缝纫线出口国，2015年实现出口额1.6亿美元，较上年上涨2.17%，增长速度自2013年以来逐渐降低，但依然保持正增长。埃及是2015年该产品出口额增长最快的国家，实现出口额3418万美元，较上年增长32.07%，扭转上年负增长的态势，增速提升41.78个百分点。此外，越南也扭转了上年负增长的局面，2015年实现该产品出口额3136万美元，增速为12.87%，较上年增长16.39个百分点。2015年辅料出口前十五国增长情况见图26。

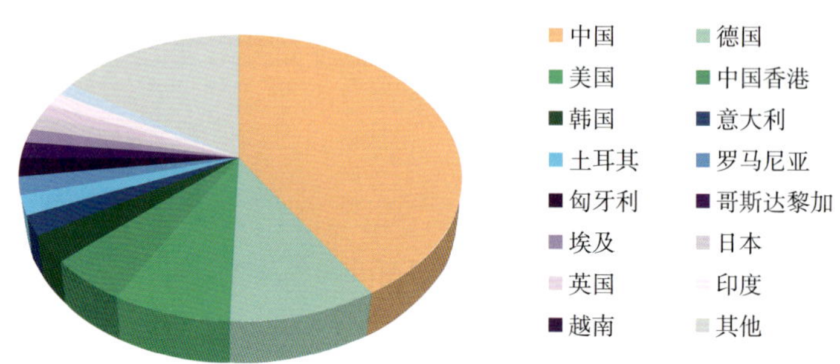

图25　2015年主要国家辅料出口额占比图

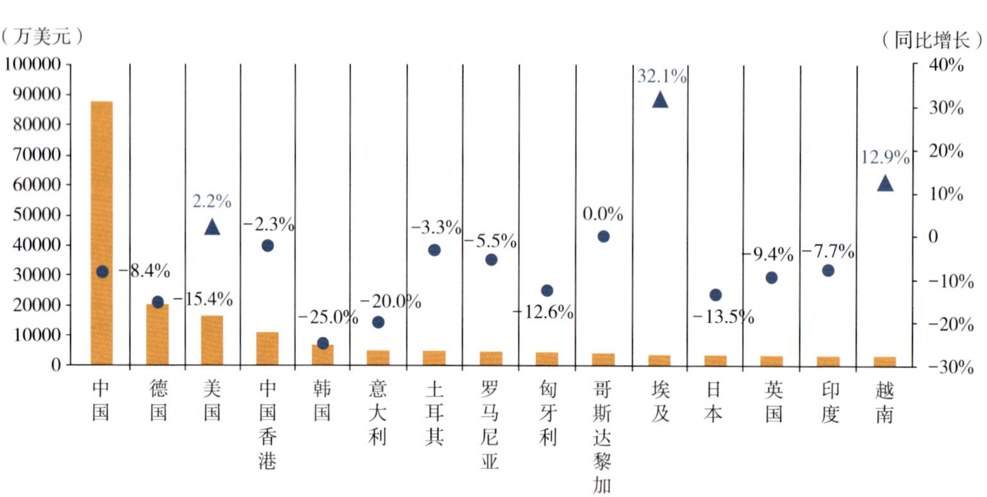

图26　2015年主要国家辅料出口额及增长幅度

二、2015年世界家纺产品出口的特点

1.世界家纺产品出口普遍下降

近年来，由于国际贸易持续低靡、国际直接投资活动有所回落、全球债务水平高位攀升、国际金融市场反复动荡等原因，致使世界经济依然维持低速增长，这样的宏观经济背景

也对世界家用纺织品市场造成了不小的影响。2015年，世界家用纺织品贸易额出现负增长，且全球主要家纺出口国家的出口额均呈下降态势，各类细分家用纺织品出口成交额也都低于上年。2015年世界家纺各类产品出口同比增长见图27。

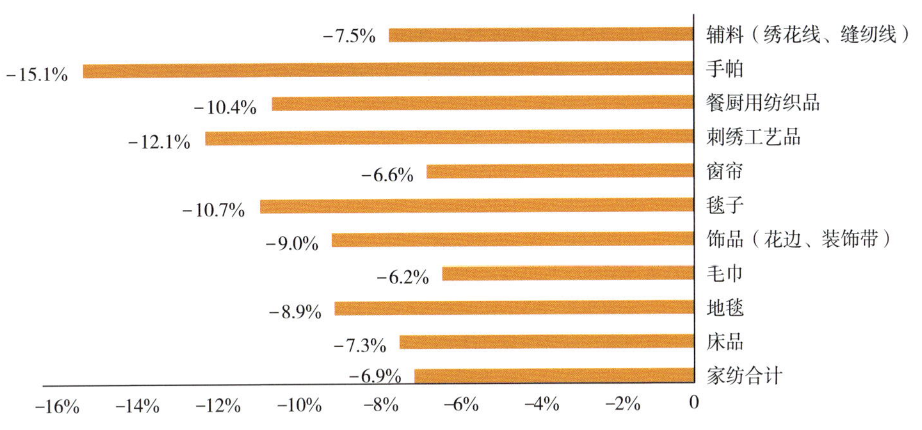

图27　2015年世界家纺各类产品出口额及增长幅度

2.中国家纺出口保持稳定，份额占比有所扩大

在世界经济低速增长的新形势下，世界家用纺织品出口贸易下降的大背景下，2015年中国家用纺织品出口占世界市场的份额总体保持稳定，且有所扩展，较上年市场份额扩大0.73个百分点。中国主要的床品、餐厨用纺织品、饰品、地毯和窗帘占世界市场份额的比重都有所增加。其中，餐厨用纺织品、花边及装饰带等品类的出口份额增长幅度更为明显。总体来看，2015年在世界家纺市场中，中国家纺出口情况总体。2015年中国出口各类家纺产品份额占比增减情况见图28。

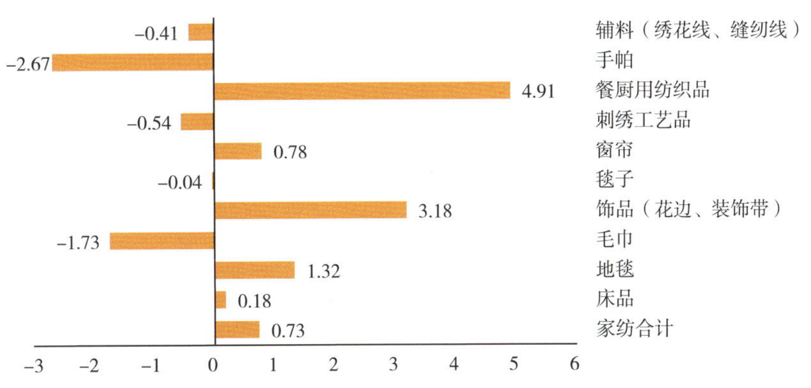

图28　2015年中国家纺产品出口份额变动（±百分点）

3.值得关注的出口增长较快的国家和产品

2015年，尽管世界家纺出口市场普遍收缩，但其中仍不乏有国家在家纺出口市场方面增长强劲。2015年，埃及床品和辅料类产品的增速分别为10.57%和32.07%，高于世界床品和辅料出口增幅17.87个百分点和39.6个百分点；西班牙出口毛巾和餐厨用纺织品增速分别为

17.38%和5.56%，增速分别高于世界平均增速23.6个百分点和15.99个百分点；法国毛毯和手帕出口增幅分别为26.79%和37.02%，增速分别高于世界平均增速37.52个百分点和52个百分点；墨西哥出口窗帘和餐厨用纺织品增幅分别为31.57%和8.21%，高于全球平均增速38.17个百分点和 18.64个百分点。

总体来看，2015年世界家用纺织品贸易较之前几年有所收缩，符合世界经济新形势的规律。面对世界经济的持续低速增长，世界家用纺织品贸易或将有新的变化。我国家纺企业要加快实施“三品战略”，练内功、提效率，做出新的调整，适应新的经济形势，以迎接新的挑战。

中国家用纺织品行业协会

2016年家用纺织品进出口贸易综述

魏启雄　刘丹

受市场需求不足和美元汇率走强的双重影响，2016年，我国家用纺织品进出口贸易总额为402亿美元，同比下降4.01%，延续了2015年负增长态势，降幅较2015年略有收窄。贸易顺差369.8亿美元，出口额占到贸易总额的96%。

一、2016年我国家纺进口贸易

2016年，我国家用纺织产品进口16.1亿美元，同比下降2.81%。其中，进口数量同比下降3.39%，降幅较上年加深了1.98个百分点；进口价格同比增长0.6%，增速较上年提高了2.78个百分点。可看出2016年家纺进口贸易中，进口价格略升，进口数量有所减少，近几年我国家纺产品进口贸易额稳中有降。近几年家纺产品进口额见图1。

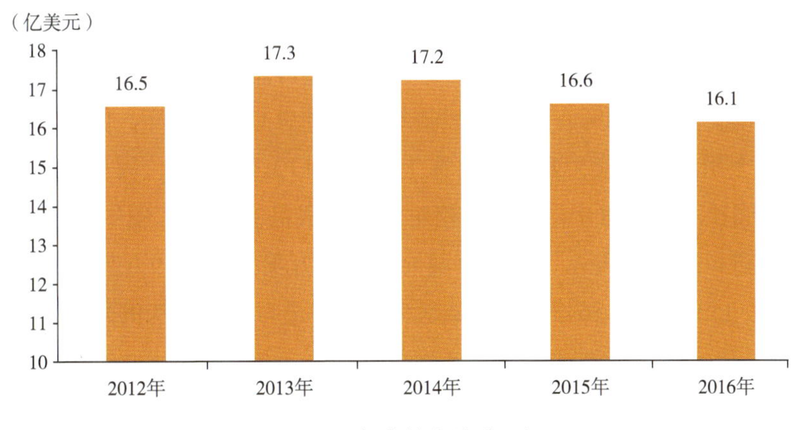

图1　近几年家纺产品进口额

（一）进口贸易中一般贸易额持续提高

2016年进口贸易中，一般贸易额5.49亿美元，同比增长7.07%，占进口贸易比重达到34.14%，占比较2015年提高3.15个百分点，较2014年提高5.48个百分点，一般贸易额接近位于首位的进料加工贸易。2016年，我国家纺产品进口加工贸易额6亿美元，同比下降6.27%，占比为37.26%，较2015年下降1.38个百分点。贸易额排在第三、第四位的来料加工贸易和保税库进出境货物，2016年进口额分别为2.55亿美元和1.37亿美元，同比分别下降9.16%和9.55%。主要贸易方式进口金额及增速见图2。前四种贸易方式金额占到进口总额的95%以上，除一般贸易比重提高，其他三种方式的占比均有所下降。

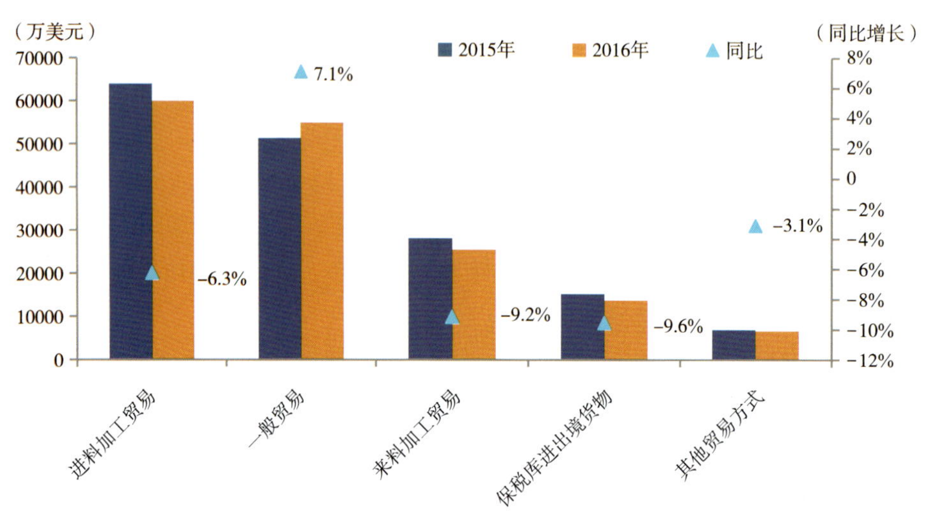

图2　主要贸易方式进口金额及增速

（二）面、辅料占到进口额的一半

我国家用纺织品制造能力强，自主品牌主导国内市场，进口较少，且以进口装饰面料和辅料为主。2016年，装饰面料和辅料进口额占到进口总额的52.05%，其中，装饰面料进口4.76亿美元，同比下降9.04%；花边、线带等辅料进口3.63亿美元，同比增长0.53%。进口较多的成品为床上用品和地毯，2016年，床上用品进口2.3亿美元，同比增长2.17%；地毯进口1.37亿美元，同比下降6.38%。进口额相对较少的成品有毛巾、餐厨用纺织品、窗帘和毯子，2016年分别进口3635万美元、3486万美元、3397万美元和1239万美元，同比增速分别为2.09%、−5.46%、15.93%和1.86%，窗帘是家纺产品中进口增长最快的品种。

（三）近八成进口来自于亚洲

亚洲地区是我国家纺进口的主要来源地，2016年，我国从亚洲进口的家纺产品占到进口总额的79.1%。其次是欧洲和北美洲，2016年从欧洲和北美洲进口的家纺产品合计占到进口总额的18.9%。仅有2%的产品是从拉丁美洲、非洲和大洋洲进口的。进口来源地分布情况见图3。

从具体国家和地区来看，中国（原产地）、日本、韩国和中国台湾排在进口来源地的前四位，2016年，进口额分别为2.72亿美元、2.49亿美元、2.16亿美元和2.11亿美元。位于来源地第五、第六位是欧盟和美国，2016年从欧盟进口2.07亿美元，从美国进口8621万美元。进口主要来源国家和地区情况见图4。

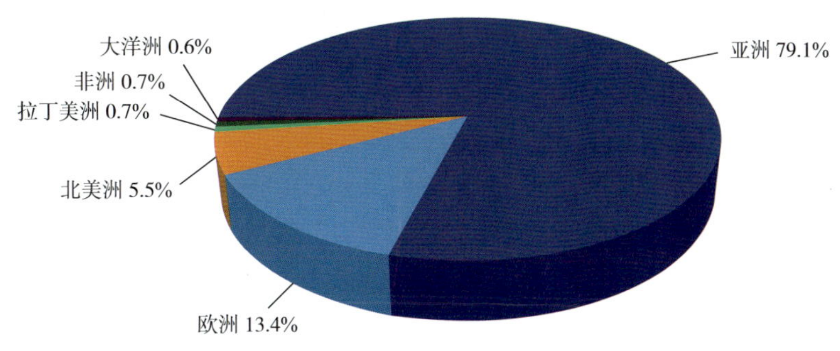

图3　进口来源地分布

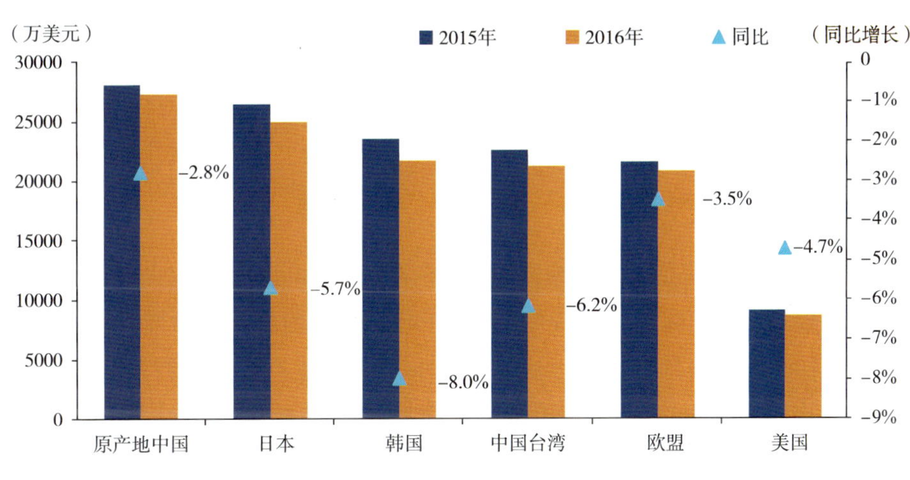

图4　主要来源国家和地区进口及增速

（四）广东和上海是最主要的进口口岸

2016年，八成以上的家纺产品是通过广东、上海、江苏、山东和浙江五个省进口的，其中通过广东省和上海市进口的家纺产品占到进口总额的55.99%。2016年，广东海关进口家纺产品5.22亿美元，同比下降6.57%；上海海关进口家纺产品3.64亿美元，同比增长1.13%。江苏、山东和浙江2016年分别进口家纺产品1.6亿美元、1.3亿美元和1.2亿美元，同比增速分别为7.42%、-21.43%和20.39%，江苏海关超过山东海关上升至进口额的前三位。

二、2016年我国家纺出口贸易

据海关统计，2016年我国家用纺织品出口385.96亿美元，同比下降4.06%，降幅较2015

年收窄0.37个百分点（图5）。2016年以来，美元对人民币汇率一路上扬，全年平均同比走高6.76%，客观影响了我国家纺产品出口单价和出口额。若以人民币计，2016年我国家纺产品出口约2570亿元，同比增长2.43个百分点。

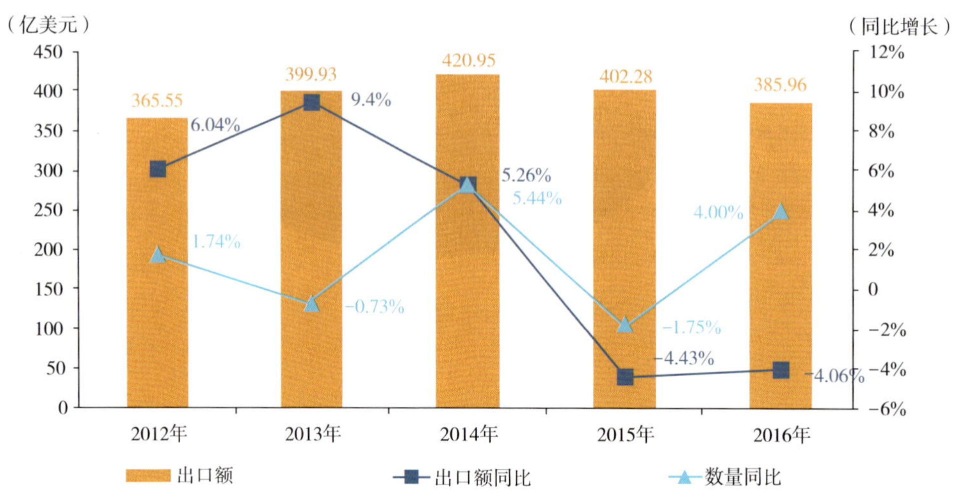

图5　近年来我国家纺产品出口金额、金额同比及数量同比

（一）出口数量增加，出口价格下降

2016年，我国家用纺织品出口价格同比下降7.75%，出口数量同比上升4%，出口数量增速较2015年同期提高5.75个百分点。从大类产品的出口也可看出量增价减的态势。7类主要产品中，除餐厨用纺织品出口数量与上年基本持平外，其他6类产品出口数量同比均呈现不同程度增长，其中毛巾、床品出口数量同比增长高达12.38%和5.62%。同时，受美元兑人民币汇率波动及市场因素的影响，7大类产品出口单价与2015年比均有所回落。2016年我国家纺大类产品出口额与出口数量同比情况见图6。

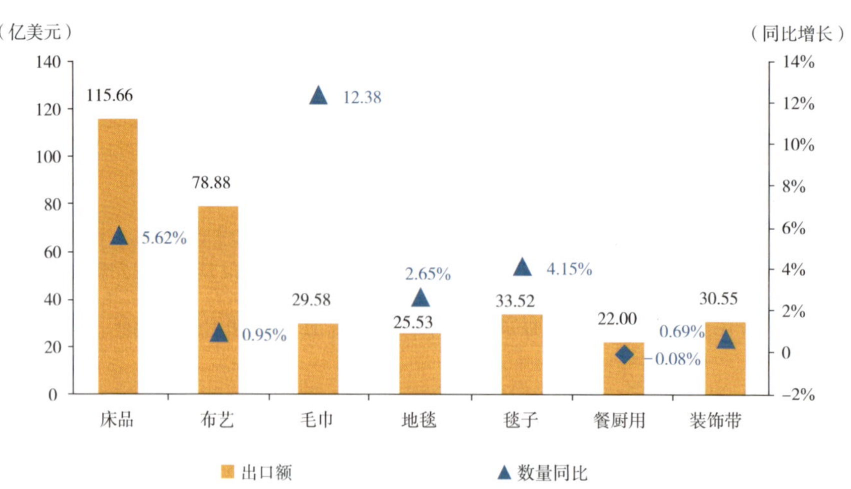

图6　2016年我国家纺大类产品出口额与出口数量同比

在7大类出口产品中，以美元计的出口额虽然只有毛巾产品实现正增长，但与2015年比，总体情况呈回升状。床品、毯子产品出口额降幅较上年分别收窄1.48个和2.76个百分点，布艺产品与去年基本持平；值得一提的是毛巾产品，出口额经历了持续下降后，高度上扬，出口额同比增长11.99%，较上年同期猛增24.61个百分点。上述4类产品的出口额占到我国家纺出口总额的2/3，它们的回升也推进家纺产品出口整体向有利方向发展。

（二）三大传统市场份额稳中有升

2016年，我国家纺产品对美欧日三大传统市场出口197.34亿美元，同比下降1.55%，出口额占比达51.15%，较上年提高1.3个百分点，三大传统市场与其他市场出口额比重走势见图7。近两年来，美欧日三大传统市场的市场份额稳步提高，同时其他市场所占比重不断减少，受金融危机的影响，一些新兴市场的需求尚未恢复。2016年对其他市场出口188.62亿美元，同比下降6.54%，其中对非洲、拉丁美洲出口额减少明显，同比分别下降25.1%和9.75%。

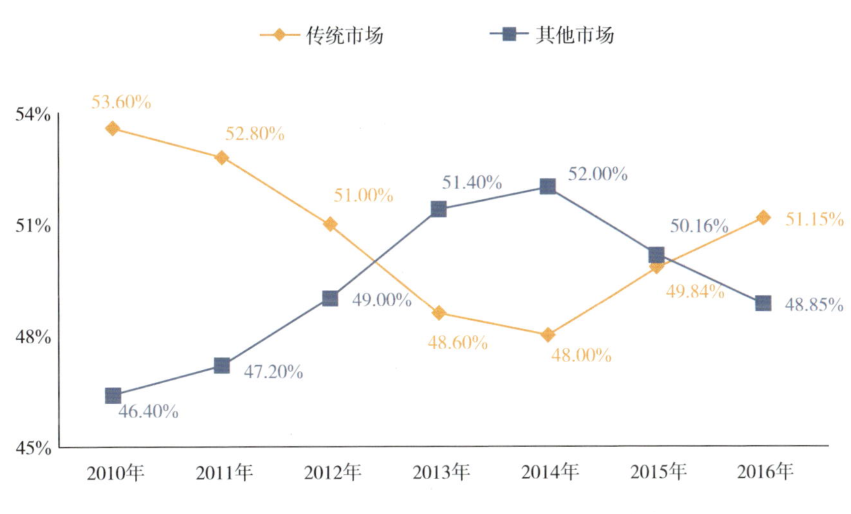

图7　三大传统市场与其他市场出口额比重走势

1. 对美国出口逐渐回暖

2016年，我国家纺产品对美国市场出口98.51亿美元，同比下降3.02%；出口数量同比增长5.49%。对美国市场的出口额在经历了前几年的增长后于2016年年初跌入负增长，至年底，虽然仍处于同比下降局面，但降幅逐季度收窄，第四季度出口额实现了正增长，且增幅高达7.52%，走势向好。2016年对美国四个季度出口额与同比变动情况见图8。

2. 对欧盟出口稳步增长

2016年，我国家纺产品对欧盟市场累计出口64.98亿美元，同比增长1.56%，增速较2015年提高6.35个百分点，从3月以来，对欧盟市场出口额持续正增长，特别是出口数量同比增长12.28%，增速比上年提高14.49个百分点，在美欧日三大传统市场所占份额的提升中发挥了主导作用。

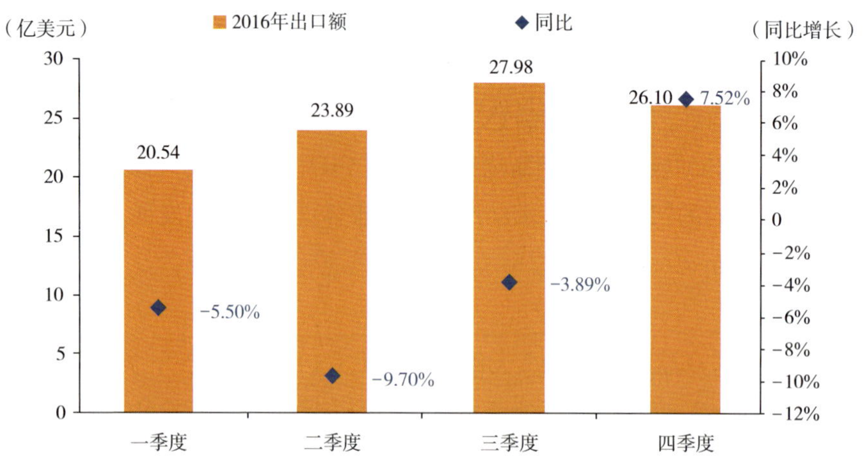

图8　2016年对美国四个季度出口额与同比变动情况

3. 对日本出口额降幅收窄

2016年，对日本出口33.85亿美元，同比下降3%，略优于行业平均水平；出口数量同比增长3.1%；出口额降幅较2015年（-11.39%）明显收窄。近几年我国家纺对日本市场出口额持续减少，日本市场占比排名跌到第四后，与目前排在第三的东盟市场差距还在进一步拉大。

（三）"一带一路"沿线市场优势显现

我国自2013年实施"一带一路"战略以来，已取得了阶段性成果，其沿线涉及的65个国家和地区成为我国家纺产品出口的重要市场，且发挥着越来越积极的作用。2016年，对"一带一路"沿线国家共出口139.06亿美元，同比下降2.63%，出口数量同比增长6.69%，出口额占比达到36.03%，较2015年提高0.53个百分点。2016年"一带一路"市场出口情况见表1。

表 1　2016 年"一带一路"市场出口情况

地区	金额（万美元）	金额同比（%）	数量同比（%）
丝绸之路经济带	484750	4.61	13.16
21 世纪海上丝绸之路	905895	-6.11	3.58
合计（一带一路）	1390645	-2.63	6.69

1. 对"丝绸之路经济带"沿线国家出口增势明显

2016年，对"丝绸之路经济带"市场出口48.48亿美元，同比增长4.61%，高出行业平均水平8.67个百分点，出口额占比较上年扩大1.04个百分点，"丝绸之路经济带"市场2016年与2015年规模占比对比见图9。我国配合"一带一路"战略的实施，着力完善建设交通运输渠道，力求形成联动发展网络，对促进该地区家纺贸易的增长发挥了积极作用。

在"丝绸之路经济带"沿线国家和地区中，我国家纺出口额占比较大的中亚5国和中东欧14国增长显著，为"陆上丝绸之路"沿线市场的增长奠定了基础（2016年"丝绸之路经济

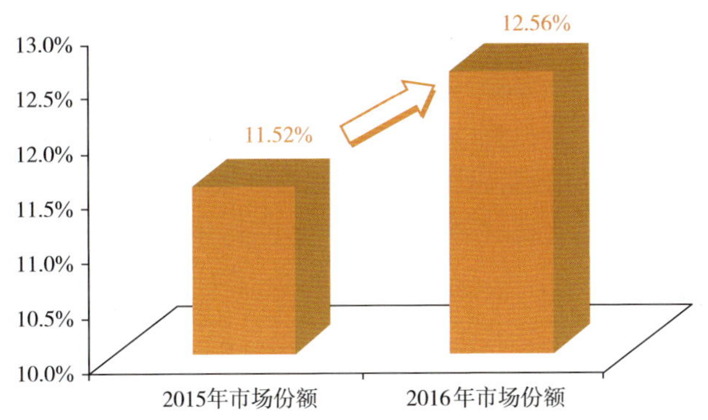

图9 “丝绸之路经济带”市场2015年与2016年规模占比对比

带”市场出口情况见表2）。中亚5国中，哈萨克斯坦增长最为明显，该国家采取反危机政策和大结构改革取得了成效，经济逐渐回温，需求增加。中东欧14国中，除爱沙尼亚和波黑这两个占比较低的市场外，对其余12个国家的出口额均呈不同程度增长。

表 2 2016 年“丝绸之路经济带”市场出口情况

丝绸之路经济带	出口金额（万美元）	同比（%）	占比（%）
德国	133801	–0.33	3.47
中亚 5 国	79563	28.09	2.06
中东欧 14 国	74588	18.59	1.93
俄罗斯	73975	–0.21	1.92
荷兰	60170	–0.89	1.56
土耳其	25666	–20.21	0.67
伊朗	21281	–11.59	0.55
独联体其他 6 国	14916	28.69	0.39
蒙古国	790	–45.67	0.02
合计	484750	4.61	12.56

2.“21世纪海上丝绸之路”沿线市场尚有潜力

2016年，对“21世纪海上丝绸之路”出口90.59亿美元，同比下降6.11%。受西亚北非15国出口额下滑拖累，该地区部分国家社会动乱，影响我国家纺产品的输入。其次南亚6国情况也不乐观，占比较大的印度、巴基斯坦出口额下降明显，分别为16.55%和17.29%，影响此市场的总体走势。

对“21世纪海上丝绸之路”沿线的意大利、希腊两个国家出口增长较好，2016年出口额同比分别提高11.94%和29.26%。同时，东南亚11国中的10个国家为东盟国家，我国对东盟10国出口稳定发展，东盟已移居我国家纺产品出口的第三大市场。综合来看，“海上经济带”

市场仍具潜力，需继续开发。2016年“21世纪海上丝绸之路”市场出口情况见表3。

表3　2016年“21世纪海上丝绸之路”市场出口情况

丝绸之路经济带	金额（万美元）	同比（%）	占比（%）
东南亚11国	402490	-0.13	10.43
西亚北非15国	271961	-14.86	7.05
南亚6国	170796	-8.43	4.43
意大利	48845	5.53	1.27
希腊	11803	23.14	0.31
合计	905895	-6.11	23.48

（四）毛巾产品出口额高度上扬

在经历了前两年持续下降后，毛巾产品出口额同比增长12.02%，增速较2015年提高24.60个百分点，是大类产品中以美元计出口额唯一实现增长的品种。

我国四大毛巾产品出口市场分别是东盟、美国、日本和欧盟。其中，东盟市场增速明显，出口额同比提高15.02%；欧盟市场出口情况基本平稳，增速为3.31%；而美国和日本市场稍有下降。在前十个我国毛巾产品出口市场中，哈萨克斯坦和中国香港增速迅猛，分别达到214.81%和145.26%。我国毛巾产品前十出口市场总计出口额25.70亿美元，同比增长14.26%，好于总体市场，占比86.90%，较2015年提高1.7个百分点。2016年毛巾产品前十出口市场情况见表4。

表4　2016年毛巾产品前十出口市场情况

地区	金额（万美元）	同比（%）	占比（%）
东盟	61027	15.02	20.64
美国	47026	-2.76	15.90
日本	39585	-4.37	13.39
欧盟	34714	3.31	11.74
哈萨克斯坦	24432	214.81	8.26
俄罗斯	14333	5.20	4.85
香港	13270	145.26	4.49
阿联酋	10204	28.15	3.45
智利	6354	5.58	2.15
澳大利亚	6061	-21.63	2.05
合计	256106	—	—

（五）出关口岸前五省份出口额占比扩大

家纺产品出关口岸集中度较高，位于前五位的是浙江、江苏、山东、广东和上海五省（市）。2016年经这5个地区关口出口的家纺产品合计330.4亿美元，同比下降2.65%，占比达85.6%，较2015年规模扩大1.24个百分点。前五个省（市）的出口增长情况均好于全国平均水平，优势明显。

2016年出口实现增长的海关省（市）有七个，其中前五位的省（市）占两个，分别是江苏和山东，同比增长分别为0.32%和0.87%，其余河北、天津、湖南、青海和内蒙古五个省（市）虽然出口额体量较小，但出口额同比增长明显，几乎是两位数增长，分别为9.64%、22.10%、27.48%、17.87%和15.51%。7个省（市）总计出口147.71亿美元，同比增长2.13%，占全国关口出口额的38.27%。2016年地方海关出口家纺产品综合情况见表5。

表5　2016年地方海关出口家纺产品综合情况

排序	地区	金额（万美元）	同比（%）	占比（%）	排序	地区	金额（万美元）	同比（%）	占比（%）
1	浙江	1172674	-4.86	30.38	17	四川	17042	-31.22	0.44
2	江苏	846281	0.32	21.93	18	重庆	14341	-61.05	0.37
3	山东	450661	0.87	11.68	19	湖南	14165	27.48	0.37
4	广东	428306	-1.53	11.10	20	黑龙江	9641	-36.54	0.25
5	上海	304317	-6.27	7.88	21	云南	9410	-47.05	0.24
6	福建	101730	-8.63	2.64	22	青海	8676	17.87	0.22
7	河北	89432	9.64	2.32	23	内蒙古	6718	15.51	0.17
8	安徽	71297	-9.78	1.85	24	甘肃	6239	-18.33	0.16
9	新疆	62156	-4.60	1.61	25	陕西	3399	-17.89	0.09
10	天津	61142	22.10	1.58	26	贵州	2658	-74.43	0.07
11	江西	41101	-22.95	1.06	27	宁夏	2433	-10.04	0.06
12	湖北	33219	-10.32	0.86	28	吉林	1877	-55.75	0.05
13	辽宁	25702	-24.31	0.67	29	西藏	1441	-21.19	0.04
14	北京	25333	-4.01	0.66	30	海南	1396	-9.28	0.04
15	广西	25227	-4.83	0.65	31	山西	680	-17.57	0.02
16	河南	20879	-11.54	0.54					

2016年，全球经济呈现企稳迹象，金融市场信心有所回升，大宗商品价格反弹，多数主要经济体货币兑美元小幅升值，但实体经济依然脆弱，市场需求依旧低靡，各国宏观政策效力减弱，世界经济低增长、高风险局面难有根本改观。对家纺行业来说，未来的国际市场同样充满挑战，发达国家知名品牌和营销渠道等方面仍占据优势；发展中国家凭借其较低劳动

力成本和丰富资源条件，在中低档产品市场对我国产品出口形成压力；新兴市场存在波动风险。我国家纺行业应加快创新转型，落实“三品战略”，提高发展质量与效益；同时通过对“一带一路”沿线国家和地区的深度开拓，实现出口的新增长，借助“一带一路”战略加快我国家纺产业的国际化发展水平，推进海外产业布局。2017年挑战与机遇并存，家纺人应认真对待挑战，积极抓住转型机遇，提升我国家纺产业在国际市场中的地位。

中国家用纺织品行业协会

国内市场

2016年我国家纺零售市场运行情况及未来发展趋势展望

中华全国商业信息中心

一、2016年家纺实体店销售情况

（一）零售额增速降幅收窄

2016年，全国重点大型零售企业家纺销售仍不太乐观，根据中华全国商业信息中心数据，2016年，全国重点大型零售企业针纺织品零售额同比下降6.1%，降幅相比上年收窄2.0个百分点；床上用品零售额同比下降3.4%，降幅相比上年收窄7.4个百分点。针纺织品和床上用品零售额增速下降幅度收窄，主要是受2015年同期基数较低影响，2015年针纺织品和床上用品零售额增速是历年以来的最低增速。2006～2016年全国重点大型零售企业针纺织品和床上用品零售额增长情况见图1。

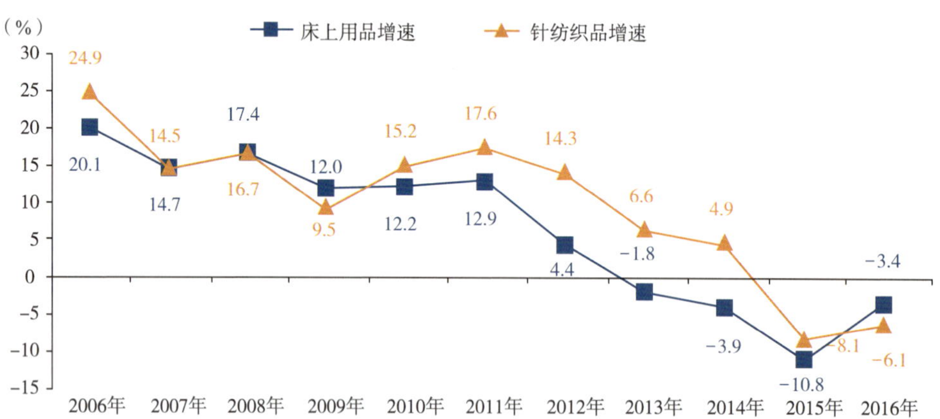

图1　2006～2016年全国重点大型零售企业针纺织品和床上用品零售额增长情况

资料来源：中华全国商业信息中心

（二）家纺销售淡旺季分明

床上用品消费每年随季节呈现周期性的波动。夏季时市场需求相对较弱，而在进入秋冬季节时市场需求则相对较强。此外，行业的季节性还与中国传统节假日密切相关，企业在

"十一"国庆节和春节等重要节假日加大促销力度，受节假日和企业促销活动的安排等因素影响，销售会较其他月份明显放大。全国重点大型零售企业床上用品零售额月度销售情况见图2。

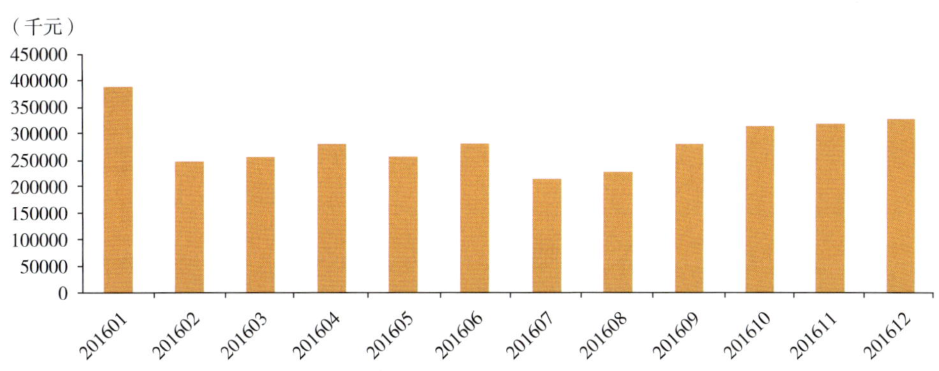

图2 全国重点大型零售企业床上用品零售额月度销售情况
资料来源：中华全国商业信息中心

（三）品牌家纺平均单价下降

根据中华全国商业信息中心统计，2016年，全国重点大型零售企业床上用品套件平均单价为535元，比上年下降79元；床上用品各种被平均单价为492元，比上年下降33元。2016年家纺产品平均销售单价呈现下降趋势，主要是受到网上低价的冲击。2009～2016年品牌床上用品平均单价见图3。

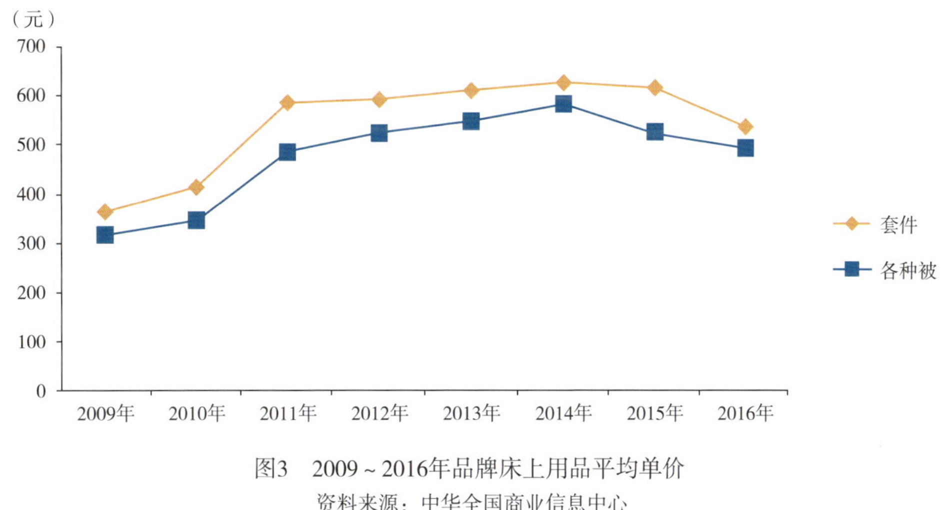

图3 2009～2016年品牌床上用品平均单价
资料来源：中华全国商业信息中心

（四）三线城市零售额增速略高

2016年，一、二和三线城市重点大型零售企业床上用品零售额增速较上年均有所上升，其中一线城市降幅从上年的10.9%收窄到0.1%，二线城市降幅从上年的11.5%收窄到5.8%，三线城市增速从上年的-7.6%转为同比增长1.9%。2014～2016年全国重点大型零售企业一、二和三线城市床上用品零售额增速见图4。

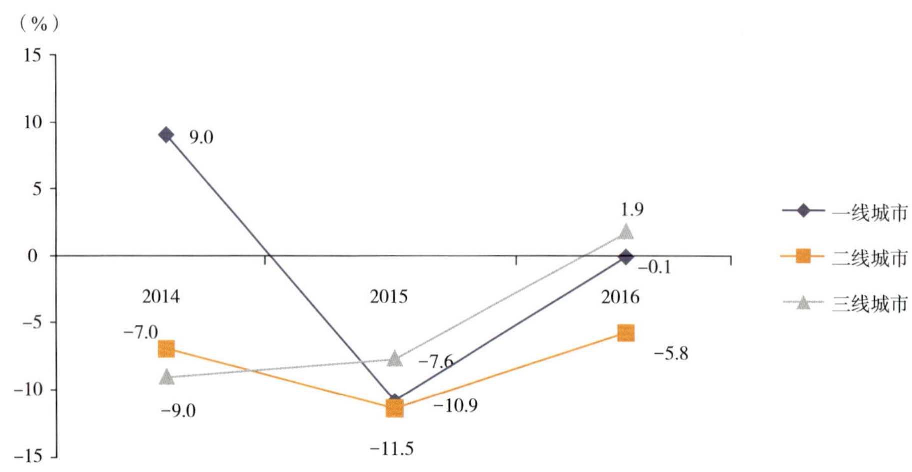

图4　2014～2016年全国重点大型零售企业一、二和三线城市床上用品零售额增速
资料来源：中华全国商业信息中心

（五）东部地区零售额小幅增长

从不同地区市场销售情况来看，2016年，全国重点大型零售企业床上用品仅东部地区实现0.5%的微弱增长，其他三个地区均在上年同期零售额下降的情况下，继续保持负增长，其中中部地区零售额降幅从上年的13%收窄至4.6%，西部地区零售额降幅从上年的20.7%收窄至9.3%，东北部地区零售额降幅从上年的8.5%收窄至7.6%。2015年和2016年不同地区市场床上用品零售额增速情况见表1。

表1　2015年和2016年不同地区市场床上用品零售额增速情况（%）

地区 年份	东部	中部	西部	东北
2015年	-8.3	-13.0	-20.7	-8.5
2016年	0.5	-4.6	-9.3	-7.6

二、主要家纺产品品牌竞争情况

（一）品牌集中度出现分化

2016年，我国家纺各品类品牌集中度出现分化，其中床上用品市场品牌格局基本稳定，床上用品套件前十品牌市场集中度略有上升，从2015年的34.5%上升至35.2%；而床上用品各种被前十品牌市场集中度略有下降，从2015年的29.8%下降至29.2%。全国重点大型零售企业床上用品套件和各种被前十品牌综合占有率见图5。

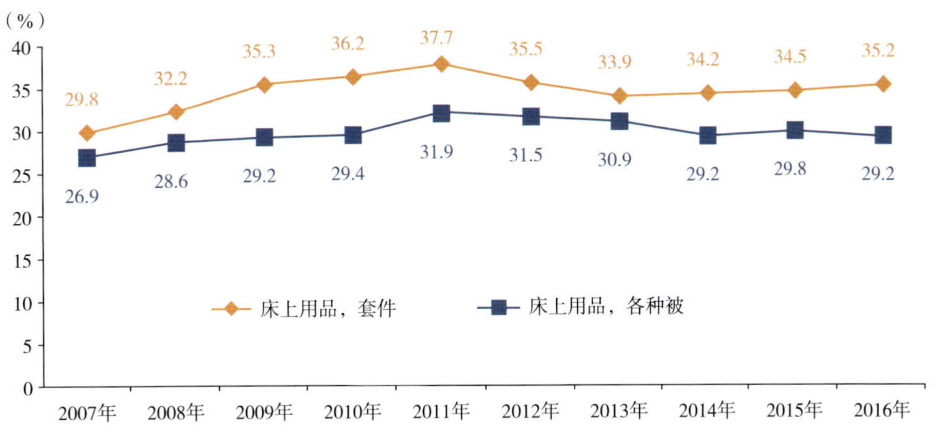

图5 全国重点大型零售企业床上用品套件和各种被前十品牌综合占有率
资料来源：中华全国商业信息中心

（二）行业集中度仍处较低水平

由于市场空间广阔、进入壁垒较低等特点，家纺行业的集中度不高，市场竞争激烈。2016年床上用品套件和各种被前十品牌市场综合占有率之和分别为35.2%和29.2%，明显低于运动服、运动鞋和女性内衣等品类。2016年各品类产品前十位品牌占有率情况见图6。

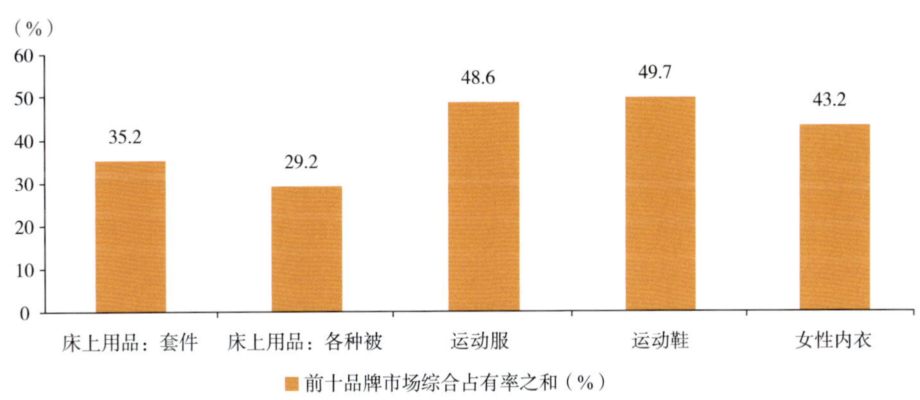

图6 2016年各品类产品前十位品牌占有率情况
资料来源：中华全国商业信息中心

（三）领先品牌份额上升，罗莱优势明显

从床上用品市场份额情况来看，优势品牌的市场份额持续上升。其中，2016年罗莱市场综合占有率为9.4%，较2013年上升1.5个百分点；梦洁市场综合占有率为6.7%，较2013年上升0.2个百分点；富安娜市场综合占有率为5.4%，较2013年上升0.6个百分点；水星市场综合占有率为2.6%，较2013年上升0.2个百分点。2013～2016年优势床上用品品牌市场综合占有率情况见图7。

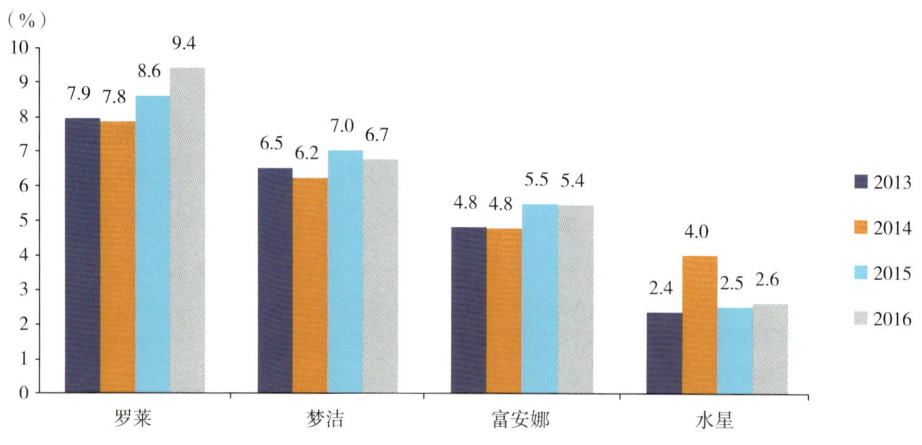

图7　2013～2016年优势床上用品品牌市场综合占有率情况

资料来源：中华全国商业信息中心

（四）国产品牌主导市场

中国作为名副其实的纺织大国，拥有完整的产业链和相对较低的劳动力成本，而且罗莱、梦洁、富安娜、恒源祥等内资家纺品牌介入市场时间较早、知名度较高，在市场上占据着主导地位。根据中华全国商业信息中心数据，2016年床上用品套件和各种被前十品牌均为国内品牌，外资品牌无一涉足。2016年各种被、床上用品市场综合占有率排名前十品牌情况见表2。

表 2　2016 年各种被、床上用品市场综合占有率排名前十品牌情况

排序	各种被		床上用品	
	品牌名称	综合占有率（%）	品牌名称	综合占有率（%）
1	罗莱	6.90	罗莱	9.39
2	梦洁	5.77	梦洁	6.75
3	富安娜	3.85	富安娜	5.45
4	水星	2.63	水星	2.61
5	罗卡芙	2.20	寐	2.10
6	寐	1.75	罗卡芙	2.05
7	恒源祥	1.72	紫罗兰	1.93
8	恐龙	1.54	恐龙	1.69
9	富丽真金	1.49	惠谊	1.66
10	阿思家	1.38	恒源祥	1.54

资料来源：中华全国商业信息中心

（五）线下品牌对网上销售形成明显支撑

前几年，线下知名家纺品牌罗莱、梦洁、富安娜等集中上线，把线下的优秀产品设计能力带到线上，这些品牌凭借在线下多年积累的品牌优势，线上销售表现突出。数据显示，2016年，罗莱家纺“双十一”成交额2.088亿元，水星家纺实现1.87亿元成交额，而富安娜成交额也达到1.32亿元。而且近年来这些品牌线上运作更趋成熟，线上线下互动明显，线下品牌对网上销售形成明显的支撑。根据中华全国商业信息中心和2016年“双十一”家纺销售数据，线上和线下知名品牌的重合度非常高，2016年“双十一”床上用品排名前20的店铺有10家与线下排名前20 的品牌是重合的，这表明，未来电商时代，家纺线上销售的繁荣，依然需要依靠线下知名品牌的发展。2016年全国大型零售企业排名前20品牌和“双十一”热销品牌对比见表3。

表 3　2016 年全国大型零售企业排名前 20 品牌和“双十一”热销品牌对比

排名	2016 年市场综合占有率排名前 20 品牌	2016 年“双十一”全网床上用品热销店铺排行
1	罗莱	罗莱家纺官方旗舰店
2	梦洁	水星家纺旗舰店
3	富安娜	富安娜官方旗舰店
4	水星	博洋家纺官方旗舰店
5	寐	多喜爱旗舰店
6	罗卡芙	梦洁旗舰店
7	紫罗兰	南极人家纺旗舰店
8	恐龙	NITTAYA 海外旗舰店
9	惠谊	爱斯基摩人家纺旗舰店
10	恒源祥	觉先生家居旗舰店
11	堂皇	钱皇旗舰店
12	佳丽斯	雅芳婷旗舰店
13	凯盛	雅兰旗舰店
14	雅芳婷	安睡宝旗舰店
15	ESPRIT	茧缘旗舰店
16	鸿润	恒源祥海洋时代专卖店
17	博洋	恒源祥家纺官方旗舰店
18	梦兰	HarborHouse 家居旗舰店
19	宝缦	罗卡芙家纺旗舰店
20	富丽真金	南极人维米专卖店

资料来源：中华全国商业信息中心、亿邦动力网

三、未来家纺行业发展趋势

（一）新常态下行业转型升级更紧迫

随着中国经济转型深化，行业步入“新常态”，家纺市场也亟待转型升级。

首先，外需下降使得内需承压，统计数据显示，2016年1~8月，我国纺织品服装累计出口额为1783.37亿美元，同比下降3.33%，对比历史数据发现，中国纺织品服装在2015年出现近6年首次进出口双降现象，截至2016年8月，这一现象仍在延续。出口的放缓，必然给国内市场造成压力。

其次，我国家纺企业同质化严重，千店一面，万店同品，这主要是由传统的家纺企业依靠跑马圈地的扩张方式所造成的，未来家纺企业依靠规模扩张的逻辑已经不存在，必须培养出面向消费者的专业经营能力。

再者，品牌已经从床品、毛巾和地毯转向布艺及家纺全品类，产品之间的壁垒日趋模糊，家纺全品类企业竞争力不断增强，这对企业的整合力提出了更高的要求。

最后，消费者需求、消费方式也发生了重大转变。“80后”“90后”消费个性化特点突出，且网购已成为年轻消费群体的购物习惯；富裕的中产阶层消费群体越来越聚焦于高品质的居家生活方式，未来企业要想获得消费者的青睐，需要重新思考如何用商品、服务和体验吸引消费者，打造出自己的品牌符号，这样才能吸引相应的消费群体。

（二）“大家居”成为行业发展趋势

随着消费需求从单一产品的需求上升到整个生活方式的需求，我国家纺行业也经历了从“布艺时代”到“大家纺”时代、从“大家纺”时代到主张生活方式的“大家居”时代的转变，家纺产品也从实用消费品转型为流行时尚品。尤其是自2012年以来，传统企业进入调整期，企业纷纷探索转型之路。在此背景下，传统家纺企业纷纷做出调整，从单一品类向大家居转移的企业屡见不鲜，其中，行业知名品牌梦洁旗下MERHOME寐开出国际名品家居馆涉足家居领域，家居生活馆内产品从男士用的烟斗、护理用品，到女性消费者偏爱的香薰、手工雨伞等商品一应俱全；罗莱家纺更是更名为“罗莱生活”，投资成立向智能家居、智能硬件等领域发展的基金，加速家居生活一站式服务商转型。据相关媒体报道，截至2016年年底，罗莱生活探索全品类生活家居馆(HOME店)运营经验，在近1700家罗莱主品牌中已有15%的门店做了转型和升级。

（三）家纺、家居融合，一体化发展

目前，家纺、家居相对独立，跨界经营的企业相对较少。但在未来，家纺、家居的行业边界将会逐步模糊，呈现一体化发展的趋势。随着消费者消费水平的提升、消费结构的升级，消费者对家纺产品的需求不仅仅体现在家纺产品本身，而会更加关注其文化品位，特别是与整体家装风格的匹配性。尤其在“大家居”的概念下，这种融合已经越来越明显。家纺企业与家具、家饰和室内设计企业的抱团发展，也给消费者提供了一站式、一体化的家居解

决方案和服务。但是家居、家纺的融合不仅仅体现在产品品类的简单叠加，而是企业围绕不同圈层消费者的需求来设定情境，以满足多层次消费需求。

（四）家纺业加快线上线下全渠道融合

当今我们处在一个互联网的时代，电子商务正以其直接、快速和低成本的优势改造所有传统行业。目前电子商务对家纺行业的影响逐渐深入，并成为重要的销售渠道之一。根据统计，2016年，家居家装交易规模占整个网络零售的17%，超过服装成为占比最高的品类。可以预见，家纺产品网络零售总额将会进一步快速增长，占总体销售额的比重将会进一步提高。尽管线上家纺销售具备价格低、可选择性多、渠道短和信息透明等优势，但是近年来随着网络竞争越来越激烈，线上销售渠道的成本也在迅速攀升。2016年马云在“新零售”中提出，未来将没有纯电商、纯线下之分，线上线下不是完全替代，而是相辅相成、深度融合。在家纺领域也是如此，尤其是在中高端领域，消费者更加关注家纺产品的品牌，而品牌是产品品质、文化品位、渠道和服务等众多元素的综合体现，线下渠道则是品牌塑造的关键环节之一。家纺线上线下渠道的深度融合，使得消费者可以通过线上互动更全面了解商品信息，也可以在线下实地感受商品。家纺线上线下融合也将给用户提供更好的购物体验。

（五）绿色环保家纺是市场发展趋势

现今，消费者在购买家纺用品时，除了看款式、价格和质量之外，非常注重产品是否具有环保、低碳功能。近两年，但凡以环保为特色的产品，更能吸引消费者的眼球，因此，我国床上用品行业越来越重视生产工艺的绿色环保，逐渐摒弃了以往高能耗、高污染的传统的处理纱线面料工艺，同时绿色环保纤维的使用日益成为趋势。例如，某家纺企业2015年就推出了生态家纺概念，通过对传统草本染色技术的发掘与研究，尝试将这种原生染色工艺运用到家纺产品中，以此迎合目前的市场潮流。在床上用品行业竞争日趋激烈的今天，家纺企业可在绿色、环保的道路上进行更多探索，从而让产品拥有自己的闪光点，在满足消费者不同需求的同时，也助力行业的转型升级。

（六）智能家纺概念将进一步延伸

智能家居是行业未来的发展方向，家纺产品是智能家居的一部分，在家纺行业“十三五”规划中，也提出了家纺智能化的发展规划。目前，市场上主打智能的家纺产品不断增多，比如智能床垫的太空记忆绵床垫，在相对舒适的同时，可以为人体提供舒适完美的支撑力，保护脊椎；智能枕头在用户入睡前可以播放人们喜爱的音乐，在入睡后还能够监察睡眠状态。未来，随着科技的发展，家纺传感器将变得可水洗、更柔软和舒适性更强；床品、枕头以及毛巾在细菌超标时，将自动变换颜色，提醒使用者清洗；窗帘可以根据光线的强弱自动调节进光量，有雾霾时将自动拉起防雾霾窗帘。家纺产品与人们的健康息息相关，行业应引导家纺企业向智能化发展，将家纺产品纳入到健康产业中。

2016年纺织服装及家纺专业市场运行分析

刘珊姗

一、2016年纺织服装专业市场运行情况

（一）总体运行情况

据中国纺织工业联合会流通分会统计，2016年我国万平方米以上纺织服装专业市场894家；市场经营面积达到7052.05万平方米，同比增长2.85%；市场商铺数量135.78万个，同比增长3.41%；市场商户数量111.52万户，同比增长2.39%；市场总成交额2.11万亿元，同比增长2.81%。

2013～2016年，我国纺织服装专业市场数量分别为802、833、862、894家，年同比增速依次为3.87%、3.48%、3.71%，专业市场数量保持稳步增长。

2013～2016年，专业市场的总经营面积从6364.75万平方米增长到7052.05万平方米，四年间依次增长了347.60万、144.50万、195.20万平方米。市场的总商铺数量从121.87万增至135.78万个，四年间依次增长了5.48万、3.95万、4.48万个商铺。市场的总商户数量从103.85万增至111.52万户，四年内依次增长了3.52万、1.55万、2.6万个商户。专业市场总成交额从1.95万亿元增至2.11万亿元，年同比增速依次为3.59%、1.49%、2.93%。可以看到，近几年专业市场的经营面积、商铺数、商户数及成交额均保持增长，但增量呈现下滑后回升的趋势。

1. 重点集群分析

（1）集群内市场。流通分会重点监测的市场集群（东方丝绸市场、常熟服装城、濮院羊毛衫市场、柯桥中国轻纺城、义乌小商品城、芦淞服饰城和朝天门市场），内共有单体市场137家。

2013～2016年，专业市场集群总经营面积稳定在1371.85万平方米。市场总商铺数量从16.64万个增至18.37万个，四年间依次增长了0.15万、1.21万、0.37万铺。总商户数量从16.22万户增至17.41万户，依次增长了0.15万、0.43万、0.61万户。近几年商铺的增长数量收窄，商户的增长数量稳步攀升，2016年商户新增数量超越了商铺新增数量，说明集群内市场商铺的出租率上升，市场运营状况向好。

2013～2016年，重点监测的专业市场集群总成交额从0.49万亿元增至0.63万亿元，年同比

增速依次为10.13%、8.70%、7.62%，重点集群成交额维持在一个较高的增速区间。

（2）集群外市场。重点集群外单体市场757家。2013～2016年，市场总经营面积从4992.90万平方米增至5680.20万平方米，逐年依次增长了347.60万、144.50万、195.20万平方米。市场总商铺数量从105.23万个增至117.41万个，逐年依次增长了5.33万、2.74万、4.11万个商铺。市场总商户数量从87.63万户增至94.11万户，逐年依次增长了3.37万、1.12万、1.99万户。重点集群外的市场近几年商铺数、商户数增量均收窄，2016年商户新增数量小于商铺新增数量，说明集群外市场的商铺空置率提升。

2013～2016年，集群外市场的总成交额从1.43万亿元增至1.48万亿元，集群外市场成交额相对保持平稳增长。2016年纺织服装专业市场主要运行指标见表1。

表1　2016年纺织服装专业市场主要运行指标

	市场数量	经营面积（万平方米）	商铺数量（万个）	商户数量（万户）	成交额（万亿元）
重点集群外市场	757	5680.20	117.41	94.11	1.48
重点集群内市场	137	1371.85	18.37	17.41	0.63
合计	894	7052.05	135.78	111.52	2.11

资料来源：流通分会数据库

2. 市场区域结构分析

从经营面积看，2016年东部市场经营面积4942.81万平方米，占全国专业市场总面积的70.09%，中部、西部市场分别占全国专业市场总面积的16.19%和13.72%（图1）。

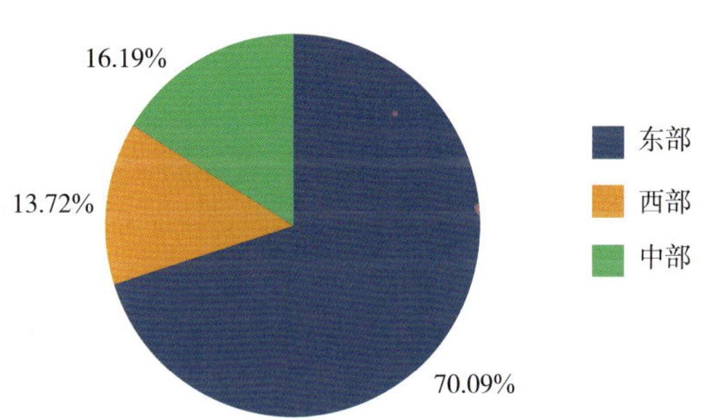

图1　2016年各地区专业市场经营面积占比情况

资料来源：流通分会数据库

从成交额看，2016年东部市场成交额1.72万亿元，占全国专业市场总成交额的81.52%，中部及西部市场分别占10.43%和8.05%（图2）。

2016年，西部地区专业市场的经营面积、商铺数量及商户数量都有较大幅度的提升，同比增速分别高出全国纺织服装专业市场平均增速6.04个、2.09个及2.66个百分点，但成交额低于全国专业市场平均增速（图3）。这是由于重庆朝天门国际商贸城、重庆中国轻纺服装城等大体量的新市场在西部地区相继开业，西部地区的投资规模被加大，但新市场成功运营并获得收益还需要2至3年的培育期。

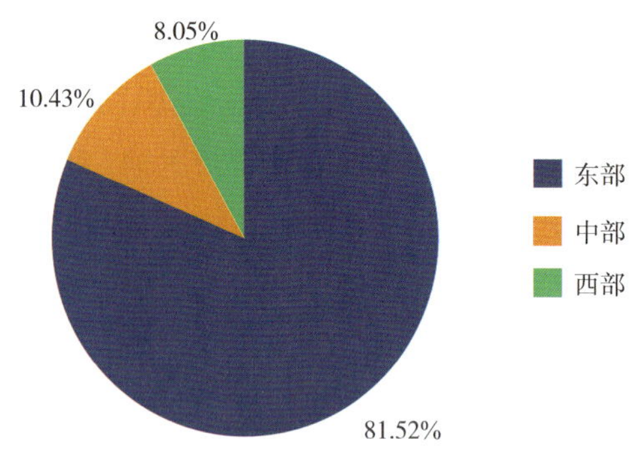

图2　2016年各地区专业市场成交额占比情况

资料来源：流通分会数据库

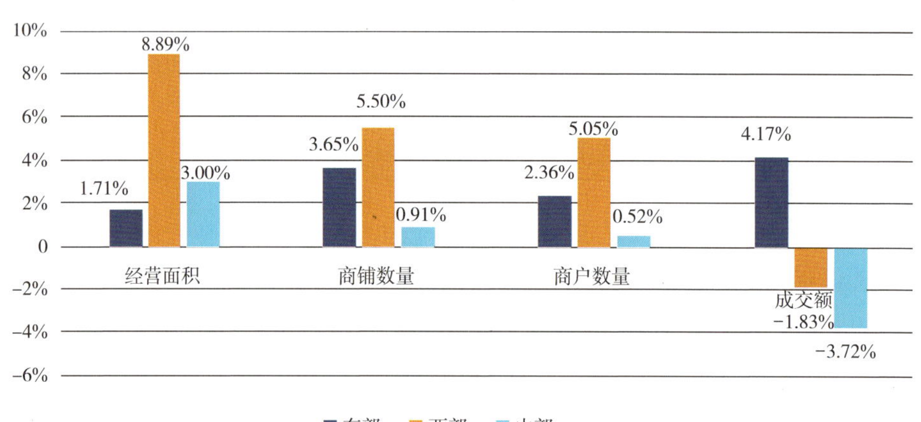

图3　2016年专业市场分地区主要指标同比变化情况

资料来源：流通分会数据库

（二）专业市场运行效率分析

数据显示，2016年，纺织服装专业市场平均每个市场拥有1519个商铺，每个商铺年均成交额（商铺效率）为155.96万元/铺，同比增长-0.59%；每个市场平均拥有1247个商户，每个商户年均成交额（商户效率）为188.78万元/户，同比增长0.41%；每个市场平均经营面积7.89万平方米，每平方米年均成交额（市场效率）为29865.33元/平方米，与2015年基本持平。

1. 重点集群效率分析

2016年重点集群内市场的市场效率为45809.45元/平方米，同比上涨7.62%。重点集群外市场的市场效率为25999.77元/平方米，同比下跌2.58%。重点集群内市场拥有较高的区域品牌影响力、稳固的市场基础及较强的市场竞争力，经营商品品类丰富、优势突出，整体经营状况良好，市场效率高出重点集群外市场19809.68元/平方米。

2. 区域市场效率分析

从区域市场运行效率看，2016年，东部地区市场效率（每平方米年均成交额）为34825.79元/平方米，同比增长2.42%，高出全国平均水平4960.46元/平方米，中部、西部地区市场效率均低于全国平均水平，分别为18861.53元/平方米和17421.99元/平方米。

（三）家纺市场运行情况

1. 市场成交保持稳步增长

据流通分会统计，2016年，万平方米以上家纺专业市场共计26家，市场经营总面积373.19万平方米，与2015年持平；商铺总数4.33万个，与2015年持平；经营商户总数3.69万户，同比增长2.03%；市场成交总额1183.48亿元，同比增长5.04%。

2. 经营品类结构分析

（1）各品类市场经营面积分析。从各品类市场经营面积比重看，家纺类市场仅占到5.29%，服装、原面（辅）料及综合类市场分别占据前三位。2016年，服装类专业市场经营面积为2980.26万平方米，占全国专业市场总面积的42.26%，同比增长1.54%；其次是原面（辅）料类市场，经营面积1280.05万平方米，占全国的18.15%，同比增长2.48%；第三位是综合类市场，经营面积1019.17万平方米，占全国的14.45%，同比增长11.12%。2016年各类别专业市场经营面积占比情况见图4。

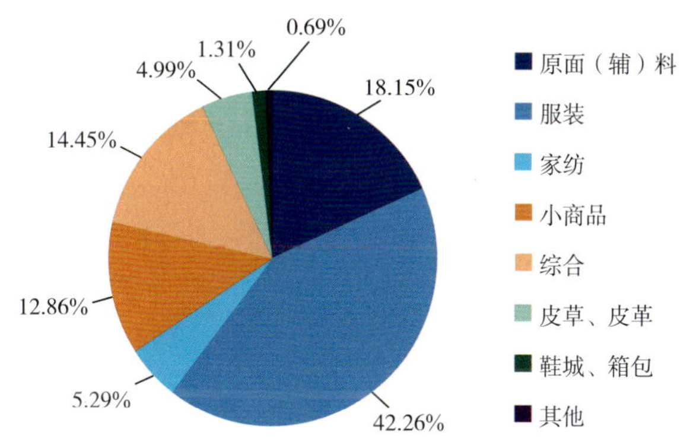

图4　2016年各类别专业市场经营面积占比情况
资料来源：流通分会数据库

（2）各品类市场成交额分析。从各品类市场成交额比重看，家纺类市场仅占到5.62%，服装、原面（辅）料及小商品类市场分别占据前三位。2016年服装类专业市场成交额达到1.00万亿元，占全国专业市场总成交额的47.60%，同比增长1.19%；其次是原面（辅）料类市场，成交额0.52万亿元，占全国的24.82%，同比增长5.11%；第三位是小商品类市场，成交额0.19万亿元，占全国的9.23%，同比增长6.83%。2016年各品类专业市场成交额占比情况见图5。

从各品类市场成交额同比情况看，小商品、原面（辅）料及家纺类市场的同比增速较快，分别高出全国平均水平4.02、2.30及2.23个百分点（表2）。鞋城、箱包类市场的成交额同比有所下滑。

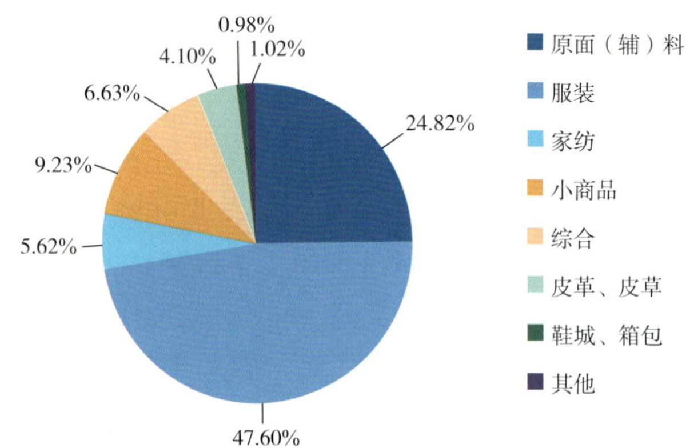

图5　2016年各品类专业市场成交额占比情况

资料来源：流通分会数据库

表2　2016年各品类专业市场成交额同比情况

	2015年成交额（亿元）	2016年成交额（亿元）	同比（%）
原面（辅）料	4971.83	5225.84	5.11
服装	9902.39	10020.19	1.19
家纺	1126.70	1183.48	5.04
小商品	1818.05	1942.26	6.83
综合	1394.76	1396.79	0.15
皮草、皮革	848.70	862.16	1.59
鞋城、箱包	209.64	206.30	-1.59
其他	206.14	215.74	4.66
全国	20478.21	21052.76	2.81

资料来源：流通分会数据库

3. 各品类市场效率分析

从各品类市场运行效率看，家纺类市场低于原面（辅）料及服装类市场。2016年，原面（辅）料市场效率最高，达到40825.41元/平方米，同比增长2.56%；其次为服装市场，平效为33621.86元/平方米，同比降低0.35%；第三位为家纺市场，平效为31712.40，同比增长5.04%见表3。

表3　重点品类的市场效率

品类	市场效率（元/平方米）	同比（%）
服装	33621.86	-0.35
家纺	31712.40	5.04
皮革、皮草	24498.85	1.59

续表

品类	市场效率（元/平方米）	同比（%）
小商品	21419.79	5.77
鞋城、箱包	22388.71	-1.59
原、面（辅）料	40825.41	2.56
综合	13705.22	-9.88

资料来源：流通分会数据库

二、当前纺织服装专业市场运行现存问题

（一）信息技术和电子商务应用的挑战

一是各类电子商务平台和渠道的快速崛起改变了实体商业的竞争格局与市场份额，市场份额出现零售百货、专业市场和电商平台三分天下的竞争局面，给纺织服装专业市场传统经营渠道和销售模式带来冲击。二是信息技术变革的根本意义在于互联网思维、大数据思维的广泛应用和深入人心，传统制造企业和流通企业需要不断探索构建基于互联网技术、互联网资源和互联网思维的新型产业模式。专业市场管理者和经营商户亟须谋求创新发展新动能，实现线上线下融合互动。目前纺织服装市场内的商户普遍存在互联网思维认识不足、信息技术和电子商务应用缓慢等问题，给纺织服装专业市场升级发展带来新的挑战。

（二）市场间竞争激烈的挑战

我国纺织服装行业进入“新常态”，生产、投资和出口增速均大幅放缓；受我国资源价格、劳动力成本等条件的影响，纺织服装比较成本优势正在逐步消失，产能和出口订单逐渐向东南亚国家转移，市场之间、区域之间同质化竞争日趋激烈，市场资源和渠道份额有不断向具有产业发展优势的市场集中的趋势，市场分化日趋显著，市场间竞争更为激烈。

（三）交通升级和城市升级的挑战

近年来，随着我国快速交通网络，特别是高速铁路网、高速公路网的建成和运营，地区之间、城市之间和城乡之间的交通日益便利，交通出现扁平化和便捷化的发展趋势，给专业市场的区域辐射力和核心竞争力带来挑战，集散功能明显的专业市场面临着巨大的转型压力，产地型市场的竞争策略亟须及时调整。另一方面，我国大部分中心城市在快速发展过程中缺乏科学完善和有效的中长期规划，过分依赖“摊大饼式”的城市化路径，城市功能和空间布局不合理，纺织服装专业市场特有的批发集散功能以及由此带来的车流、客流、物流和仓储成为城市功能布局首当其冲的规划调整目标，成为城市化功能变革的重要一环。中心城市核心城区的功能定位调整和重新规划，对专业市场的硬件设施升级、业态调整和规范化管理提出了新的要求。

三、下一阶段纺织服装专业市场发展趋势

纺织服装专业市场历经初步形成、逐步发展、全面建设和高速扩张四个发展阶段，已经进入第五个发展阶段，即转型升级阶段。专业市场将不断克服规模过大、同质化竞争、渠道扁平化、城市功能定位调整、线上线下融合等带来的新挑战，呈现出新的发展趋势。

（一）市场规模化发展趋势

纺织服装专业市场将通过规模化发展战略来提升规模经济效应和辐射功能，降低经营成本。超大型专业市场或世昌集团将进一步发展成为集产地型、集散型、销地型于一体的专业总部基地，专业市场各类资源也将向强势区域和龙头市场集中。与此同时，市场的配套功能也将日益复合化，随着各类服务平台与配套设施的丰富和完善，专业市场将逐步发展成为集交易、会展、信息、物流和娱乐等功能于一体的城市综合体。

（二）市场结构纵深化趋势

专业市场的内在结构正在发生深刻的变革。首先，各种商业业态之间的融合发展已经成为大势所趋，专业市场也积极借鉴其他业态，向批零一体化、仓储式商场、体验店和品牌集合店等多元业态转型，进而完善自身的业态布局和结构。第二，随着渠道扁平化和流通层级压缩，专业市场渠道下沉，市场拓展进入深耕细作时代，市场辐射范围趋向区域化和纵深化，全国性市场逐步发展成为区域连锁市场和区域品牌中心，市场重点覆盖周边数百公里范围。第三，市场合作常态化，不断创新合作方式，深化资本合作、管理输出、品牌冠名、商户对接和市场拓展等方面的强强联合，开启“竞合”共赢新时代。

（三）市场运营智慧化趋势

纺织服装专业市场将围绕降低交易成本、提高交易效率和提升用户体验等目标，促进专业市场智慧化升级。一是管理系统智慧化。以电子商务应用为核心，加大智能设备设施、物联网和大数据等信息技术在专业市场的应用。二是线上线下一体化。积极打造电子商务应用和服务平台。三是宣传推广网络化。积极运用信息技术和互联网平台，探索建立市场宣传、品牌推广、渠道拓展和招商引流等方面的网络化运营新模式。

（四）品牌发展多维化趋势

专业市场注重多维化品牌发展战略，以区域品牌和市场品牌打造为重点，着力构建区域品牌、市场品牌、商户品牌、商品品牌和城市名片相结合的品牌体系，提升区域影响力和产业辐射力。同时，专业市场更加注重引入品牌准入和质量认证制度，引导商户注册商标、改进商品质量，培育商品品牌和商户品牌。

（五）渠道拓展全球化趋势

一是销售网络跨境化。专业市场以跨境电子商务为重要手段，积极拓展海外销售渠道，

实现跨境化销售网络全覆盖，鼓励本土商品走出去。二是商品来源全球化。专业市场积极利用国际分工新优势，实现商品来源全球化，把外国品牌引进来，形成买全球、卖全球的国际贸易新格局。三是要素资源国际化。专业市场与国际知名研发、设计、市场和培训等管理团队开展交流合作，用国际化的视角升级改造专业市场的产品设计、品牌运营和店铺陈列等，实现要素资源国际化。

中国纺织工业联合会流通分会

十二城市家纺产品需求调查综合报告

刘丹

2016年公布的《中国家用纺织品行业“十三五”发展规划纲要》对家纺行业给出了全面、最新的定义——作为纺织三大终端产业之一，是传统民生产业，是科技与艺术融合的创意产业，是创造美好生活的时尚产业，在拉动内需增长、促进就业和建设生态文明等方面发挥着重要作用。在经济新常态下，更加要求家纺企业在传统基础上实现创新，从老旧模式的桎梏中解放出来，以市场需求为导向，以消费需求指导生产，以引导消费促进产业发展。我国幅员辽阔、人口众多，消费需求和能力存在差异，因此，研究不同地区人群的消费心理和需求，能够为企业进行市场细分、产品定位和渠道建设等提供参考信息。

近几年，中国家用纺织品行业协会成立“家纺消费习惯调研组”，在全国范围内开展家纺产品消费者调研活动，调查地域广泛，涉及青岛、成都、北京、上海、太原、哈尔滨、西安、洛阳、安庆、广州、武汉和诸暨共12个城市，样本城市所在省区由北至南，分布均匀广泛，囊括了典型北方、南方和中部城市，共计收回12324份有效问卷，调研城市分布情况见图1。

本次报告综合了12个城市调查结果，对消费者购买家纺产品的消费行为和心理做了针对性的调查研究，消费行为由购买频率、购买渠道和认知渠道等为依托反映问题，而消费心理由对床品消费心理、对网购的态度等为依托反映问题。通过以上内容的阐述与分析，客观反映消费者对家纺产品的需求，也希望对广大企业和研究机构提供一些有价值的参考。

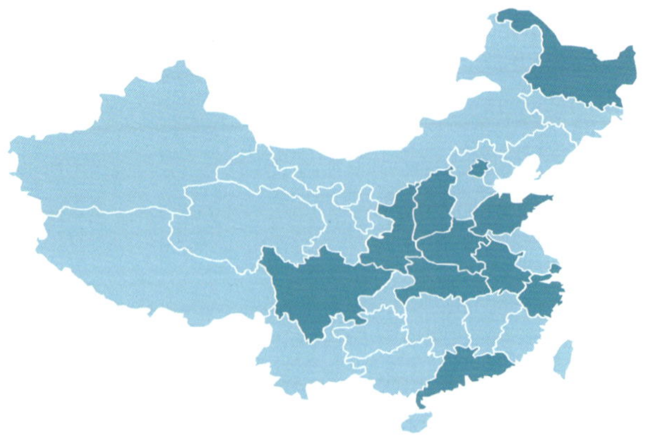

图1　调研城市分布情况

一、影响消费者购买决策个人因素

经分析，12个城市样本以工薪阶层已婚中青年女性消费者居多。基于这样的样本数据所反映出来的消费现象对市场的把握较为准确。

1. 性别与年龄

女性消费者逐渐成为市场上活跃的主角，潜力巨大，在家纺市场中更为明显。她们在消费中起着重要作用，女性不仅对自己所需消费品进行决策，还承担了妻子、母亲、女儿和主妇等多种角色，因此也影响家庭其他成员消费的决策，其中，中青年女性消费者影响力最大。在本次研究对象中，绝大多数为女性，占比达84.0%；中青年即25岁到55岁的被调查者将近8成，其中以25～36岁的新生代消费者为最多，占35.1%。12城样本对象年龄分布情况见图2。

2. 家庭结构

大部分家庭消费品常常在家庭成员的共同影响下购买，甚至很多纯粹的个人消费决策也会在很大程度上受到家庭成员的影响，而家纺产品的购买更不例外。在广州、武汉和诸暨三个城市的调查显示，家庭规模以3～4人为主，其中多为核心家庭模式（与下一代同住但不与上一代同住），占67%，家纺消费决策多受女性和孩子影响；5人以上家庭占25.1%，其中多为扩展家庭模式（与上一代和下一代同住）；2人及2人以下的家庭规模仅占不到8成。三城家庭规模构成情况见图3。在青岛、成都、北京和上海等9个城市的调查显示，已婚人士居多，占75.3%，并且7成以上都有子女；有82.1%与家人同住，17.9%独居。九城家庭结构情况见图4。抽样调查对象多数以家庭结构存在，消费决策多基于家庭成员共同影响，但对于家纺这类日用品来说，女性与孩子的影响力更大。

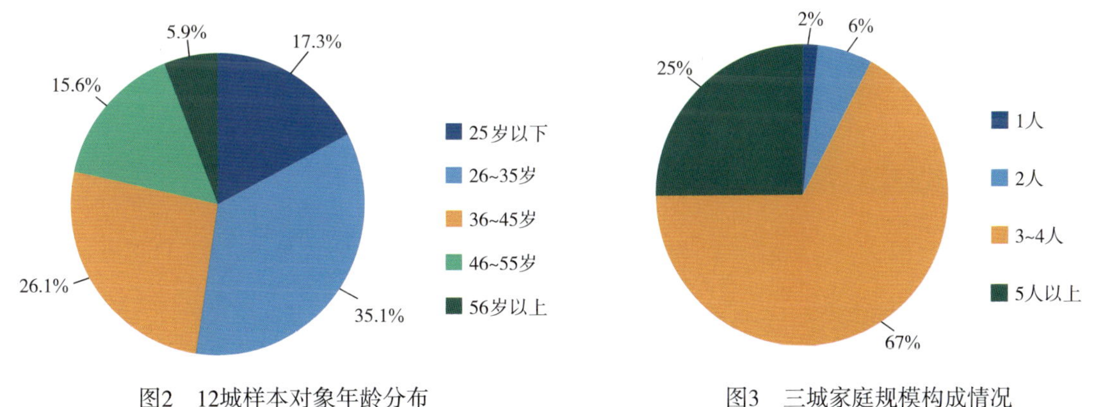

图2 12城样本对象年龄分布　　图3 三城家庭规模构成情况

3. 职业

职业决定一个人的社会地位和经济收入，而社会地位和经济收入影响消费者的消费层次和消费意向。本次被调查对象以非管理层人士居多，占将近9成，其中普通职员和自由职业者居多，分别占40.7%和31.6%；高收入群体只占14.4%，12城样本对象职业构成情况见图5。在广州、武汉和诸暨三个城市中，被调查者有32%是大学学历，高中学历占38.8%，高中以下学历占27.5%，硕士研究生及以上学历仅占1.7%。本次调研对象工薪阶层居多。

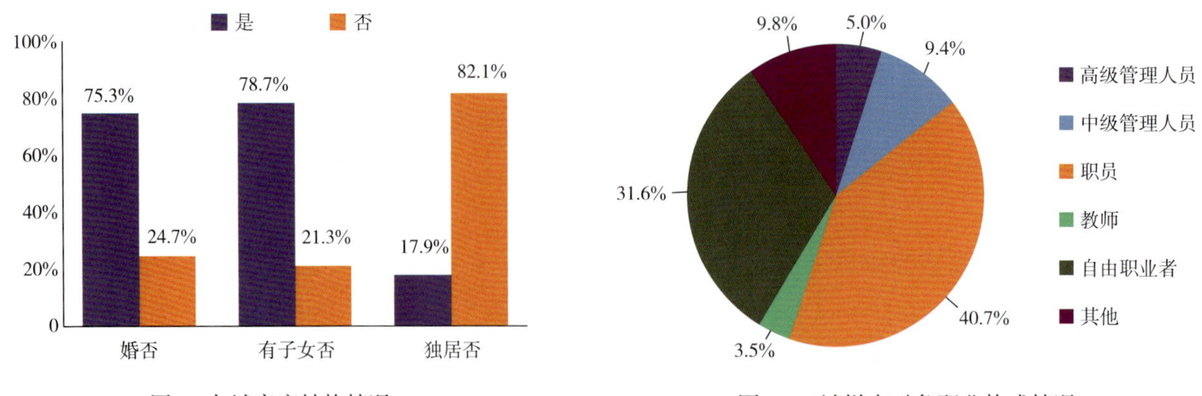

图4 九城家庭结构情况

图5 12城样本对象职业构成情况

4. 月收入

收入是消费的基础，是影响消费需求的最根本因素。被调查者以中等收入为主，家庭月收入在3000～8000元占一半以上，其中有24.5%的被调查者月收入在5001～8000元，有29.7%的被调查者月收入在3001～5000元；而低收入3000元以下的被调查者占23.5%；高收入群体所占比例更少，月收入8001～12000元的被调查者占13.4%，12000元以上的被调查者仅占8.9%。12城样本对象家庭月收入区间分布情况见图6。

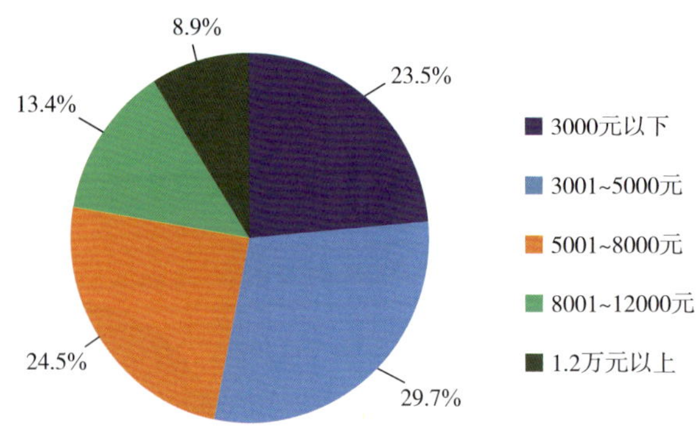

图6 12城样本对象家庭月收入区间分布

二、消费者行为

消费者行为调查集中在青岛、成都、北京、上海、太原、哈尔滨、西安、洛阳和安庆9个城市，共收回9235份有效问卷，虽然覆盖面不是非常全面，但也可以反映出一定问题与规律。

1. 家庭每年消费家纺产品支出

调查显示，样本城市的消费者每年用于家纺产品消费支出在501~3000元居多，其中每年大约消费501～1000元占38.6%，消费1001～3000元占36.6%；年均支出500元以下和3001～6000元分别占12.5%和8.8%；年均消费6000元以上仅占3.4%。样本对象每年消费家纺产品支出区间分布情况见图7。

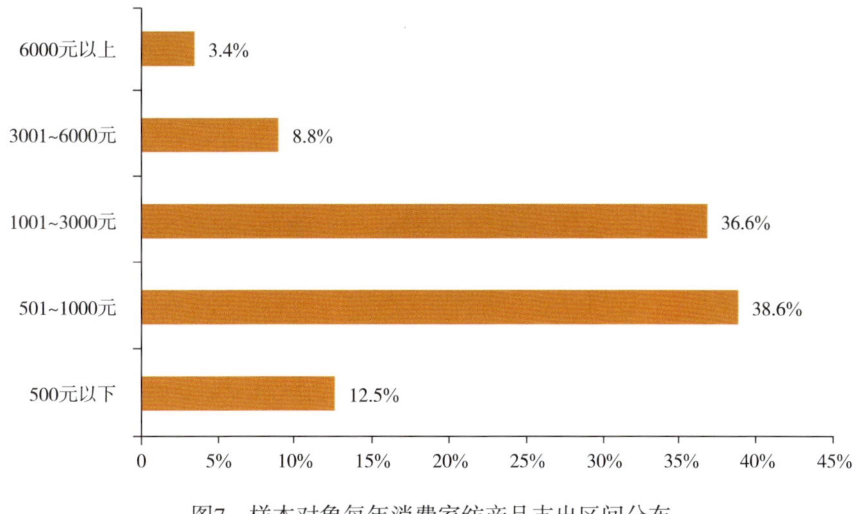

图7 样本对象每年消费家纺产品支出区间分布

2. 大类家纺产品消费价位

据调查结果显示，消费者每年愿意购买床品的支出集中在200～1000元，占比达63.4%，其中愿意消费501～1000元的占34.7%；其次是床品年均消费1001～2000元的区间，占19.9%；年均消费不足200元和2000～4000元分量近似，分别为7.7%和7.2%；而消费4000元以上的仅占1.8%。样本对象每年消费床品支出分布情况见图8。床品消费水平呈现橄榄球形，中间大两头小，理想消费区间集中在200～2000元。

窗帘产品更换周期较长，样本城市的被调查者更多选择中档产品。消费者愿意购买窗帘产品的价格区间集中在51～200元/米，其中有39.3%的消费者会选择51～100元/米的窗帘产品；价位较高的201～500元/米产品有12.6%的消费者选择；而价位再高的500元/米以上的窗帘产品只有3.6%的消费者选择；同样，价位低、品质差一点的窗帘产品消费者选择也较少，仅有15.1%。样本对象愿意购买窗帘产品价格区间分布情况见图9。

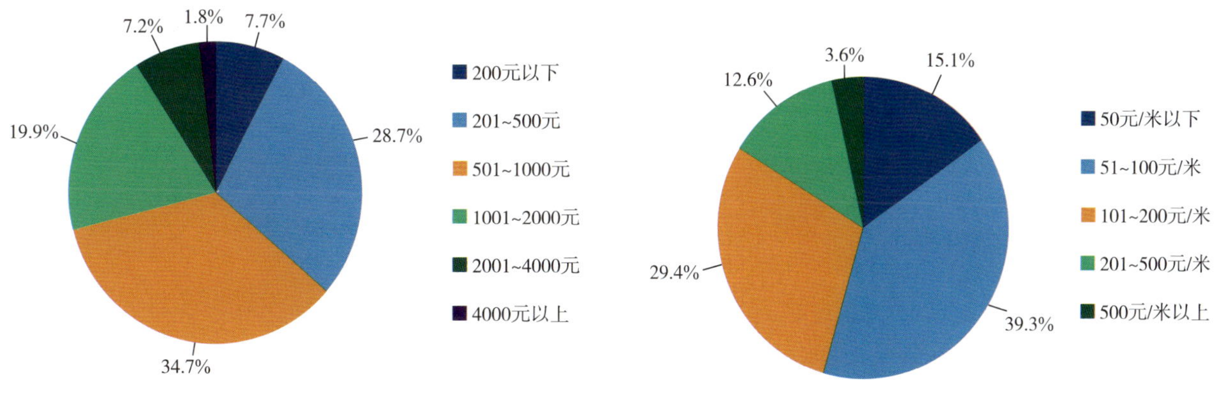

图8 样本对象每年消费床品支出区间分布

图9 样本对象愿意购买窗帘产品价格区间分布

价位在11～20元/条的毛巾产品有一半以上的消费者愿意购买；其次是21～40元/条的毛巾产品，有25.3%的消费者选择；10元以下每条的低档毛巾产品选择较少，只有15.8%的消费者会购买；对应的41～60元/条的高档毛巾仅有3.7%的消费者选择；而价位更高的60元/条以上的毛巾产品仅有1.3%的消费者选购。样本对象愿意购买毛巾产品价格区间分布情况见图10。实惠的中档毛巾产品最受青睐，高档毛巾市场有限。

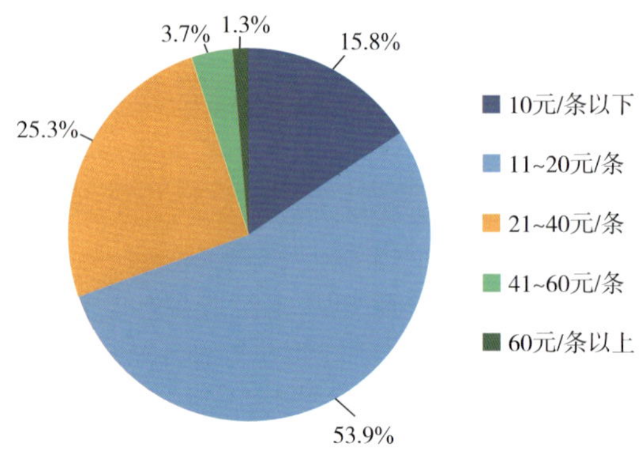

图10　样本对象愿意购买毛巾产品价格区间分布

3. **大类家纺产品购买频率**

据调查显示，在一年内，购买过毛巾产品和床上用品的消费者最多，都占到60%左右；被子产品和枕头产品购买频率较之略低，在4成左右，被子为44.3%，枕头为38.9%；毯子和窗帘这些更换周期较长的产品一年内购买频率最低，分别为18.8%和17%。样本对象一年内购买家纺产品品种分布情况见图11。

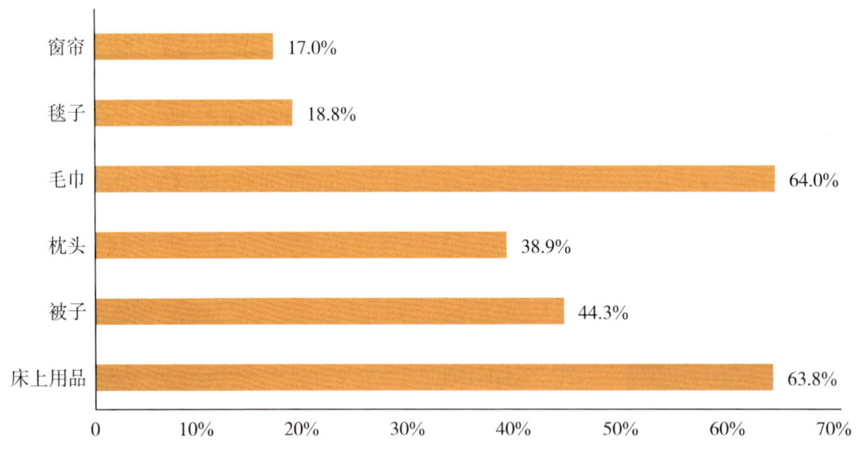

图11　样本对象一年内购买家纺产品品种分布

对于更换家纺产品的原因我们也做了调查，58.5%的消费者购买产品是出于自用更新，这是一大主要原因；其他购买原因分别有换季、商品打折促销、乔迁新居，均有35%左右的消费是出于这样的目的；而婚庆和送礼相对少些，分别有11.5%和9.2%，但是这两个原因也不可忽视，是高中档产品的市场。样本对象更换家纺产品原因分布情况见图12。

消费者更换床上用品的时间通常为3年以内，将近7成，其中1～2年占34.7%，2～3年占32.9%；而3年以上占10.4%；不定期更换占22%。样本对象床品更换频率分布情况见图13。

被子以换季更换比重最大，占36.2%；其次是3～5年更换一次被子，占比30.6%；1～2年更换一次的比例为22.3%；5年以上更换的比例最低，仅有10.9%。样本对象被子更换频率分布情况见图14。

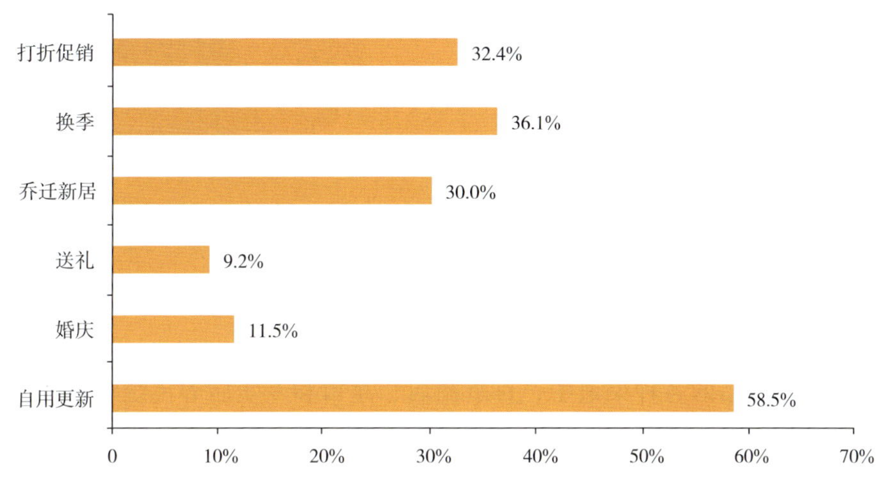

图12　样本对象更换家纺产品原因分布

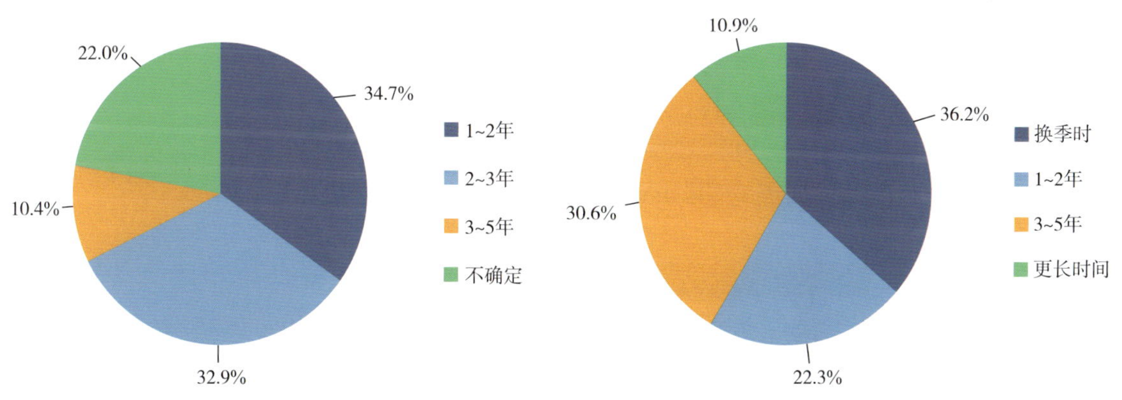

图13　样本对象床品更换频率分布　　图14　样本对象被子更换频率分布

消费者对毛巾的更换频率集中在1个季度，占38.2%；其次是每月更换一次，有28.9%；半年更换的消费者有18.2%；仅有4.5%的消费者1年更换一次；而10.2%的消费者没有固定时间，随机更换。样本对象毛巾更换频率分布情况见图15。

与床品相比，消费者对窗帘的更换频率低很多。38.2%的消费者仅在新居装修时才购置新的窗帘；22.2%的消费者1～5年更换一次；20.7%的消费者5年以上才会更换窗帘；还有18.9%的消费者表示，会随着自己偏好的改变，随时有考虑购置新窗帘的打算。样本对象窗帘更换频率分布情况见图16。

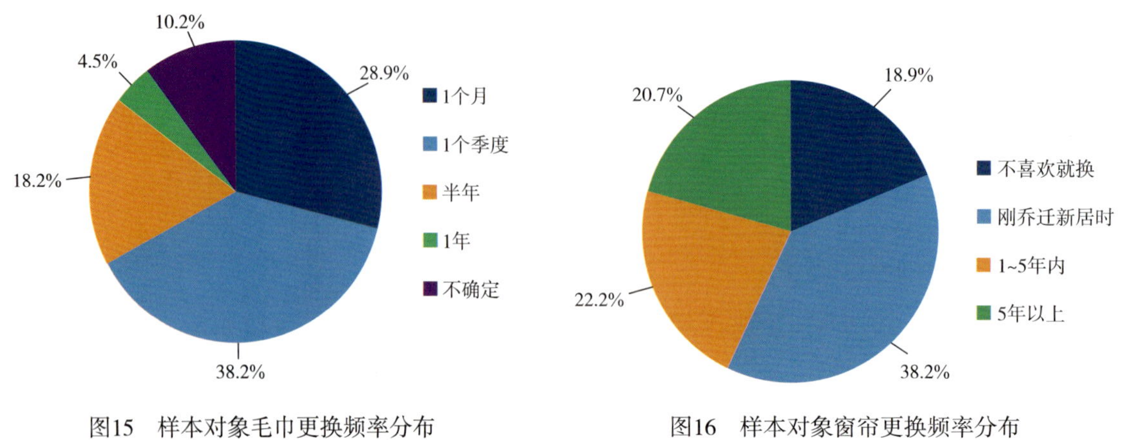

图15　样本对象毛巾更换频率分布

图16　样本对象窗帘更换频率分布

4. 购买渠道

在消费者购买床品的各种渠道中，百货商店、超市和专卖店等传统销售渠道仍然占据主导地位。样本城市的调查显示，有53.2%的消费者选择在百货商场购买床上用品；超市和专卖店所占比重分别是44.6%和36.7%；而专业市场和网上购买的选择率分别为15.9%和10.4%，样本对象购买床品场所分布情况见图17。

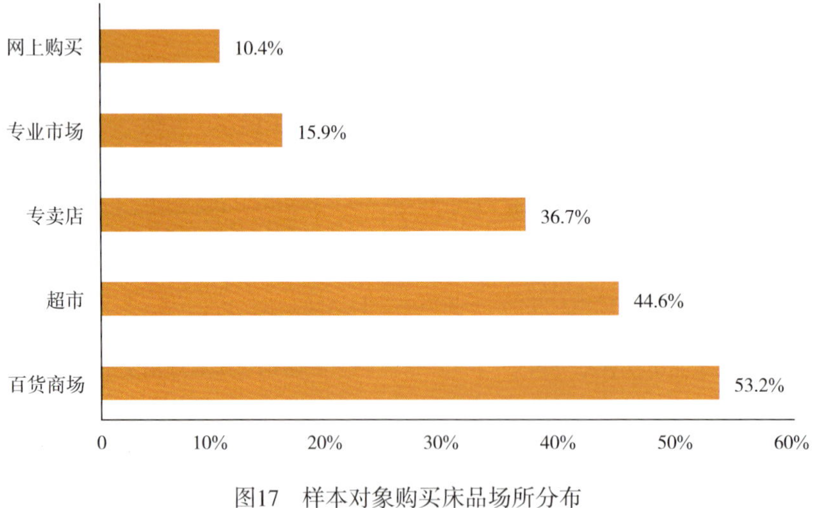

图17　样本对象购买床品场所分布

对于毛巾产品，大部分消费者愿意去超市购买，由于是更新频率较快的家纺产品，价格低，在超市购买快捷方便，质量也有保障，选择率达66.8%；其次是百货商店，愿意购买的消费者有45.8%；选择专卖店、批发市场和网购的消费者较少，分别占19.3%、9%和6.8%。

样本对象购买毛巾场所分布情况见图18。

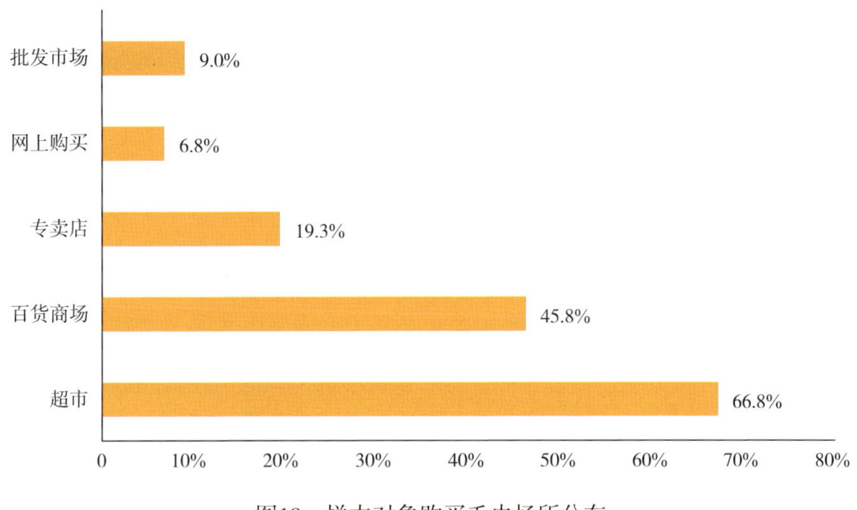

图18 样本对象购买毛巾场所分布

调查显示，布艺专业市场仍然是消费者购买窗帘的首选去处，选择率达70.9%；其次，消费者也喜欢在专卖店和家居店中购买布艺产品，分别占21.4%和20.8%；14.2%的被调查者表示在建材城购买窗帘等布艺产品；由于国内窗户规格尺寸不一，购买窗帘成品时多数需要定制服务，导致消费者在购买窗帘时的网购率很低，仅为4.0%。样本对象购买窗帘场所分布情况见图19。

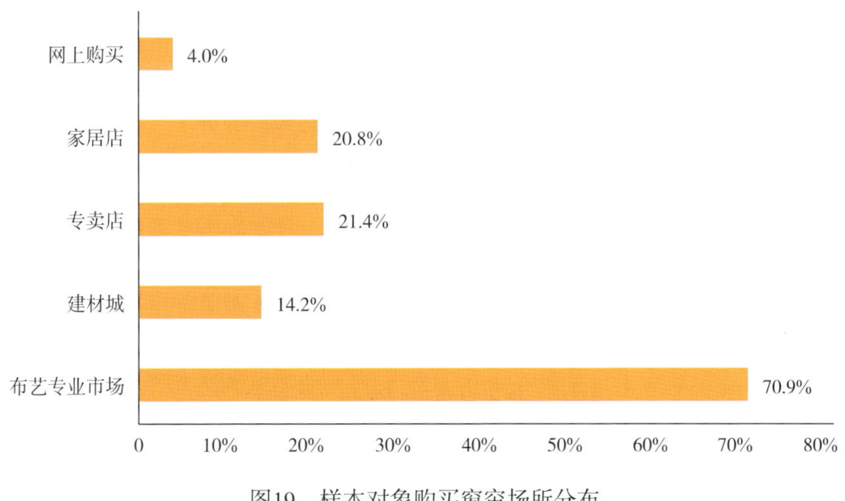

图19 样本对象购买窗帘场所分布

随着国内电脑、网络的普及和电子商务的快速发展，出现了诸多新兴渠道，且增长势头迅猛，传统渠道的主导地位受到挑战。调查发现，41.6%的消费者表示今后将通过网络购买家纺产品；此外，社区直销的方式也颇受欢迎，有30%的消费者表示今后将通过此种方式购买家纺产品；电视等媒介购物方式占比较低，仅15.8%。样本对象购未来购物方式选择情况见图20。

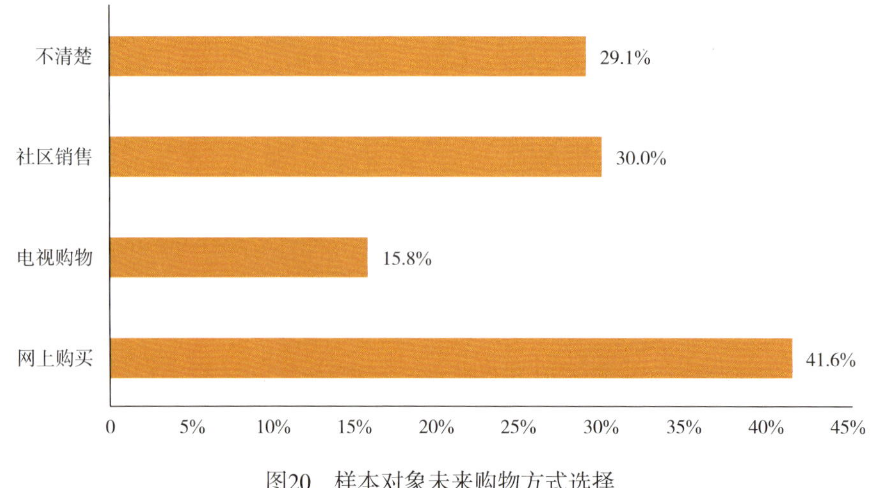

图20 样本对象未来购物方式选择

5. 认知渠道

消费者主要通过自我体验来了解家纺产品，调查中占39.0%；媒体渠道中的电视、广告和朋友推荐等方式也占有较大比例；另外，网络和销售人员介绍也较为重要；消费者通过报纸、杂志等途径了解家纺产品所占比例较低。样本对象了解家纺产品渠道情况见图21。

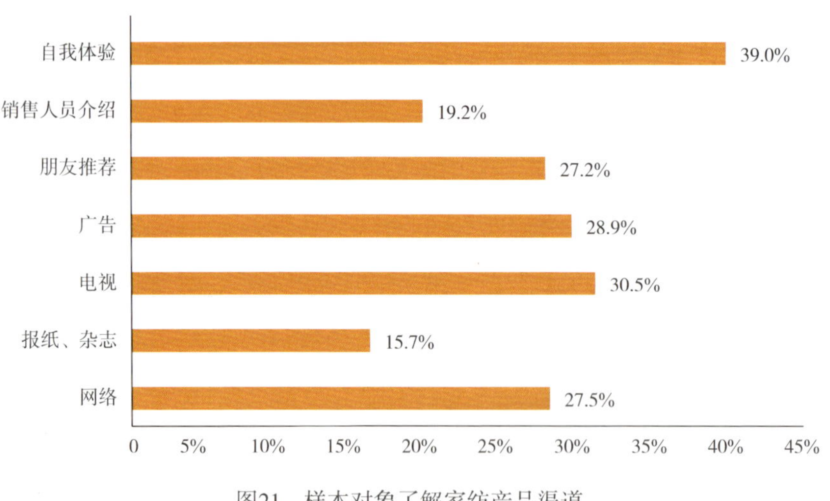

图21 样本对象了解家纺产品渠道

三、消费者心理

消费者心理调查集中在广州、武汉和诸暨3个城市，共收回3089份有效问卷。随着互联网和科技的发展，消费者的购物模式逐渐发生微妙的变化，网上购物越来越受到消费者的青睐，因此，调研针对消费者网购家纺产品的心理做了具体分析。另外，床上用品是家纺的主要产品，我们也分析了消费者购买床品的心理。

1. *消费者对网络购物渠道心理*

报告通过分析套装类床上用品、被子、枕头、毯子、毛巾和窗帘等家纺产品的销售渠道，来看网络购物在消费者心中的选择排名。

对于套装类床上用品，消费者最愿意选择的购买渠道是百货商店，占21.2%，其次是网购，占20.9%；对于被子产品，消费者选择专卖店购买最多，占20.5%，其次是百货商店，接下来就是网购，占16.2%；对于枕头类产品，消费者选择在网上购买最多，占17.9%，但是百货商店、专卖店和超市的选择率与网购相差不大；有17.5%的消费者愿意在专卖店购买毯子，选择率最大，排在第二的渠道是网络，占16.5%；对于毛巾产品，最多的购物渠道是超市，占24.4%，其次是百货商场，网购占15.5%，排在第三；74.5%的消费者愿意在建材城购买窗帘，接下来是专业市场、网购。表1显示了在百货商场、专卖店、超市、专业市场、建材城和网络等六大主流渠道中消费者选择网络渠道的排名及网购的占比情况。

表 1　消费者心中网络渠道排名和占比

家纺产品	网购排名	网购选择占比
套装类床上用品	2	20.9%
被子	3	16.2%
枕头类（枕头、抱枕）	1	17.9%
毯子	2	16.5%
毛巾	3	15.5%
窗帘	3	12.9%

对于未来的家纺产品消费渠道，有48.3%的消费者表示，愿意通过线上渠道，其中35.8%的消费者愿意在手机上下单。虽然线上交易平台越来越成熟，但是对于家纺产品，大部分消费者仍愿意在实体店选购，在本次调查中占76.5%，样本对象未来购物渠道选择情况见图22。

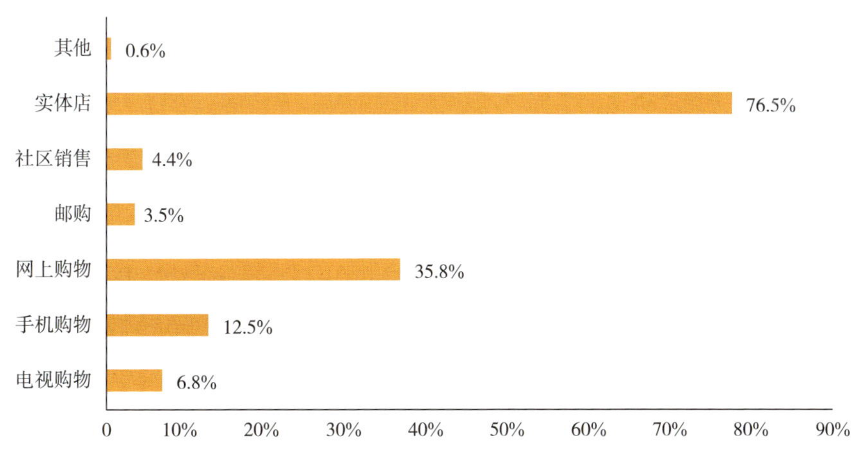

图22　样本对象未来购物渠道选择情况

调查显示，消费者最常在网上购买的家纺产品是毛巾类，占29.3%；其次是床品、枕头类，分别占比25.6%和23.5%；而窗帘产品网上购买频率最低，占10.2%。样本对象网购家纺产品品种情况见图23。

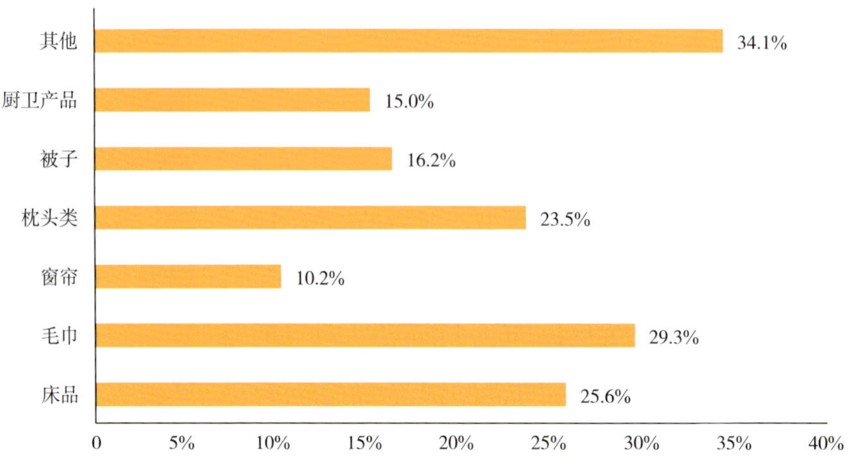

图23　样本对象网购家纺产品品种分布

针对现今众多的线上交易平台，消费者对其的熟悉与信任程度各不相同，通过对几个常见平台的统计，结果显示消费者最习惯在淘宝和天猫上购买家纺产品，占比达45.8%和41.4%；其次是京东，占比24.2%；当当、亚马逊、1号店和唯品会等平台有小部分消费者选择；而在商家官网下单的消费者寥寥无几，仅占0.8%。样本对象网购平台选择分布情况见图24。

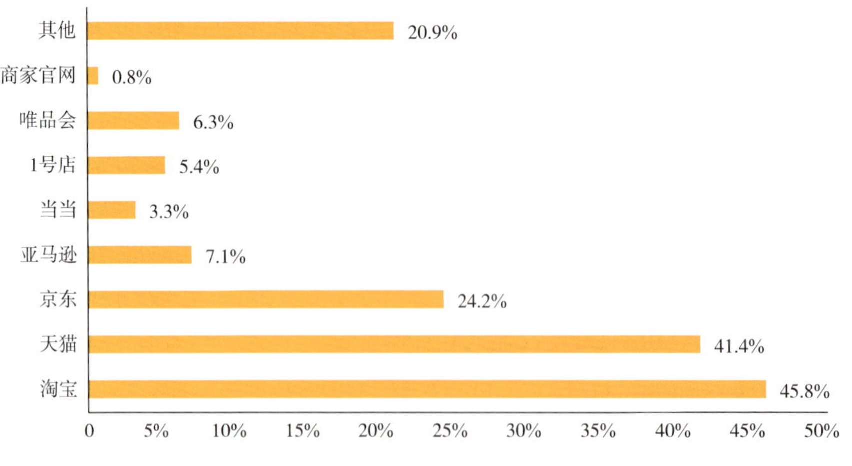

图24　样本对象网购平台选择分布

与实体店相比，网上购物有价格优惠、购买便捷和种类多等诸多好处，调查显示，价格优惠最吸引消费者，有33.3%消费者被此吸引；购买便捷也是消费者网购的一大因素，占28.3%；种类多、送货及时也是部分消费者喜欢的。样本对象选择网购原因分布情况见图25。

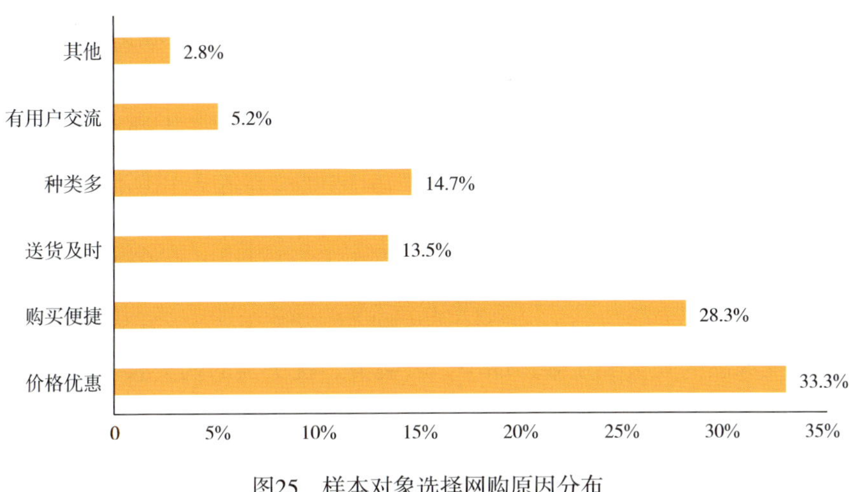

图25　样本对象选择网购原因分布

随着智能手机的发展，手机的功能越来越多，成为生活中必不可少的工具。因其便捷、可以利用零碎时间操作，越来越多的人选择手机购物，但是在使用中，也有不少问题和担忧。调查显示，网络安全是大家担忧的主要问题，占36.6%；还有品类不齐全、网速慢和屏幕小等问题影响消费者体验。样本对象对手机购物的担忧情况见图26。

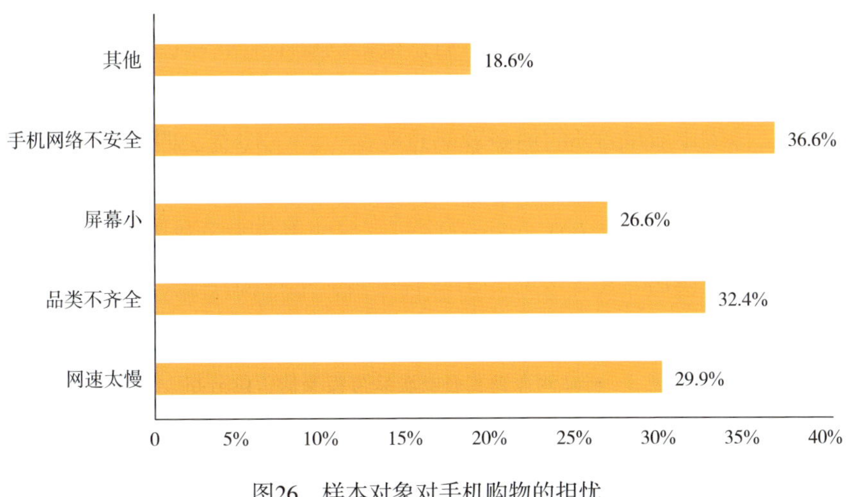

图26　样本对象对手机购物的担忧

2. 消费者对床品选择心理

调查数据显示，在样本城市中，消费者在一个季度内购买一次的床品中，购买套装类的比例最大，占消费者总数的33.8%，其次是枕头类，占消费者总数的30.2%，被子和毯子最少。

在消费者半年内购买一次的床品中，购买套装和枕头类产品所占比例最大，分别为27.8%和27.9%，其次是被子和毯子，分别占消费者总数的22.9%和21.4%，分布较均匀。

在消费者一年左右购买一次的产品中，购买套装类人数最多，为26.7%，购买比例最低的是毯子，为23%，四大类家纺产品比例分布均匀。

在消费者2～3年购买一次的床品中，购买被子的人数较多，为30.9%，其次是毯子，占消费者总数的27.8%，套装类产品和枕头类分别占四分之一。

在消费者4～5年购买一次的床品中，购买毯子的人数最多，占消费者总数的38.5%，其次是被子，占消费者总数的28.1%，购买比例最低的是套装类和枕头，分别占16.2%和17.1%。

在5年以上仅购买一次的产品中，选择毯子的人数最多，占消费者比例的46.4%，购买枕头类的人数最少。

可以看出，在床品的几大类主要产品中，套装类、枕头类的购买频率较密集，在一年左右；被子类产品耐用，周期通常在2～5年；毯子产品更换周期最大，一般集中在4年以上。样本对象购买床品包括套装类、被子、枕头类、毯子频率分布情况见表2。

表 2　样本对象购买床品频率

产品	1 个季度	半年以内	1 年左右	2~3 年	4~5 年	5 年以上
套装类	33.8%	27.8%	26.7%	21.0%	16.2%	18.8%
被子	18.1%	22.9%	25.9%	30.9%	28.1%	22.9%
枕头类（枕头、抱枕）	30.2%	27.9%	24.5%	20.2%	17.1%	12.0%
毯子	18.0%	21.4%	23.0%	27.8%	38.5%	46.4%

对于更换频率较快的套装类和枕头类产品，报告调查了消费者心中的合理价位。

考虑到产品质量、品牌影响力和自身承受能力等因素，消费者比较容易接受定价在200元以下的单件套，样本中有62.8%的消费者愿意购买；当三件套、四件套定价在201～500元时，消费者更容易接受和选购，其中四件套的价位再上升一档时，比起其他套件仍有最多的消费者愿意购买，占38.7%；在1001~2000元区间，消费者最容易接受六件套，有32.2%的消费者愿意购买；价位定在2001元以上时，消费者更多会选择多件套。样本对象购买各类套装可接受的价位分布情况见表3。

表 3　样本对象购买各类套装可接受的价位分布

套件	200 元以下	201 ～ 500 元	501 ～ 1000 元	1001 ～ 2000 元	2001 ～ 4000 元	4000 ～ 8000 元	8000 元以上
单件	62.8%	19.8%	6.2%	4.9%	2.5%	4.2%	6.7%
三件套	12.6%	32.1%	19.2%	8.8%	7.9%	6.7%	6.7%
四件套	8.9%	31.9%	38.7%	25.0%	17.2%	13.4%	6.7%
六件套	7.7%	8.7%	20.5%	32.2%	27.7%	20.2%	22.2%
多件套	8.0%	7.5%	15.5%	29.1%	44.7%	55.5%	57.8%

在选购枕头类（枕头、抱枕）的产品中，愿意选购51～200元的消费者最多，占7成，其中愿意选择51～100元的最多，占40.7%；价位便宜的50元以下的枕头产品也有17.4%的消费者愿意购买；而200元以上的枕头产品消费者购买意愿不强，说明消费者对高档枕头消费的兴趣不大。样本对象购买枕头可接受的价位分布情况见图27。

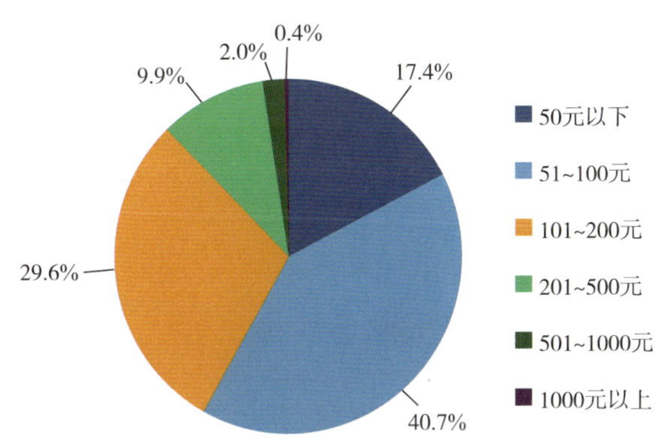

图27　样本对象购买枕头可接受价位

在影响消费者选择购买床上用品的主要因素中，83.3%的消费者认为面料是首要决定因素；第二是价格，52.2%的消费者认为价格是影响床品的主要因素；第三是品牌，21.0%的消费者认为品牌是影响选购床品的主要因素；16.3%的消费者认为风格是购买床品的主要因素；10.4%的消费者会在促销活动时购买床品；另外，购买便捷程度和服务也不太受关注，分别仅有7.6%和2.3%的消费者认为是主要因素。样本对象购床品主要考虑因素情况见图28。由此可见，消费者更倾向于追求产品的材质和价格等产品本身的因素，而非附着物等方面的因素。

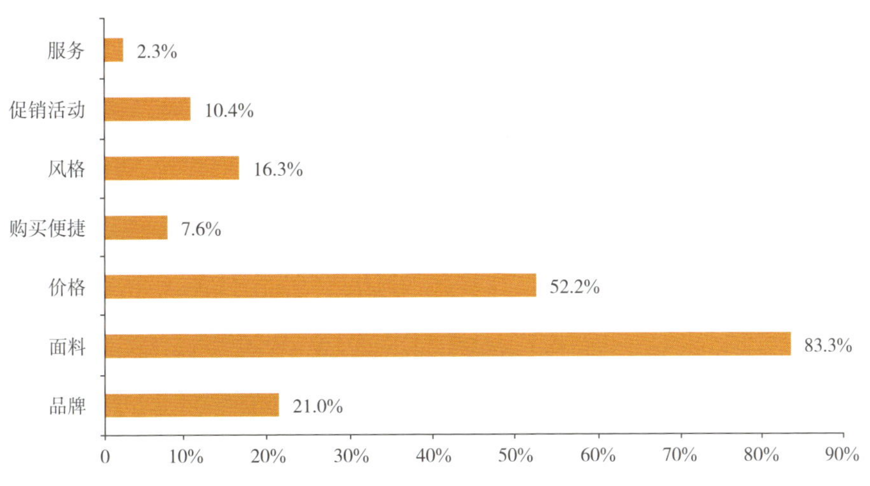

图28　样本对象购买床品考虑的主要因素

在消费者对床上用品不满意的主要原因中，56.9%的消费者认为产品质量不过关是不满意的最主要原因；其次是价格，21.5%的消费者认为价格增长过快是不满意的主要因素；再次，13.2%的消费者认为产品规格不标准是不满意的主要因素；另外，售后服务不到位和购买不便捷分别使10.8%和7.8%的消费者感到不满。样本对象对床品最不满意因素情况见图29。

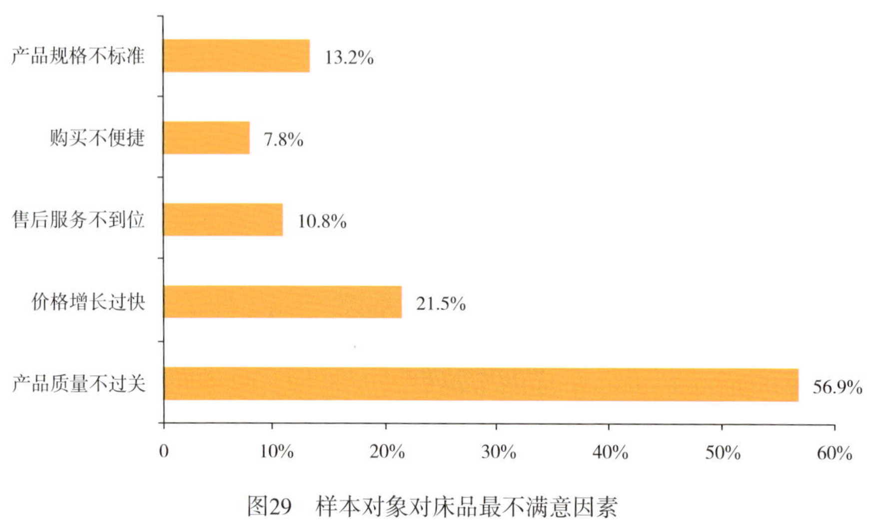

图29 样本对象对床品最不满意因素

调查显示，消费者在关注功能性床品的各类型中，55.0%的消费者关注保暖功能；其次是环保因素，40.2%的消费者比较关注；再次是保健因素，33.8%的消费者关注保健型的功能性床品；但还有一小部分消费者不关注功能性床品。样本对象最关注床品功能情况见图30。

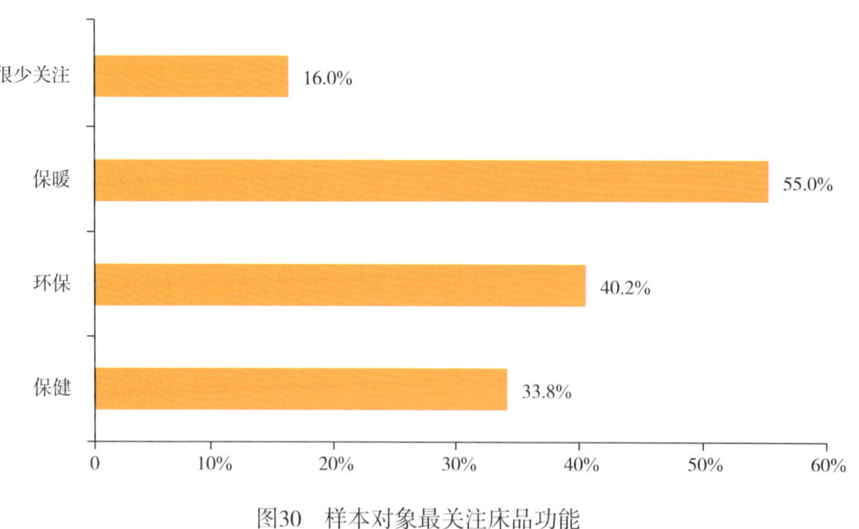

图30 样本对象最关注床品功能

从行业来看，床品品牌的知名度最高，其次是毛巾产品，知名度最低的是窗帘产品。具体而言，在样本消费者所了解的床品品牌中，知名度最高的是富安娜，其次是水星、罗莱和小绵羊等品牌。

在消费者希望礼品床品需要提升的各个因素中，66.3%的消费者认为礼品床品的材质需要提高；其次，31.9%的消费者认为床品的图案需要提升；再次，21.1%的消费者认为在价格方面还需改进；另外，19.9%的消费者希望礼品床品应在包装方面有所提升。样本对象希望礼品床品继续提升情况见图31。

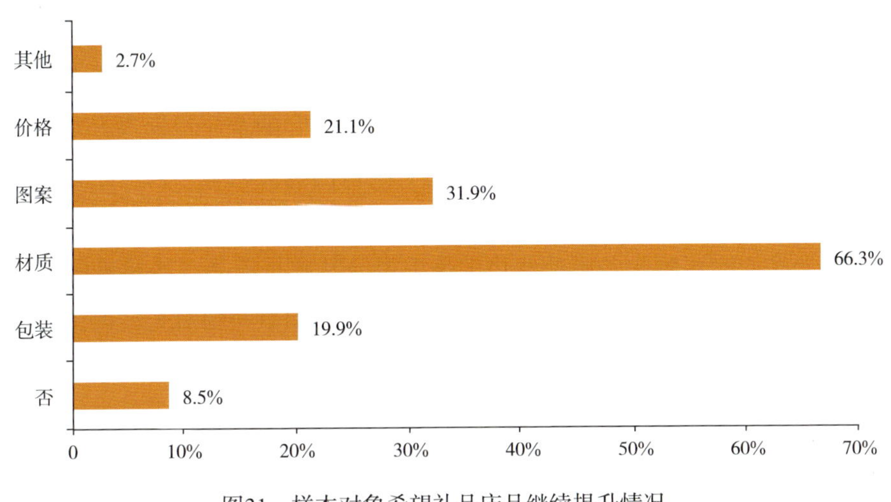

图31　样本对象希望礼品床品继续提升情况

四、小结

经过调研综合分析，我们可以从中更加清楚地了解消费者，得到一些启发。

（1）加强对消费者的了解，进行清晰的市场定位。这几年，随着家纺行业的不断发展和市场态势的变化，顾客的消费观念正在发生变化，主要是消费更加理性和谨慎，对价格变动比较敏感。企业需要站在整个市场的高度进行明确的市场定位，根据消费者需求“两头小、中间大”的特点，选择自己的目标客户群体，开拓一条具有自身特色的经营道路。

（2）选择合适的宣传营销方式。由于消费者主要通过亲身体验、媒体渠道中的网络、电视和朋友推荐等方式了解产品，另外，专业市场广告和销售人员介绍、报纸和杂志也较为重要。因此，企业应加强品牌宣传和产品推广，采取多元化的营销宣传方式，及时了解顾客的反馈信息和市场需求，促进经营业务工作更好地开展。

（3）对于企业来说，销售渠道建设与消费者购买方式联系密切，因此渠道建设对于企业非常重要。企业应根据市场环境和产品细分演变，精准地在市场和行业中找到自己的定位，改进和完善传统渠道，推进多层次商业渠道建设。线上和线下需共同发展，通过总结传统渠道与电商的各自特点、客户的消费行为以及产品特性，采取多种策略组合，以满足各类消费群体的需求。

（4）对于床品来说，仍然以传统销售渠道为主，电商销售发展也比较快，有相当一部分消费者会通过网络销售购买，企业在完善传统渠道的同时，也应适当侧重线上渠道建设。对于毛巾和窗帘布艺产品来说，由于产品本身的特点以及消费者的偏好，传统销售渠道仍占据绝对的主导地位，消费者通过网络购买此类产品所占的比例很低。因此，企业应更好地维护和完善传统渠道，同时也要弥补此类产品网络销售的缺陷，如发展“私人定制”型网络销售，为消费者量身打造产品，很可能会开拓出一条网络销售的新渠道。三城市消费者对于未来购买方式采取网络购买所占的比例很大，因此企业应注重电商的发展。

（5）购买床品时，消费者更倾向于追求产品的材质和价格，而非品牌和功能性。在购买被子时，消费者认为面料材质是最重要的影响因素；在购买窗帘时，消费者考虑最多的是材质和款式、质量等产品的内在因素，对于品牌和服务等外在因素并不十分关心。虽然一些规模较大的家纺企业特别是床品企业最关注的是品牌的含金量，其次才是产品的面料材质，但这与消费者所注重的首选因素有偏差。所以“产品为王”的企业经营理念对广大消费者来说并没有过时。因此，大部分家纺企业应注意消费受众的购买因素，以产品材质为导向，满足广大消费者的需求。

（6）家纺产品的购买频次，更换最快的是毛巾，其次是床品，更换最慢的是窗帘，这与产品本身的特点有关，同时也与企业的宣传和消费者的消费习惯有关。值得一提的是，中国家用纺织品行业协会在央视做了“毛巾产品要定期更换，形成健康的消费习惯”的公益广告之后，毛巾销量有了明显增长。与天猫合作，开通直播，指导消费者对家纺产品的选择，加大引流。随着经济的发展和人民生活水平的不断提高，消费者对床品和窗帘、布艺等产品的更换频率也会越来越高，相关企业也应在这方面扩大宣传，使广大消费者形成正确的消费观念。

中国家用纺织品行业协会

热点研究

实施创新驱动战略　助力产业向全球价值链高端跃升

赵洪珊　刘海燕

全球经济正在步入增长乏力的新平庸时代，我国经济经过快速增长的20年后，也开始放缓增长速度，逐渐步入L型经济周期的底部。为突破底部困局，国家“十三五”规划大力推进供给侧改革，将创新驱动列为国家战略，把发展基点放在创新上，以科技创新为核心，以人才发展为支撑，推动科技创新与大众创业、万众创新有机结合，塑造更多依靠创新驱动、更多发挥先发优势的引领型发展，为经济与社会发展提供持久动力。

一、“创新驱动”成为供给侧改革的战略选择

1. 建设创新型家纺行业，突破L型周期困境

过去25年，中国经济一直高速增长，近年来，由于增长模式的制约，加之始于2008年的全球金融危机的衰退周期的影响，经济增速从2012年开始放缓，2013年GDP增速为7.7%，2014年为7.4%，2015年为6.9%，2016年为6.7%，创25年来最低（图1）。未来10~20年，中国经济增长速度或将长期维持在两位数以下的中速水平。同时固定投资创20年来年最低增速，出现个位数增长（图2），可以认为经济发展步入L型周期底部。

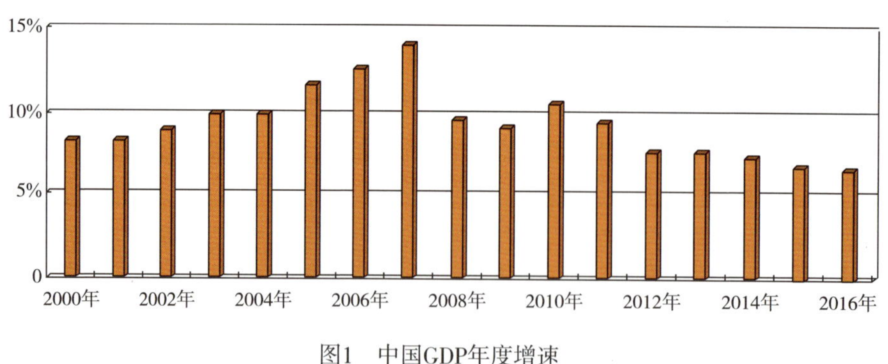

图1　中国GDP年度增速

宏观经济面临前所未有的挑战，中国发展模式最大的经验就是廉价的劳动力对接全球产业链的低端和高固定资产投资，制度和机制都是支持这样的模式，在人口红利的周期下，该模式取得了令人欣喜的成果。人口红利结束，这种模式的各种弊端就会显示出来。经济健康

发展必须进行供给侧结构改革，而供给侧改革成败的关键在于创新战略的有效实施。创新是走出困局的唯一路径，发展动力从要素驱动、投资驱动转向创新驱动。

家纺行业“十三五”规划提出，“加快建设创新型家纺产业，加快供给侧改革，消化过剩产能，生产产销匹配的产品，优化家纺产品结构，提高行业产品的有效供给，实现产业转型升级”。“建设新家纺，创新驱动转型发展”，家纺行业必须提高非价格竞争优势，占据全球产业分工和竞争的高端位置，实现向全球价值链的高端环节攀升，增强家纺产品在国际市场的品牌影响力和定价话语权。

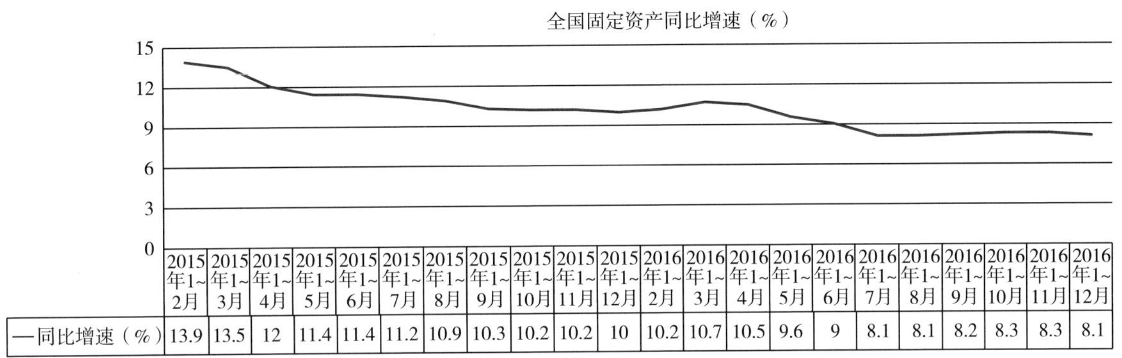

	2015年1~2月	2015年1~3月	2015年1~4月	2015年1~5月	2015年1~6月	2015年1~7月	2015年1~8月	2015年1~9月	2015年1~10月	2015年1~11月	2015年1~12月	2016年1~2月	2016年1~3月	2016年1~4月	2016年1~5月	2016年1~6月	2016年1~7月	2016年1~8月	2016年1~9月	2016年1~10月	2016年1~11月	2016年1~12月
—同比增速（%）	13.9	13.5	12	11.4	11.4	11.2	10.9	10.3	10.2	10.2	10	10.2	10.7	10.5	9.6	9	8.1	8.1	8.2	8.3	8.3	8.1

图2　全国固定资产同比增速

2.“创新驱动”供给侧结构优化的经济学分析

技术创新能够改善供给能力和供给结构机构，可以用索洛模型来解释（图3），AD为需求曲线，AS为供给曲线，初始均衡是需求曲线AD_1和供给曲线AS_1的交点，此时价格为P_1，数量为Y_1。当消费需求升级，不仅对产品的需求数量增多，需求的质量也在提升，也就是当消费升级时，需求曲线从AD_1上移到AD_2，如果此时需要供给曲线向右移动，才能达到新的均衡E_3，此时数量为Y_3，价格为P_3。

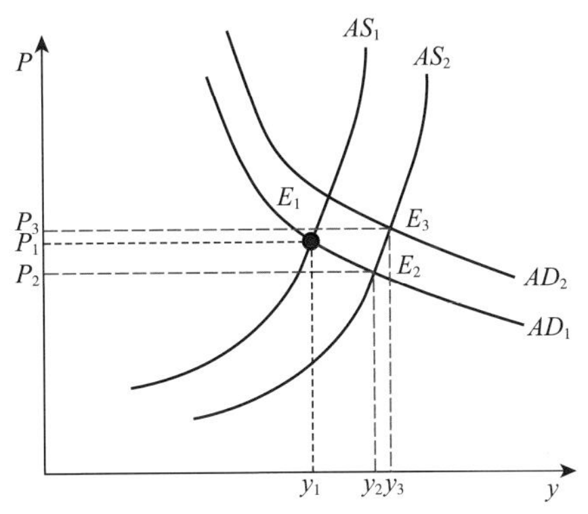

图3　创新使总供给曲线移动

总供给函数为$Y=F(L, K)$，其中L为整个经济的就业水平，K为整个社会的资本存量，根据索洛模型$Y=A\times F(K, L)$，A为技术创新系数。如果说需求侧包括投资、消费和出口三驾马车的话，那么供给侧也有三驾马车，分别是劳动、资本和技术。供给曲线向右移动，需要增加资本存量和就业量，在当前条件下，资本存量和就业量是固定的，那么供给的改善就必须依赖技术创新。因此，技术创新可以使供给曲线AS_1向AS_2移动，得到新的均衡E_3，改善供给情况，适应消费升级的要求。

二、家纺产业创新能力体系

1. 家纺产业创新能力构成

根据家纺产业发展的现阶段特征，可以从技术创新产出能力、技术创新投入能力、产业创新扩散能力、创新工艺流程和管理能力以及创新成果市场化运作能力五个维度构建家纺产业创新能力体系（图4）。

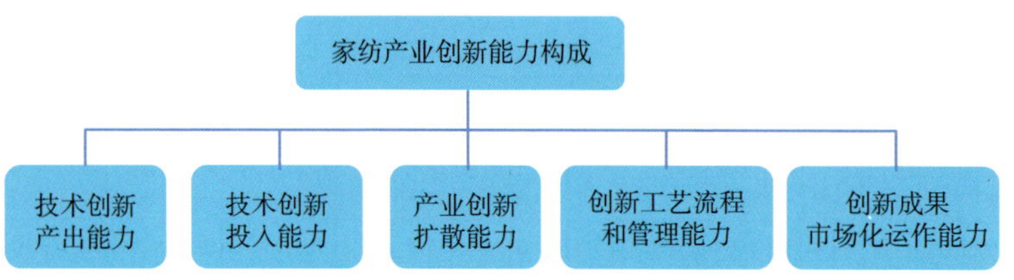

图4　家纺产业创新能力体系

（1）技术创新产出能力。产业创新能力最直接的表现就是产业科技产出和市场产出，创新效益反映其各种要素组合产生的实际成效。创新效益反作用于创新资源，创新效益的产生不仅促进创新资源数量的增加和集聚，而且通过促使产业创新资源升级提升创新资源的质量和结构。技术创新是家纺产业创新系统的核心，是知识经济时代生产力发展的永恒动力。技术创新的表现主要包括家纺新款式、新产品的研究与开发，家纺新面料、新工艺、新设备的研究与应用，提高家纺产品的文化含量、技术含量和附加值等。

（2）技术创新投入能力。产业技术创新投入是指产业内所投入技术创新资源的数量和质量，它对创新的规模、速度、能力和效果有重要的影响。产业创新资源的投入作为产业自主创新的一种原发性动力，创新资源引发了创新活动的产生，从而使之转化为创新效益，同时资源的分享和优化配置带来了创新扩散，这是产业自主创新的基础条件，体现产业潜在的创新能力。

（3）产业创新扩散能力。具备先进能力和丰富资源的企业进行自主创新，多数企业利用后发优势，学习、引进、模仿、联合创新和自主创新。纺织行业转型升级的成效与质量取决于把先进科技成果转化为现实生产力的速度与程度。产业创新扩散是产业创新系统中的重要环节，它不仅通过助力创新活动而转化为创新效益，更是通过技术转移和产业化加速技术直接转化为效益。

（4）创新工艺流程和管理能力。管理创新是家纺产业发展的基础，基于新理念、新技术、新路径和新系统，创造一种新的高效的资源组合方式，以适应市场的变化，以实现资源整合、优势互补、加快家纺产业创新系统的建设，其功能是营造一种良好的经济环境，保障和推进家纺产业的技术创新。管理创新对技术创新具有良好的指导作用和推进作用。改进工业流程对提高生产效率和产品附加值有重大影响，此外，我国的节能环保约束压力增大，节能降耗减排技术在全行业获得广泛推广，具有战略意义。

（5）创新成果市场化运作能力。市场创新作为家纺产业所有创新活动的出发点和落脚点，扮演着技术创新和管理创新的平台角色，每一个家纺企业都离不开市场上的竞争。因此，市场决定了家纺企业发展的方向，也主宰着家纺企业的利润，市场创新会促使家纺企业加大家纺新产品的技术研发投入，使之更快速地反映市场需求。品牌竞争力是家纺企业的核心竞争力，没有品牌竞争力的家纺企业最终必然会被市场淘汰，卓越的家纺品牌效应将提升消费者的品牌忠诚度与品牌传播力，从而提升家纺企业的综合竞争力。

2. 家纺企业创新能力指标体系

技术创新产出能力、技术创新投入能力、产业创新扩散能力、创新工艺流程和管理能力以及创新成果市场化运作能力五个维度可以分为数个二级指标，采用层次分析法进行调查与数据分析，得到一级、二级各指标体系权重（表1）。

表 1 家纺企业创新能力指标体系权重总表

影响因素	指标	权重	排序
技术创新产出能力 0.2617	自主设计研发	0.3152	1
	拥有发明专利数	0.2703	2
	新产品销售收入	0.2041	4
	新产品出口	0.2104	3
技术创新投入能力 0.3018	有科技机构的企业数	0.3218	1
	R&D 人员	0.2893	2
	研发经费	0.1785	4
	新产品开发经费	0.2104	3
产业创新扩散能力 0.2130	引进技术经费支出	0.3574	1
	技术改造投入经费	0.2893	3
	消化吸收经费支出	0.3533	2
创新工艺流程和管理 0.1097	产值能耗水平	0.2034	3
	设备先进水平	0.1985	4
	特色平台建设	0.2879	2
	创新战略的制定和激励机制	0.3102	1
创新成果市场化运作能力 0.1138	拥有注册商标数	0.2511	2
	形成国家或行业标准数	0.2095	3
	电子商务水平	0.1874	4
	品牌塑造强度	0.3520	1

通过汇总表可以看出，一级指标中各影响因素对家纺产业整体的创新能力影响权重可分为三个梯次。其中技术创新投入能力对整体的创新能力影响最大，权重为0.3018；技术创新产出能力和产业创新扩散能力对整体创新能力影响程度相差不大；创新工艺流程和管理及创新成果市场化运作能力对整体创新能力影响程度相差不大。可以看出，家纺产业要想提高自身创新能力，需要从各方面全面发展。对于技术创新产出能力维度，专家对拥有自主设计研发数认可度最高，这也是整个产业需要长期努力的方向。在技术创新投入能力维度，有科技机构的企业数的权重最大，其次是R&D人员比重；在研发方面，资金和人员的投入对创新的成果有至关重要的作用。在创新工艺流程和管理这个维度，创新战略的制定和激励机制所占权重最大，它作为整体顶层战略设计，对于其他指标都有影响。创新成果市场化运作能力方面，品牌塑造强度和电子商务水平是与当前家纺产业的市场特征和未来发展趋势最吻合的，所以权重相对较大。

三、家纺产业生态演进的创新路径选择

作为世界家纺产业的大本营，面临着人口红利消退、人口老龄化、生产成本高和市场个性化需求突出等挑战，同时外围又有东南亚国家、欧美国家的竞争和市场侵占。要保持中国家纺产业的国际竞争优势，推动产业向全球价值链高端环节跃升，需要在生产制造、研发设计和销售渠道等关键环节进行突破式创新。

1. 生产创新：从中国制造到中国智造

基于互联网下的智能制造有其下几种形态：制造业供应链管理、生产工艺过程优化、泛在感知网络技术、虚拟现实技术、人机交互技术、空间协同技术、平行管理技术、电子商务技术和系统集成制造技术。

在以上形态上，家纺企业建立一个高度灵活的个性化和数字化的产品与服务生产模式，以此推进生产技术和传统企业的改革。通过充分利用信息通信技术和网络空间虚拟系统相结合的手段，推进信息技术与制造业深度融合，促使制造领域的设备、生产与系统以网络化的形式向互联网迈进，制造业向智能化转型，它使人与人、人与机器、机器与机器以及服务与服务之间能够互联互通，实现横向、纵向的全价值链集成。

推进制造过程智能化，家纺企业可以通过使用自动化程度更高的生产设备，使用智能生产线和智能柔性生产管理系统，实现以组为单位的智能化生产管理。通过智能技术能消除人为因素的不确定性，实现供应链一体化的智能管理和各环节的无缝衔接，实时、准确地掌握生产信息与数据。更进一步，企业可以建设智能工厂/数字化车间，加快人机智能交互、工业机器人、智能物流管理、增材制造等技术和装备在生产过程中的应用，促进制造工艺的数字化控制、仿真优化、状态信息实时监测和自适应控制。

2. 研发创新：规模化顾客定制

“工业4.0”时代，消费者可以直接参与到产品设计、原料配制、订货计划、生产制造、物流配送甚至回收利用的各个阶段，通过物联网和制造业的融合，使生产个性化和小批量产品具有盈利可行性。青岛红领集团的实践对于家纺企业有借鉴意义。

红领集团成立于1995年，2003年开始转型，转做个性化定制的生产和系统开发。红领集团的转型是采用创新的互联网思维与工业化结合的商业模式：C2M模式，即Customer（消费者）直接面对Manufactory（制造商）。在这种模式中，消费者与制造商直接对接，消费者在平台上提出自己的要求，制造商来满足诉求，彻底取消了中间环节。C2M平台实际上是一个完整的价值链，包括前台的市场拓展系统、后台保障系统以及中间的大客户系统。可以说，红领现在做的是用互联网思维搭建一个公共定制平台，把工厂数字化，所有工人都在互联网的端点上工作，接收的信息，干什么、怎么干，都是终端客户提供的信息，进而实现顾客化定制（图5）。

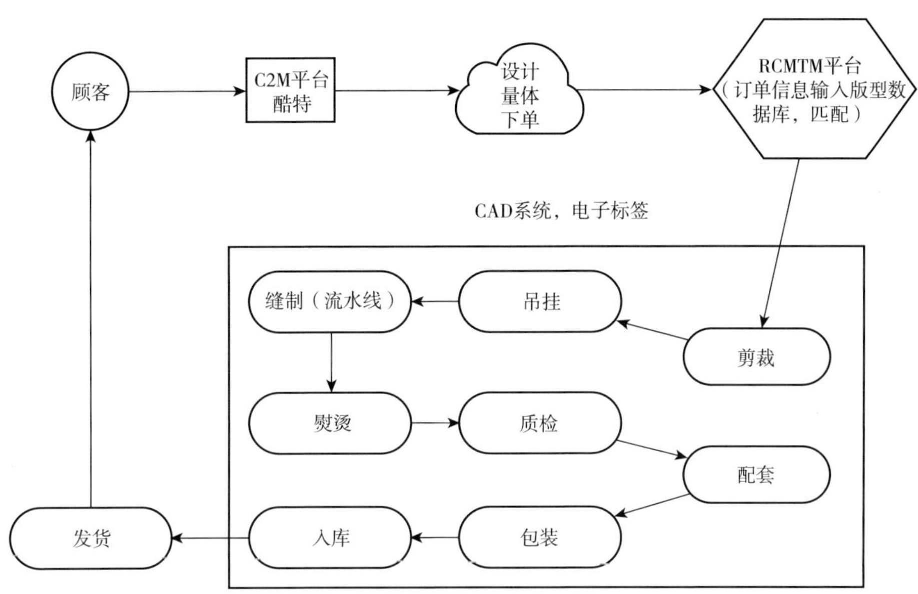

图5　红领集团模式流程图

工商一体化的C2M能够颠覆传统微笑曲线中工业处于最低端、利润最薄弱的现状，取消中间环节，直接面对消费者。这种方式在获得高利润的同时，也攻克了传统服装企业高库存的难题。此外，无需承担库存成本，从而最大限度让利消费者，真正做到以规模化的成本提供个性化的定制产品。

3. 渠道创新：全渠道销售

家纺企业销售渠道规划的营销基础已经发生了诸多变化：

（1）传统零售商的多渠道整合质量（为顾客提供无缝服务体验的能力）对线上购买意愿有积极显著的强化作用。

（2）消费者并未在选择一种购物渠道时完全放弃另外一种渠道，而是依据自身购买需求交替使用不同的零售渠道，这也表明零售渠道正从单渠道向多渠道，甚至全渠道转变。

（3）由信息技术和消费需求推动的移动互联网零售时代已经来临，零售企业必须利用移动互联网这样的网络平台开展全渠道零售。

因此，在技术与需求的推动下，渠道决策历经单一渠道、多渠道、跨渠道和全渠道四个阶段（表2），O2O模式属于跨渠道阶段，全渠道销售成为越来越多企业的选择。所谓全渠道销售是组织为了实现相关利益者的利益，满足顾客购物、娱乐和社交的综合体验需求，采取线上和线下尽可能多的零售渠道类型进行组合和整合（跨渠道）的营销行为。涉及依据不同渠道和顾客匹配不同或相同的营销定位，以及各个营销组合要素（产品、服务、价格、店址、店铺环境和信息）的有机组合等内容。全渠道零售模式实际上围绕着每一个消费者建立了一个统一的、360度的“顾客视图”，即把每一个消费者在购物体验的全周期里都“可视化”了。在顾客购物体验的全周期里，即在调研、选择、购买、使用/服务和演变/回馈的全过程当中，都能获得无差别一致性的购买体验，如统一的价格、统一的积分和统一的服务品质等。因此，全渠道零售模式是真正以消费者为中心，消费者在任何一个渠道都能获得无差别一致性的服务，这是一个质的变化。

表2　销售渠道的演化路径

以厂商为中心			以消费者为中心
单渠道阶段	多渠道阶段	跨渠道阶段	全渠道阶段
通过一条渠道（零售店、网店和社交商店等）完成销售的功能	通过两条及以上独立完整的零售渠道完成销售的全部功能，每条渠道完成渠道的全部功能而非部分功能	通过多条零售渠道组合完成渠道的全部功能，每条渠道仅完成渠道的部分而非全部功能	通过尽可能多的渠道间高度协同，为消费者购物各阶段能随时随地购物、娱乐和社交的综合体验需求，提供渠道间穿梭的无缝最佳购物体验

面对全渠道时代的来临，必须进行渠道功能的整合，即发挥各种零售渠道的优势，避开劣势。家纺企业具体渠道对策的选择步骤是：

（1）确定目标消费者的购买偏好或关注要素。

（2）明确品牌营销定位。

（3）设计目标顾客的购物程序或路径。

（4）列出全部备选的零售渠道（包括实体店和虚拟店）。

（5）根据各零售渠道的特征和目标顾客偏好，将渠道所需要完成的功能匹配至购物路径的每一个环节上。

在关注数字化零售渠道的同时，绝不能忽视实体店的作用。实体店具有的一些优势仍然会长期存在下去，诸如可使顾客面对面的感知商品，享受到个性化的人员服务，体验到购物现场的气氛等。

创新驱动发展，推动家纺产业生态的演进，未来的产业形态已经在今天的创新中孕育。顺应产业发展趋势，不断进行科技创新和组织创新，深入进行结构调整，加快产业的转型升级，建设具有国际竞争力和市场话语权的新家纺，实现从家纺大国向家纺强国的伟大转变。

北京服装学院

积极走出去 寻求新发展

刘茵蔚 郭亮

在行业外交的领域，为顺应市场需求和企业对外发展的形势，我会在这一年里带领企业积极出访，为家纺企业搭建对外沟通的桥梁，了解国际市场的最近动态和发展趋势，寻找新型合作同谋发展的新道路。

一、深入了解欧洲市场

1. 组团参加法兰克福家纺展

该展会聚集了上千家业内优秀品牌，吸引着众多业内目光并引领着欧洲乃至国际市场的最新潮流，因此备受设计师和经销商瞩目。此次展会中纺联共组织42家国内企业参展，面积约926m^2。2015年同期共40家中方企业参展，总面积约812m^2。近年来越来越多的中国家纺企业选择了走出去，对外开拓市场，发挥特有的竞争优势。此次展会上通过和海外优秀参展商的交流，初步建立起了长期稳固的沟通渠道，加强彼此的了解，并带领海外企业的负责人参观中国展商的展位，加深他们对优秀的中国家纺品牌的印象。

2. 参观米兰家具展

被誉为全世界“流行趋势的风向标”的米兰家具展和米兰设计周被称为世界三大设计展览之一。自1961年举办以来形成了米兰国际家具展、米兰国际厨卫展、米兰国际灯具展、米兰国际家具半成品及配件展、卫星沙龙展、米兰设计周等系列展览。随着这个名副其实的“展会系统”的完善，意大利已连续多年成为世界上最大的家具和装饰产品出口国。

本次家具展共计1300位参展商，占地150000平方米，分为经典和设计两大部分，努力为参观者打造360度全方位的观展体验。米兰国际家具展目前已经到了第55个年头，始终保持着国际化和创新性，其参展的国外展品数量又有了新的提升，已经占据了所有展品的30%。1989年，国际装饰配套展作为国际家具沙龙展的一部分成立，每年都于米兰罗镇露天场地举办，旨在吸引那些已经选好了家具，但希望运用饰品在细节中展示独特风格和品位的客人。

今年展会最大的亮点是国际厨房家具展（EuroCucina）和国际卫浴展双展回归以及SaloneSatellite卫星展。国际厨房家具展展示了厨房领域最前沿的高品质产品，满足了越来越多精明的消费者对厨具功能性设计不断升级的需求。该项目聚焦于今年来崭露头角的新锐设计师，为他们提供了展示才华的平台也为消费者提供了更多选择。

3. 米兰的Zona Tortona观展

自2001年起至今，Zona Tortona已逐渐发展成艺术家和个人工作室的大本营。每年在米兰家具展期间会举办一些小型展览会，虽然坐落在米兰展的展馆外，但是已经成为米兰设计周最具指标性的展区之一。考察团一行在Super studio group参观了新材料展（Aterialsillage），主办方MCX公司的CEO Dr.EmilioGenovesi 全程陪同并详细介绍了每家参展公司的情况。让大家眼前一亮的是，有10家国内知名家具企业在红星美凯龙的组织下集体亮相米兰，展示当代中国的生活哲学，产品不仅有古典家具也有极具设计感的现代家具，吸引了不少参观者驻足欣赏。这也标志着中国家具逐渐被国际认可。

二、海外企业参观

1. 出访罗马尼亚

罗马尼亚作为欧盟成员国之一，失业率一直低于欧盟平均水平，广阔的市场发展空间和良好的对外开放的政策吸引了大批海外投资商在免税区投资建厂，并由此进入欧洲市场。在这样一个大背景下，我会杨兆华会长受邀对罗马尼亚的纺织市场进行了考察。罗方建立了非常优渥的外国投资者政府保护机制，非常欢迎有更多中国企业家前来投资，并将随时为投资方免费提供帮助。

目前罗马尼亚月平均工资为2108列伊（约469欧元），较上月增加0.7%，较去年同期增加12.7%，该国最低工资为1250列伊（约280欧元）。根据欧盟统计局发布的数据，罗马尼亚个人工资所得税率为16%，处于欧盟较低水平。

罗马尼亚政府根据用电、气量的不同，对工业和生活用电、气采取区别定价政策，具体价格由罗能源管理局确定。目前其居民用电量分为五档，价格在0.3222 ~ 0.4158列伊/kWh之间；工业用点分为六档，价格在0.2510 ~ 0.4902列伊/kWh之间。居民燃气价格分两档，价格在22.1694 ~ 34.1583列伊/GJ之间；工业用气价格分为四档，价格在14.5500 ~ 33.2750列伊/GJ之间。水价各地区不同，布加勒斯特冷水价格为3.29列伊/立方米；热水价格为300.037列伊/Gcal。

罗马尼亚的社会保险费项目主要包括：社会保险费31.3%（限于正常工作环境），其中20.8%由雇主承担，10.5%由雇员承担；医疗保险费中雇主缴纳5.5%，员工缴纳5.2%；失业保险费中雇主和雇员各缴纳0.5%。

2. 参观意大利纺织企业

展会结束后会长一行来到了位于意大利北部的棉花工业中心Lombardia Varese公司，公司除了主要从事窗帘生产以外，还生产家居布置用织品、与窗帘相称的产品以及阻燃产品。在Matteo Cavelli先生的带领下，会长一行参观了他们的生产车间及自动化仓储，并参观了公司的新技术和新产品。

另一家成立于1934年并坚持100%意大利制作的家族企业Fiorete公司，同样吸引了出访团的目光。公司董事长GianmarcoZamaroni介绍到，他们非常注重产品的设计与品质，从订单到出货，历时8~9周对生产流程的严格监控和管理，使其成为国际软装面料生产企业的典范。

在大多数人心中，意大利制造意味着高品质，直接与“经典”“高贵”甚至“奢侈”等字眼挂钩。但近年来，受纺织服装行业国际竞争加剧，产业结构调整及意大利国内消费不振的影响，意大利纺织市场整体产销下滑，就业人数不断下降，虽然在高端市场的国际竞争力仍保持优势，但出口数据的停滞不前仍成为摆在意大利企业面前的首要难题。

根据意大利纺织时尚联盟（SMI）报告显示，2016年，意大利纺织出口贸易额预计同比下降2%，国际出口销售总额不足43亿欧元。作为纺织出口的重点市场，2016年1～10月，意大利对德国出口额同比下滑3.7%，对土耳其下降4.7%，而在美国市场，这一数字竟达到-14.6%。与其他市场的不景气相比，中国市场成崛起态势。2016年，中国进口意大利面料金额同比增长2.8%，销售金额达到1.65亿欧元。近年来中国市场对高端面料的需求不断提升，使得进军中国市场成为了意大利企业在亚洲实现增长的关键一步。

3. 与摩洛哥纺织组织交流洽谈

近年来，摩洛哥政府积极吸引外国投资，改善贸易逆差，促进经济发展，在行政、税收、外汇管理等方面实施了一系列优惠政策改革，并建立丹吉尔出口免税区，引起许多外国投资者的关注。其中政府鼓励外国投资的主要产业以及资助项目建设用地和厂房建设的“哈桑二世基金”中就包括了纺织业。 因此，杨兆华会长一行此次出访的主要目的就是了解摩洛哥的家纺市场环境和投资优惠政策，当天下午在法兰克福公司摩洛哥代表及中国办公室同事的陪同下拜会了摩洛哥出口促进中心（Maroc Export）。促进会秘书长ZouhairTriqui先生一行与考察团进行了座谈。

ZouhairTriqui先生在介绍中指出摩洛哥纺织业年产值约为60亿欧元，其中约40亿欧元的产值出口到欧洲市场，20亿欧元的产值在本地市场销售。据预计，在未来10年本地市场对纺织产品的消费额将增长到40亿欧元。纺织和服装工业是摩洛哥排名第二的支柱产业，作为摩洛哥政府重点发展的产业之一，纺织品工业在摩洛哥有100多年的历史。目前，摩洛哥纺织行业就业规模为20万人，是摩洛哥就业人数最多的行业。由于地理和文化上的接近，欧洲成为摩洛哥纺织业的主要市场。

为了吸引海外投资，摩洛哥政府正在积极制定更加优惠的激励政策。摩洛哥政府的投资优惠政策包括减免项目用地款项和厂房建筑款项，新公司5年内减免50%利润税，简化海关手续等。投资额达到或超过2亿迪拉姆的企业，与政府签署协议，自项目开始实施起三年内，进口项目所需设备物料及其配件时，免缴关税和进口增值税。 摩洛哥属外汇管制国家，但在摩投资的外国企业不受外汇管制的限制。外国自然人或法人，以及在国外定居的摩洛哥人，在摩投资所取得的收益、分红、利息等收入，在缴纳现行法律规定的税赋后可自由汇出，不受数额及时间的限制。而著名的摩洛哥丹吉尔出口免税区紧邻丹吉尔伊本—白图泰国际机场和卡萨—拉巴特—丹吉尔高速公路，距丹吉尔港口仅12公里，距在建中的丹吉尔—地中海新港约60公里，运输便利，每天有多趟轮渡与欧洲相通，通向欧洲的国际公路运输更是有80%经过丹吉尔。同摩洛哥境内其他地区一样，摩洛哥法定上班时间为每星期44个小时，工人每工作1个月享有1.5个工作日的带薪休假权利，由于雇员工资不用上缴增值税，出口免税区内雇员的平均工资较区外要低20%，因此工资水平具有较大的吸引力，雇员平均工资见表1。

表 1　雇员平均工资

工种	平均工资
普通工人	0.87 欧元 / 小时
技工	0.95 欧元 / 小时
高级技工	1.1 欧元 / 小时
中层管理干部	500 欧元 / 月
高层管理干部	1000 欧元 / 月

工业用水的价格每立方米0.5欧元。用电价格为：高压电高峰期0.10欧元，低峰期0.05欧元；中压电高峰期0.09欧元，低峰期0.07欧元。

4. 参观摩洛哥纺织企业

为了加深对摩洛哥当地纺织企业的了解，考察团一行走访了摩洛哥知名纺织企业Vasco公司、Loucham公司以及PIF公司，这三个公司分别位于卡萨布兰卡Berrchid工业区和Ain Sebaa工业区。PIF公司拥有10位本土设计师，每年都会设计出100多套系列产品。获得过很多设计大奖。不仅与JAB公司长期合作，同时也是户外家居第一品牌Sunbrella(尚帛瑞拉)的摩洛哥代理。由于特殊的文化背景，每个家庭都有现代风格与摩洛哥风格的两个客厅，而摩洛哥风格的窗帘、沙发需要特别定制。所以摩洛哥虽然只有3000万人口，但窗帘布艺以及沙发面料的需求量非常大。

5. 中国家纺协会代表团赴埃及考察

在结束了摩洛哥当地的行程后，杨兆华会长一行飞往埃及参观当地的纺织企业。此次杨兆华会长一行在亚历山大港免税区参观了Nile Linen Group公司，在公司董事、埃及家用纺织品出口协会会长Eng.Saied Ahmed的陪同下，参观了织布、染整和加工车间。据介绍，公司创立于1996年，从最初的16台提花机和小型卷边装置不断扩大，于2000年建立了自己的染整厂，并配置了全套现代化设备。公司现在拥有400台织机，200台缝纫机，24条德国TEXPA全自动化生产线，日产量达到12万米。产品主要出口欧美市场，占埃及家纺产品出口市场份额的80%。目前埃及有家纺企业2000家，其中只有220家是出口企业，整体规模较小。

6. 考察印度市场

11月14日中国家纺协会在国际纺联年会召开之际，率家纺企业考察团率先抵达印度新德里，开始了印度参访考察第一站，探索中国新经济环境下，家纺企业国际合作新途径。考察团一行首先调研了位于印度新德里的阿尔卑斯工业有限公司总部（Alps Industries Limited）、贝拉世纪纺织品公司（Birla Century）以及三叉戟集团的工厂（Trident Group）。

印度家纺工业拥有几个世纪的历史，但由于技术较为落后，直至20世纪90年代初期，这一产业都未能健康地发展。在最近几年，该国的纺织业通过技术和产品创新的多样化走上了一条较为迅速的发展道路。一方面得益于印度工业的进一步国际化，在过去几年印度国内的市场呈翻倍的走势；另一方面，消费者的选择和意愿促使国内市场进一步高端化，令印度家纺摆脱了传统的生产模式，向国际时尚趋势靠拢。并且，印度的对外贸易政策也鼓励了更多外资进入印度纺织业，因此在其国内市场行成了国际品牌与国内品牌的良性竞争。印度传统风格极大地发挥了自己的优势，逐渐走向国际市场，其中寝具和洁具展占全行业出口的三分之二。

在此次参观中，我们也从上面三家企业感受到了印度本土风格和西方文化的融合，其设计既有传统特色又颇具现代感，其一体化的整合生产表现出国际化的生产风格，家纺的生产技术创新已从根本上改变了印度传统的生产模式，业界也不得不顺应国际标准的要求进行生产，不断提高水平。这一趋势，导致政府在更新技术设备和提升产能方面给予了一定的财政支持。

三、加强两岸优势合作

1. 中国家纺协会代表团赴台考察

借第十二届海峡两岸纺织业合作研讨会在台湾举办之机，中国家用纺织品行业协会组成了家纺台湾考察团，参加“两岸合作研讨会”，并提前赴台与当地优势纺织企业展开了实地交流与调研。在纺拓会秘书长黄伟基先生、市场开发处方元珍女士的陪同下，考察团参观了三家优秀的台湾家纺企业，分别是佳和集团、润泰集团和旭荣集团，并拜会了当地协会组织—纺织产业综合研究所。此次考察涉及纤维、纱线、面料、印染、制成品，以及纺织基础研究和产品开发等方面。整个考察活动密度大、领域广、触角深和收获多。考察团还注重对每次活动的总结，团长杨兆华经常组织大家跟进讨论，交流心得，对考察内容进行消化和提升。通过考察总结出台湾纺织企业的几个特点：

（1）注重差异化发展。大陆纺织行业兴起和快速发展对台湾纺织业造成较大冲击，迫于市场的压力，台湾纺织业较早进入转型，差异化发展为台湾纺织企业找到了新的出路，并确立了台湾纺织新的国际地位。

（2）注重产品研发。台湾纺织企业善于将前沿的科研成果、跨行业的新技术应用到纺织行业，注重研发投入，在基础研究，如纤维原料、纱线、面料以及功能性产品上都有较大的突破。

（3）专注、敬业。考察团成员接触到许多台湾纺织人士，其中不乏一些从业几十年的纺织经营者，他们专注于产业研究，重视企业管理和企业文化建设，客户服务周到且不断升级，他们对纺织行业的发展充满激情。

（4）注重企业传承。台湾民营纺织企业起步较早，目前家族企业中许多已是第二代甚至第三代成为主要经营者。台湾家族企业很重视下一代接班人的教育和培养，较早开始学习纺织、认识纺织。纺织企业是父辈辛苦打下的基业，更有许多有待开发的领域，纺织产业包含有最新的科技研究和广阔的发展空间，新一代经营者致力在传承延续中将企业做大做强。

（5）国际化布局。台湾市场容量小，生产的纺织产品80%都要出口。为此，台湾企业尤为重视出口市场的发展，并通过国际化产业布局，将生产、销售放在海外，有效克服自身规模和资源的限制。这次考察的台湾纺织企业都在海外建设有生产基地、销售网点、研发机构，与大陆企业的合作也成为常态。

（6）技术商品化。台湾纺织技术研究有两个特点，一是注重基础研究，不急功近利。

二是立足需求导向的研发服务，重视技术商品化。许多研究都有产业界的参与，在启动课题时就考虑研究的应用方向。强调研究不仅在制造端，而更应在客户端，一些人性化产品的开发拓宽了市场空间。

（7）注重认证和社会责任。考察时发现台湾企业在介绍发展历程时都很强调各种“认证”，把取得的“认证”当作是企业能力、荣誉和社会责任的象征。许多企业从成立之初就开始申办相关“认证”，同时认真履行企业承担的社会责任，可以说各种认证伴随着台湾企业发展。

2. 海峡两岸纺织业合作研讨会在台召开

海峡两岸纺织业合作研讨会3月29日在台湾苗栗召开，两岸纺织业界人士围绕两岸纺织产业发展现状与未来发展主题进行了深入探讨和交流。中国纺织工业联合会会长王天凯率领大陆纺织代表团参加交流活动。由纺织工业联会和纺织企业组成的大陆纺织代表团共计50多人，其中家纺协会及企业代表8人。

王天凯指出，2016年，“十三五”发展周期已正式开局，大陆提出了“创新、协调、绿色、开放、共享”五大发展新理念。虽然国内外环境依然错综复杂，但纺织行业加快转型升级的动力更加充分。从国际看，全球产业分工布局体系重构，信息网络技术催动生产业变革，国际竞争更趋激烈，一系列因素都驱动大陆纺织行业加快构建国际竞争新优势。从国内看，大陆全面建成小康社会启动多领域、多元化内需，全面深化改革进一步释放制度红利，“一路一带”战略构建对外开放新格局，则将为纺织行业加快转型升级提供强劲的内生动力。对于进一步开拓两岸纺织业未来的交流与合作空间，他强调今后要重点关注四个方面：一是深化产业创新合作，推动两岸技术研发，达成有效合作项目；二是加强市场开拓合作，共同挖掘大陆内需潜力；三是开展投资与产业布局合作，提高国际化发展效率和水平；四是深化行业服务合作，满足两岸企业发展所需。

台湾纺织业拓展会董事长詹正田致欢迎词。他介绍到，台湾纺织业一直是台湾重要的创汇产业，2015年创造了73.5亿美元的贸易顺差，是维持台湾经济稳定发展的重要支柱产业。

台湾纺织业上、中、下游的供应链非常完整，特别是纤维、纱线、布料等产品在国际纺织市场早有盛名。近年来，由于纺织从业者不断投入研发使得纺织品的科技水准不断精进，市场竞争力也相应提升。由于全球经济环境仍未见好转，台湾纺织业的出口也受到影响，不过，大陆仍是台湾纺织品重要的出口市场和第一大进口来源，显示两岸纺织业经贸关系依旧非常紧密。

近十年来大陆经济快速崛起，吸引大量外资，缔造世界工厂地位。伴随而来的是，大陆的生产成本也相对大幅提升，产业技术也不断进步，两岸纺织业已由竞争转向合作关系，在共同进步的大发展背景下，两岸协会以及企业间的交流显得尤为重要。

四、国际会议

1. 国际纺联家纺制造商家纺专委会会议

2016年国际纺联家纺专委会的首次会议于1月14日下午召开。杨兆华会长发表了“加强合作，迎接新挑战”专题演讲，此次与会的有来自中国、印度、巴基斯坦、美国和欧洲共计60余名业内大佬。在会议上杨兆华会长介绍分析了中国家纺行业2015年的投资运营情况和出口数据。

杨兆华会长指出，出口下降的主要原因有：欧盟和日本市场的下降、中东危机和俄罗斯卢布大幅贬值、我国综合成本提高（如劳动力、电力及棉花价格削弱了企业的国际竞争优势）、汇率因素（如人民币及欧元兑美元的贬值）。好在内销略有增长，大众市场以叠石桥床品市场、高阳毛巾商贸城和海宁中国家纺城为例，始终保持着不同的增长比率。值得关注的是，电商渠道仍在高速发展的阶段，据协会统计，2014/2015年B2C平台销售额增长分别为48%和30%。另外值得关注的是，由于国际形势复杂，全球经济疲软，且国内生产加工成本的逐步提高，削弱了中国制造的价格竞争优势。以国内企业产品内销发展不平衡以及全球范围内电商渠道的兴起为例，杨兆华会长指出了国际家纺专业委员会将积极推进国际范围内制造商之间的合作，在良性竞争的同时，创建新的合作模式，利用各自的优势进行产品完善以满足市场的高需求。

9月杨兆华会长带领近20位中国家纺企业代表出席了在纽约召开的第三次会议。此次会议发表演讲的是来自美国的东方贸易公司的主席Mr. Jordan Lea。这次会议的焦点被放在了棉花的库存消耗和产量上。他指出自从2014/2015年棉花库存使用比例从102%下降到80.5%以来，2016/2017年度棉花的消耗首次超过了当季的棉花产量。想要理解这一现象需要关注中国棉花方面的政策，他认为影响国际棉花产业资产表的主要因素在中国。在产量方面，预计2016/2017季度同比2013/2014季度下降56%，从原来的328万捆降至210万捆，消耗量将稳定在340万捆左右。产量方面的不足将由2014/2015季度的棉花储量（679万捆）来弥补。随后，Mr. Jordan Lea提到了现在印度的棉花价格已经超过了国际水平，主要由于印度纺织工人紧缺，加上此前相当数量的印度棉被出口到了产量下降30%的邻国巴基斯坦。在新一季的收割完成后，预计这一周期所产生的供给不足将会得到改善。美国今日家纺的出版者/主编Mr. Warren Shoulberg,就美国家纺行业和市场的流行趋势列出了5项主要的发展状况。

而后Mr. Karim Shafei先生为大家汇报了“统一验厂标准”项目的进行情况。目前项目已经开展到对外推广的阶段，海内外共有十余家企业在第三方机构的认可下以委员会所推行的验厂标准进行了自我检验，其检验结果用于委员会和销售商以及零售商就达成验厂标准统一的协商。接下来希望能够有更多企业加入到这个项目中来，让项目得到更多专业机构的认可，增加与零售商谈判的筹码。

2. 中国纺织工业联合会代表团参加国际纺联年会

11月17～19日，国际纺织制造商联合会（ITMF）2016年会在印度斋普尔举行。会议以“新常态下的全球纺织经济”为主题，在三天的时间里，来自近30个国家的300余名全球纺织业界代表济济一堂，针对影响当前纺织业发展的关键问题进行了深入探讨与交流。

中纺联各级领导以及中国纺织企业代表约60人出席会议。中国家纺考察团成员全程参加会议。

会上，国际纺联主席王天凯，就“新常态”经济转型下中国家纺行业的发展做了演讲，同时指出在这样一个客观状态下，各国纺织业将会在面临众多挑战的同时发掘到新的机遇。印度纺织工业联合会主席帕里克、印度纺织部秘书长拉诗米则向大家介绍了近年来印度在纺织业发展中取得的成绩和存在的问题，希望全球纺织业界能够加强交流合作，共同发展。

在三天的会议里，围绕“纺织工业在印度”“纺织供应链”“零售/电子商务”“产业用纺织品”等议题，与会代表进行了多方面的交流。并选举出了新一届的13名董事会成员，任期为2016～2018年。

五、总结

家纺企业在过去10年里，踊跃开拓国际市场，展开国际间的交流与合作，积极促进国际贸易，提升家纺企业在国际市场的地位，回顾一年来的参观访问活动，家纺考察团的足迹共涉及了6个国家及地区。

通过深入对外交流以及积极参与国际会议，提升中国纺织业国际市场的参与度和认知度。加强国际上同行业协会、组织的互动，通过访问、交流以及参加国际会议，一是了解国外行业的发展、市场需求和投资环境；二是大力宣传中国家纺行业的发展，宣传“中国制造”和自主品牌，以提高全行业在国际市场的话语权。

在企业参观交流的过程中更加全面地了解到境外家纺业品牌/企业的生产经营模式，促进企业之间的互动合作。两岸的纺织企业存在着极大的互补，积极开展合作将有利于双方发展实现共赢。既可以利用各自企业了解当地市场的需求及销售渠道，开展贸易合作，又能够发挥各自的产品研发与生产优势，共同开拓第三国市场。利用各国的优惠投资政策，积极探索国际化的合作。在原材料价格竞争日益激烈，国内成本上升的基础上，将中国家纺企业引领到积极创新，用品质优势、创新优势、人工智能和新材料多元化合作发展代替价格优势，走新型发展道路。

因此，与海外企业以及协会组织建立长期稳定的交流就显得尤为重要。在未来的发展中，协会将继续努力协助国内的家纺企业开拓欧美市场，使国内的家纺企业从生产加工转向品牌服务，从向第三方接受订单到直接与海外企业进行合作，帮助国内的家纺企业获取更多国际市场资讯以及企业间合作的渠道和资源。

中国家用纺织品行业协会

上市公司

2016年家用纺织品行业上市公司概况

余湘频

一、在全球主要证券市场上市的家纺企业有12家

截至2016年12月31日，在全球主要证券市场（不含我国新三板）上市的家用纺织品企业为12家，其中在上海证券交易所上市2家（2016年新增1家“梦百合”，主营记忆绵床垫、绵枕）、在深圳证券交易所上市5家、在香港联交所上市3家、在新加坡证券交易所上市1家、在澳大利亚证券交易所上市1家。12家上市公司的来源地区和细分行业分布分别见表1和表2。

表 1　家用纺织品行业上市公司上市地及实际总部分布

序号	上市地及代码	公司简称	实际总部地区
1	HK00146	太平地毡	香港
2	HK02223	卡撒天娇	
3	SZ002083	孚日股份	山东
4	HK00873	国际泰丰床品	
5	SGX：COZ	宏诚家纺	
6	SH600152	维科精华	浙江
7	ASX：SHU	绅花纺织	
8	SZ002293	罗莱生活	江苏
9	SH603313	梦百合	
10	SZ002327	富安娜	广东
11	SZ002397	梦洁股份	湖南
12	SZ002761	多喜爱	

表 2　家用纺织品行业上市公司细分行业

序号	上市地及代码	公司简称	细分行业
1	SH600152	维科精华	床上用品

续表

序号	上市地及代码	公司简称	细分行业
2	SZ002293	罗莱生活	床上用品
3	SZ002327	富安娜	
4	SZ002397	梦洁股份	
5	SZ002761	多喜爱	
6	SH603313	梦百合	
7	HK02223	卡撒天娇	
8	HK00873	国际泰丰床品	
9	SGX：COZ	宏诚家纺	
10	ASX：SHU	绅花纺织	
11	SZ002083	孚日股份	毛巾
12	HK00146	太平地毡	地毯

二、在证监会等待上会审核的4家、新三版挂牌的20家

截至2016年12月31日，在中国证监会等待上会审核的家纺企业有4家（表3）。在全国中小企业股份转让系统挂牌交易的家纺企业20家（表4）。

表 3　截至 2016 年 12 月 31 日中国证监会等待上会审核的家纺企业

序号	申报企业	所属行业	公司所在地	拟上市市场	报送材料时间	审核状态
1	浙江真爱美家控股有限公司	毛毯、床品	浙江义乌	上交所	2015/6/11	已受理
2	上海水星家用纺织品股份有限公司	床品、家居	上海奉贤区	上交所	2016/4/25	已受理
3	海宁中国家纺城	专业市场	浙江海宁	深交所中小板	2016/5/6	已受理
4	江苏金太阳纺织科技	家纺面料	江苏南通	深交所创业板	2016/6/20	已受理

表 4　在全国中小企业股份转让系统挂牌交易的家纺企业

序号	代码	简称	总股本（亿股）	行业	公司所在地	挂牌时间
1	430623	箭鹿股份	1.54	面料、家纺、成衣	江苏省宿迁市	2014/1/22
2	831336	苏丝股份	1.06	蚕丝家纺、服饰	江苏省宿迁市	2014/11/18
3	831795	晚安家纺	0.3	床上用品	湖南省长沙市	2015/1/29
4	831876	华辰股份	0.32	遮阳、窗帘产品	浙江省杭州市	2015/2/5
5	832200	宝威纺织	0.1	地毯产品	浙江省临海市	2015/4/4
6	832409	希雅图	0.32	衬布、厨卫材料	上海市	2015/5/5
7	832551	中诚印染	0.5	服装、家纺印染加工	江苏省无锡市	2015/5/30
8	832622	咏鹅家纺	0.32	床上用品	安徽省安庆市	2015/6/19

续表

序号	代码	简称	总股本（亿股）	行业	公司所在地	挂牌时间
9	833225	赛特股份	0.85	卫生用品、家纺产品	山东省淄博市	2015/8/14
10	833357	斯贝尔	0.13	地毯、功能饰布	四川省成都市	2015/8/28
11	833865	凯盛家纺	0.56	家纺产品	江苏省海门市	2015/10/20
12	834810	斯得福	0.48	酒店用纺织品	江苏省南通市	2015/12/9
13	835735	远梦家居	0.78	床上用品	广东省东莞市	2016/4/2
14	836035	新丝路	1.89	地毯产品	山东省临沂市	2016/3/12
15	836093	优雅电商	0.21	家居平台	北京市	2016/3/13
16	837001	汉哲股份	0.19	毛毯制品	河北省保定市	2016/5/18
17	838032	名品实业	0.37	床上用品	湖南省长沙市	2016/8/2
18	838262	太湖雪	0.264	真丝家纺	江苏省苏州市	2016/8/2
19	838681	四通化纤	0.74	地毯产品	浙江省杭州市	2016/8/10
20	870293	雅美特	0.14	窗饰产品	江苏省常州市	2016/12/24

三、主要家纺上市公司经营指标对比分析

从已取得年报数据的9家主要家纺上市公司的经营数据分析，2016年，家纺行业整体运行平稳趋好，优势企业依然保持良好的发展态势，但部分企业仍然在转型升级的过程中继续探索适合自己的发展道路和模式，但愿这个过程不会太长。

1. 主营业务收入

在9家有数据的公司中，2016年主营业务收入实现增长的有6家，它们分别是：梦百合同比增长25.11%，多喜爱同比增长12.35%，富安娜同比增长10.46%，罗莱生活同比增长8.11%，孚日股份同比增长4.04%，太平地毯同比增长0.55%（图1）。

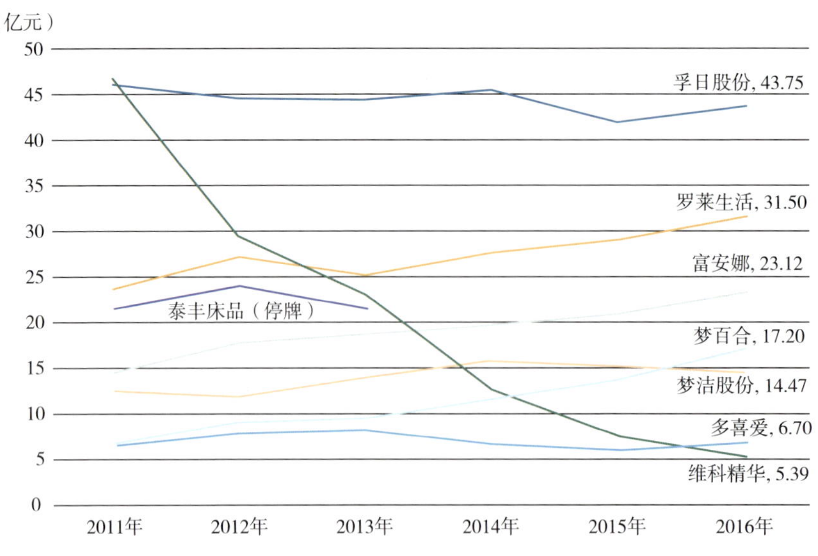

图1 主要家纺上市公司历年营业收入走势图

有3家主营业务收入下降：维科精华同比下降28.47%，梦洁股份同比下降4.67%，卡萨天骄同比下降3.84%（表5）。

表 5　2011~2016 年主要家纺上市公司营业收入

人民币核算							（单位：亿元）
代码	公司简称	2011 年	2012 年	2013 年	2014 年	2015 年	2016 年
SZ002083	孚日股份	46.11	44.70	44.43	45.54	42.05	43.75
SZ002293	罗莱生活	23.82	27.25	25.24	27.61	29.16	31.50
SZ002327	富安娜	14.53	17.77	18.64	19.70	20.93	23.12
SZ002397	梦洁股份	12.52	12.00	14.23	15.66	15.17	14.47
SZ002761	多喜爱	6.44	7.98	8.13	6.72	5.96	6.70
SH600152	维科精华	46.55	29.52	23.22	12.54	7.53	5.39
SH603313	梦百合	6.74	9.00	9.56	11.62	13.77	17.20
HK00873	泰丰床品（停牌）	21.52	24.01	21.48			
合计		178.23	172.23	164.93	139.39	134.57	142.13
港币核算							（单位：亿港元）
代码	公司简称	2011 年	2012 年	2013 年	2014 年	2015 年	2016 年
HK00146	太平地毯	12.50	15.03	14.33	14.28	13.13	13.20
HK02223	卡萨天骄	4.30	4.73	4.93	4.61	3.71	3.57
合计		16.80	19.76	19.26	18.89	16.84	16.77

2. **主营业务毛利率**

主营业务毛利率代表企业在单位产品中新创造的价值比率，可以从侧面反映企业产品创新被社会认可的程度。品牌企业的毛利率更多取决于产品的市场定位，而对于生产加工型企业来讲，更多地体现的是产品的市场竞争力，所以毛利率显得尤其可贵，孚日股份主营业务毛利率连续3年提升，说明公司在产品开发方面的投入获得了市场的认可，形成了有效的市场竞争力。2011~2016年主要家纺上市公司主营业务毛利率见表6，主要家纺上市公司历年主营业务毛利率走势见图2。

表 6　2011~2016 年主要家纺上市公司主营业务毛利率

人民币核算（%）							
代码	公司简称	2011 年	2012 年	2013 年	2014 年	2015 年	2016 年
SZ002083	孚日股份	17.26	15.97	22.36	20.05	22.28	23.43
SZ002293	罗莱生活	42.18	42.22	43.98	44.86	48.96	48.46
SZ002327	富安娜	47.04	48.45	51.38	51.32	51.05	50.24
SZ002397	梦洁股份	44.43	43.42	44.19	45.63	47.79	49.41
SZ002761	多喜爱	38.58	39.23	40.93	43.22	41.60	37.65

续表

人民币核算（%）							
代码	公司简称	2011 年	2012 年	2013 年	2014 年	2015 年	2016 年
SH600152	维科精华	18.26	9.84	7.73	6.79	9.85	9.21
SH603313	梦百合	30.60	30.94	30.89	30.04	34.86	33.60
HK00873	泰丰床品（停牌）	38.55	39.54	29.22	10.15		
港币核算（%）							
代码	公司简称	2011 年	2012 年	2013 年	2014 年	2015 年	2016 年
HK00146	太平地毯	40.39	41.01	45.48	46.65	46.61	44.86
HK02223	卡萨天骄	58.98	61.80	61.61	60.39	61.79	62.78

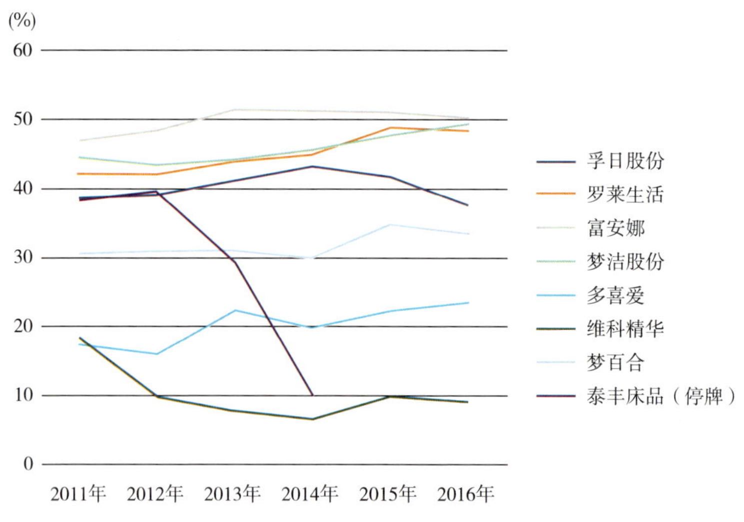

图2　主要家纺上市公司历年主营业务毛利率走势

3. **净利润**

在9家有数据的企业中，2016年总体净利润是下降的。其中净利润增长的有4家：孚日股份增长21.8%，富安娜增长9.42%，梦百合增长20.37%，卡萨天骄增长148.9%（图3）。

净利润下降的有5家：罗莱生活下降19.92%，梦洁股份下降36.46%，多喜爱下降42.33%，维科精华下降290.3%，太平地毯下降288.9%（表7）。

表 7　2011~2016 年主要家纺上市公司净利润

人民币核算（单位：亿元）							
代码	公司简称	2011 年	2012 年	2013 年	2014 年	2015 年	2016 年
SZ002083	孚日股份	1.38	0.16	0.93	0.75	3.13	3.81
SZ002293	罗莱生活	3.74	3.82	3.32	3.98	4.23	3.40

续表

人民币核算							(单位：亿元)
代码	公司简称	2011 年	2012 年	2013 年	2014 年	2015 年	2016 年
SZ002327	富安娜	2.07	2.60	3.15	3.77	4.01	4.39
SZ002397	梦洁股份	1.11	0.56	0.98	1.49	1.56	0.99
SZ002761	多喜爱	0.62	0.81	0.60	0.45	0.37	0.22
SH600152	维科精华	2.26	−1.34	0.07	−2.59	0.36	−0.69
SH603313	梦百合	0.80	1.15	1.09	1.31	1.65	2.00
HK00873	泰丰床品（停牌）	4.40	5.18	2.97			
合计		16.38	12.95	13.13	9.16	15.32	14.11
港币核算							(单位：亿港元)
代码	公司简称	2011 年	2012 年	2013 年	2014 年	2015 年	2016 年
HK00146	太平地毯	−1.75	1.43	0.50	0.26	0.20	−0.38
HK02223	卡萨天骄	0.46	0.32	0.11	0.13	−0.16	0.08
合计		−1.30	1.75	0.61	0.38	0.04	−0.30

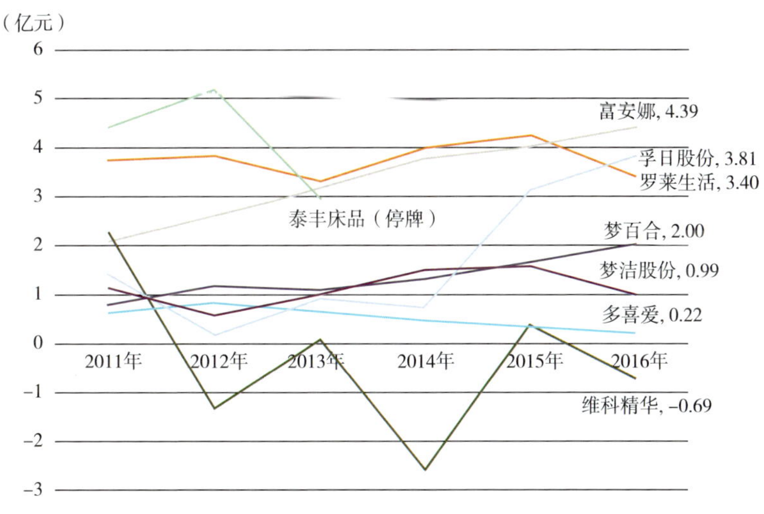

图3　主要家纺上市公司历年净利润走势图

4. 存货周转天数

存货周转天数，表示企业用于正常生产经营的原材料、在产品和库存商品（产成品）等周转一次所需的天数。不同企业各自的经营销售模式、采购模式和生产流程长短等因素决定了其存货周转一次所需的基本周期，但总体来说，存货周转天数越少说明企业运转越良性健康，特别是对于依靠自主销售渠道销售产品的品牌企业来说，存货的周转效率直接反映企业运转得是否健康有效。主要家纺上市公司历年存货周转天数见图4。

在9家企业中，2016年存货周转天数下降的有6家，上升的有3家。说明行业整体运转良性，效率在提升（表8）。

表8　2011~2016年主要家纺上市公司存货周转天数

人民币核算							（单位：天）
代码	公司简称	2011年	2012年	2013年	2014年	2015年	2016年
SZ002083	孚日股份	162	184	210	207	227	208
SZ002293	罗莱生活	127	130	166	156	156	146
SZ002327	富安娜	218	188	201	207	187	183
SZ002397	梦洁股份	194	231	233	212	209	260
SZ002761	多喜爱	179	178	188	198	220	198
SH600152	维科精华	82	67	62	74	81	87
SH603313	梦百合	73	59	70	71	70	64
HK00873	泰丰床品（停牌）	32	22	17	24		
港币核算							（单位：天）
代码	公司简称	2011年	2012年	2013年	2014年	2015年	2016年
HK00146	太平地毯	96	116	112	112	114	109
HK02223	卡萨天骄	167	167	209	182	210	212

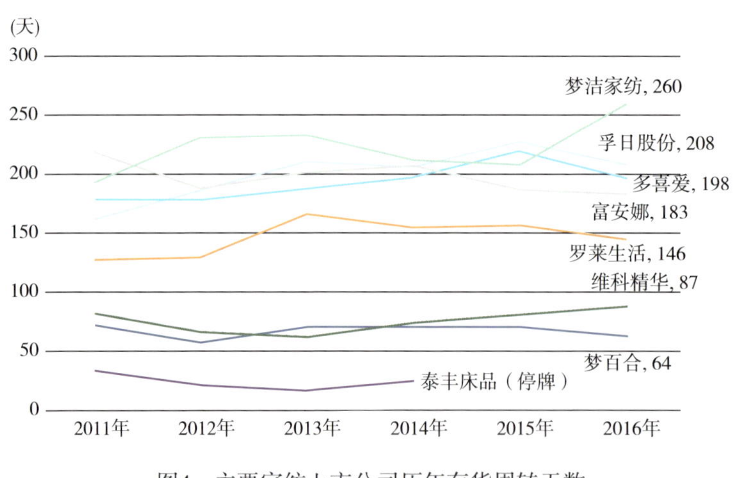

图4　主要家纺上市公司历年存货周转天数

5. ***应收账款周转天数***

应收账款周转天数是指企业应收账款周转一次的天数，和存货周转天数一样，是反映企业运转是否良性和有效率的重要指标，特别是对那些需要依靠经销商渠道销售产品的品牌企业来说，显得尤其重要。在9家企业中，2016年应收账款周转天数下降的只有3家，其他6家都在不同程度上有所上升，说明行业销售环节整体回款能力下降，市场销售压力增大。

2011~2016年主要家纺上市公司应收账款周转天数见表9和图5。

表 9　2011~2016 年主要家纺上市公司应收账款周转天数

人民币核算							(单位：天)
代码	公司简称	2011 年	2012 年	2013 年	2014 年	2015 年	2016 年
SZ002083	孚日股份	28	27	30	31	35	34
SZ002293	罗莱生活	19	21	21	19	26	32
SZ002327	富安娜	10	12	13	13	23	39
SZ002397	梦洁股份	25	33	31	45	76	100
SZ002761	多喜爱	8	6	8	18	26	22
SH600152	维科精华	17	23	26	36	34	34
SH603313	梦百合	57	41	43	40	40	41
HK00873	泰丰床品（停牌）	85	80	76			
港币核算							(单位：天)
代码	公司简称	2011 年	2012 年	2013 年	2014 年	2015 年	2016 年
HK00146	太平地毯	46	60	52	52	62	63
HK02223	卡萨天骄	62	76	75	70	64	72

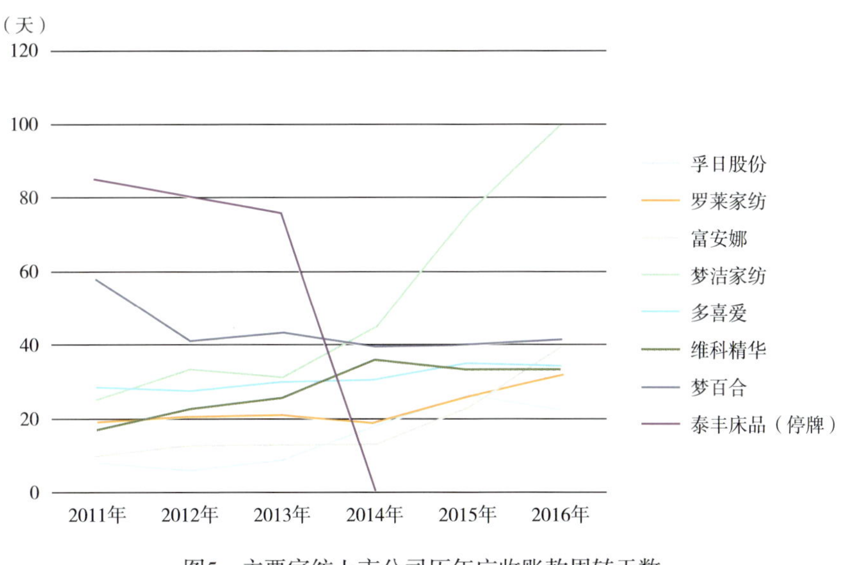

图5　主要家纺上市公司历年应收账款周转天数

6. 盈利质量

盈利质量是指单位净利润的现金含量，等于经营现金流净额与净利润的比值。由于现行会计制度的原因，企业报表上实现的利润和企业收到的现金并不一致，导致许多企业利润表上业绩很好，但企业的真实情况却并不尽如人意。为矫正这一制度缺陷带来的错觉，必须把利润表上的净利润与现金流量表上的经营现金流净额两个指标比较起来分析，如果经营现金流净额与净利润的比值长期小于1，则认为该企业的盈利质量不高。

在8家有数据的企业中，2016年盈利质量指标大于1的有5家，小于1的有3家，说明行业整体盈利质量较好。特别是有5家企业2016年较2015年有大幅度提升，说明行业整体现金流得到大幅改善，盈利质量提升（表10）。

表 10　2011~2016 年主要家纺上市公司盈利质量指标

人民币核算							（单位：元）
代码	公司简称	2011 年	2012 年	2013 年	2014 年	2015 年	2016 年
SZ002083	孚日股份	3.36	48.69	10.67	1.90	2.84	3.06
SZ002293	罗莱生活	0.82	0.64	1.25	1.28	0.80	1.49
SZ002327	富安娜	1.02	1.73	0.69	1.16	0.73	0.96
SZ002397	梦洁股份	0.80	0.02	1.35	1.51	0.43	1.17
SZ002761	多喜爱	1.38	0.84	0.84	2.14	0.86	1.16
SH600152	维科精华	1.68	−0.44	−14.78	−0.19	0.77	−0.33
SH603313	梦百合	0.25	1.28	0.83	0.87	1.01	0.75
HK00873	泰丰床品（停牌）	0.65	0.65	1.08			
港币核算							（单位：元）
代码	公司简称	2011 年	2012 年	2013 年	2014 年	2015 年	2016 年
HK00146	太平地毡	0	−0.03	2.37	5.05	1.87	1.12
HK02223	卡萨天骄	1.02	0.41	2.41	4.57	0.65	

7. 运营效率

运营效率指标等于主营业务毛利额与销售费和管理费总和的比值，表达的含义是一个单位的固定费用支出能给企业带来几个单位的新价值，考察的是企业管理团队运营企业的效率，包括对市场开拓和管理提升的精准性。如果比值小于1，则表明企业管理团队的运营效率不高，企业处于入不敷出的状态，企业必须采取措施提高费用的合理性和效率性，同时提高产品的毛利率。

在9家企业中，2016年运营效率大于1的企业有7家，小于1的有2家，行业整体运营效率是可以接受的，但2016年较2015年运营效率获得提升的只有3家，持平的1家，下降的5家，说明行业整体运营效率下降，压力较大，或者说运营效率提升困难（表11）。

表 11　2011~2016 年主要家纺上市公司运营效率指标

人民币核算							（单位：元）
代码	公司简称	2011 年	2012 年	2013 年	2014 年	2015 年	2016 年
SZ002083	孚日股份	2.15	1.74	2.21	1.99	2.68	2.96
SZ002293	罗莱生活	1.71	1.59	1.53	1.54	1.50	1.40

续表

人民币核算							(单位：元)
代码	公司简称	2011 年	2012 年	2013 年	2014 年	2015 年	2016 年
SZ002327	富安娜	1.68	1.74	1.77	1.94	1.82	1.88
SZ002397	梦洁股份	1.38	1.19	1.29	1.38	1.44	1.25
SZ002761	多喜爱	1.47	1.41	1.31	1.24	1.23	1.16
SH600152	维科精华	2.68	0.88	0.70	0.38	0.54	0.40
SH603313	梦百合	2.13	2.16	1.96	1.84	1.70	1.70
HK00873	泰丰床品（停牌）	5.03	5.65	4.33	2.51		
港币核算							(单位：元)
代码	公司简称	2011 年	2012 年	2013 年	2014 年	2015 年	2016 年
HK00146	太平地毡	0.89	1.04	1.04	1.09	1.07	0.98
HK02223	卡萨天骄	1.24	1.28	1.07	1.10	0.96	1.11

四、2016年主要家纺上市公司经营及资本运作

1. **孚日股份**（SZ002083）

2016年，孚日股份实现了销售收入和净利润的双增长，收入提升主要来源于内销市场的增长，净利润大幅提升则得益于人民币贬值对出口形成趋势性利好、企业现金流大幅改善和贷款余额下降导致财务费用减少。

在内销市场方面，2016年内销市场销售收入由2015年的13.11亿元增长到15.05亿元，增长14.81%。公司通过强化品牌运营，进一步优化营销渠道，市场竞争力得到提高，其中孚日品牌经过推出“A+生活”新理念，调整产品结构，经销商质量进一步优化，全年销售同比增长29%，品牌形象明显提升；洁玉品牌通过重组渠道运营模式，营造多种销售业态，形成了商超、实体店、电子商务、团购、直销和线上线下联动的多核驱动营销新格局，全年销售收入同比增长9%。

在国际市场方面，日本市场实现了客户订单回流并稳步回升；韩国、东南亚等新兴市场呈现较快增长势头；欧洲市场客户订单开始触底并缓慢回升；美洲市场上，公司凭借自身长期以来形成的多重优势，减缓了近几年订单向低成本国家转移的趋势，保证了市场的稳定，取得了较好的利润。2016年完成出口额4.33亿美元，连续18年保持中国家纺行业第一位。

在资本运作方面，公司将孚日小额贷100%的股权以净资产2.05亿元的作价，出售给孚日控股集团；2015年，公司通过设立山东孚日售电有限公司的方式，切入当地售电市场，并从成立之日起将其纳入合并报表；注销了孚日物流和孚日棉纺两家子公司。另外公司于2016年10月完成了第一期员工持股计划的购买，购买均价7.01元/股，控股股东自2016年11月以来连续增持1815.95万股，占总股本2%，彰显了控股股东和员工对企业发展的信心。

2. 罗莱生活（SZ002293）

2016年，罗莱生活通过“产业+资本”双轮驱动，围绕家居生活产业链和生态圈进行战略推进和布局。公司高度聚焦家居业务转型，为快速推进家居业务，公司加大了各项资源投入力度，但现阶段家居产品带来的营业收入增长尚不足以覆盖投入资源的增加，导致费用率上升和利润下滑。2016年，公司实现营业收入31.52亿元，同比增长8.11%，归属于上市公司股东的净利润为3.17亿元，同比下滑22.63%。

公司稳步推进家居业务转型战略，一方面，全面推动传统家纺门店向“大家纺小家居”方向转型升级，2016年12月31日罗莱品牌门店符合“大家纺小家居”标准的比例已达16.6%。另一方面，积极试点全品类生活家居馆，探索新型商业模式，2016年，全品类生活家居馆由年初的58家增长至年末的116家。从消费者体验的角度来看，公司目前的家居产品主要包括卧室用品、卫浴用品、餐厨用品、客厅用品、生活家居和软装家居六大类，向消费者呈现丰富的家庭生活场景，提供一站式家居购物的全新体验。在营销渠道上，公司加大电子商务推广力度和层级，电商业务聚焦品牌化、品质化，提升品牌溢价，公司旗下定位于大众时尚的LOVO品牌收入保持快速增长，2016年，“双十一”全网销售率先突破2亿元，蝉联“双十一”家纺类目五连冠。

同时，公司充分运用资本杠杆，围绕家居业务转型战略，持续推进对外投资和产业整合。2015年下半年公司取得内野中国销售公司60%的股权。2016年通过实施整合双方的销售渠道资源等一系列投后管理措施，内野中国销售公司业绩显著增长，销售收入较2015年增长40.99%，税后净利润增长200.71%。全资收购Lexington（莱克星顿），托管经营国内知名品牌恐龙纺织，实现资源协同互补。Lexington（莱克星顿）是全球顶级休闲时尚家居品牌，以设计创新与制造精良著称，设计紧跟时尚，风格多样（北美风格、北欧品质）；恐龙纺织是国内久负盛名的家纺品牌，恐龙品牌诞生于1995年，定位时尚、健康、年轻，超过300家门店覆盖国内一二线城市高档百货商场，同时恐龙纺织还是Esprit、Paradies、CalvinKleinHome、Lacoste、Feiler、CharlesMiller等全球知名品牌代理商。公司通过收购以上两者，提升自身产品设计力（Lexington）、拓宽产品线（通过Lexington切入家具领域；通过Esprit等拓展服饰品类）、实现团队/供应链/渠道多方面协同。投资迅驰时尚（上海）科技股份有限公司（新三板代码：839318）、北京优集品网络科技有限公司和深圳影觅传媒科技有限公司，在媒体、家居电商和内容营销方面进行适当布局，以期在发展家居业务中借力，开展合作。另外，2016年5月5日，公司发布非公开发行股票预案。2016年12月10日，根据证监会反馈意见，公司修订了非公开发行股票预案，公司拟向伟发投资、绍元九鼎等5名特定对象发行股份募集资金不超过7.3亿元，锁定期为3年。募集资金将用于：新设205个家居生活馆，继续推动公司由家纺向家居生活一站式品牌零售商转型；整合现有线上和线下销售网络，打造公司线上线下互动融合的家居产品全渠道O2O运营体系；新建自动化立体库，优化供应链体系，支持公司的战略转型。2017年3月3日，公司非公开发行股票申请获得中国证监会发行审核委员会审核通过。

3. 富安娜（SZ002327）

2016年，公司共实现营业收入23.12亿元，同比增长10.46%，实现利润总额5.57亿元，比上年同期增长13.37%，实现净利润4.39亿元，比上年同期增长9.42%。

经过3年的筹划，2016年，富安娜公司正式切入C2B定制家具市场，为消费者提供全屋定制服务。富安娜美家“全屋艺术美家配置”全面布局取得阶段性进展，全球壹号旗舰店于7月在深圳南山首先亮相，进行试运营，11月，首家家纺与全屋艺术美家配置相结合的旗舰店在深圳民治投入试运营。产品定位介于索菲亚和美克美家之间，填补家具市场价格带空缺。“全屋艺术美家配置”正式面向公众进行展现，标志着富安娜新业务版图的正式开启，未来，在以艺术为核心、家纺与家具为两翼的“一体两翼”发展战略下，富安娜将在居家生活方式上带给顾客更多的惊喜。为了配合新业务的展开，公司完成了第四代家居产品的设计和小批量试产。在产业基地布局上，深圳龙华产业园第一条德国豪迈全自动工业4.0生产线安装调试完毕，全流程系统搭建完毕，基本实现从前端到后端的系统链接。同时，2016年年底，广东惠东产业基地正式纳入富安娜产业布局版图，成为新业务产能供应的新产业基地。第二条、第三条德国豪迈生产线将分别在江苏常熟及广东惠东安装上线。这样的布局，将有效保障在公司新业务发力时期的产能供应，缩短物流半径。

在传统销售渠道方面，公司充分认识到市场需求不振及电子商务对线下终端的冲击，主动调整优化终端店铺的举措在2016年继续贯彻实施，继续加大直营能力的建设，特别是对于直营周边的城市继续推进扩大化经营策略。通过逐渐提升直营子公司的经营管理能力，扩大子公司经营范围，使子公司获得新的增长点，同时改变之前地区加盟发展缓慢的现状。另一方面，主动进行店铺和渠道结构调整，关闭经营绩效差的小店和取消发展停滞的加盟商，转而拓展更大体量的城市旗舰店以及招募具有新发展思维的加盟商，通过以上举措，使渠道结构的抗风险性更强。同时，公司的加盟商会正式启动运营。经过一年的运营管理，取得了超预期的管理效果。公司前瞻性筹划的直营扩大化、渠道大店计划和品类扩充计划等，都在2016年取得了验证，成为公司零售业绩增长的有力保障。

在线上渠道方面，公司依托大数据，实现更精准的商品计划，调整品类占比结构，尤其是芯类产品的调整成为电子商务最大的品类增长点。

4. 梦洁股份（SZ002397）

2016年，梦洁股份终端零售市场未见明显的起色，公司经营业绩受到了一定的制约。2016年，公司实现营业收入14.46亿元，同比下降4.67%；实现归属母公司所有者净利润0.973亿元，同比下降37.38%。受终端零售低靡影响，公司终端零售门店扩张速度持续减缓，目前门店总数约3100家，加盟渠道收入也有所下滑。分品牌来看，主品牌“梦洁”收入仍有所下滑，高端品牌“寐”实现个位数增长，“梦洁宝贝”和“平实美学”实现两位数增长，“觅”实现较快增长。新增本舍品牌（定位快消式的家居店）还处于开店初期，主要在大型商场里开店，门店面积300~500平方米。

2016年，梦洁股份全面深入实施“互联网+”CPSD（C为顾客，P为产品，S为服务，D为渠道）战略，积极寻求突破与实现转型升级。

2016年，公司踏出外延扩展第一步，收购在记忆绵市场领先企业——福建大方睡眠科技有限公司51%的股权，实现公司在功能性产品领域的突破。投资设立“本舍商贸有限公司”，整合国内外资源，打造时尚快消的一站式家居生活体验平台；参股“北京婚礼堂文化传播有限公司”，跨入婚庆市场；成立大管家家居服务有限公司以及星生活居家服务有限公司，服务业务独立运作，进行广泛布局，全年新增服务终端130余家。梦洁特色会员服务体系进一步升级成为管家服务体系，涵盖了高端洗护、卧室打理和婚庆服务等服务内容，为公司持续发展搭建了新的平台。

在产品方面，公司强化品牌建设，提升产品的深度与精度，向家庭生活相关产品延伸。强健渠道，线下主要扩展购物商场店、社区店和旗舰店等新渠道，线上渠道向高品质高客单价转变，丰富产品系列，线上线下寻求整合。

2017年2月22日，公司2016年非公开发行股票获中国证监会发行审核委员会审核通过。公司定增募投项目之一是智能工厂建设项目，包括年产60万床被芯、80万个枕芯、10万床日式床垫项目、年产20万张床垫项目、物流基地建设项目和智能工厂信息化项目；定增募投项目之二是O2O营销平台建设项目，包括智慧门店项目、大管家服务项目和O2O云数据项目。

2016年11月20日，公司完成了首次股票期权激励计划第二个行权期，第二个行权期符合行权条件的激励对象共有113名，行权的股票期权共736.6万份，行权价格2.28元。并推出第三个行权期，符合行权条件的激励对象共有107名，可行权的股票期权共699.23万份，行权价格2.28元，行权期为2016年11月23日至2017年11月20日。

5. 多喜爱（SZ002761）

2016年，多喜爱公司产品布局从“时尚大众化”向“时尚品质化”转变，并坚持以二、三线城市为主力市场以及加强大店拓展。全年实现营业收入6.7亿元，比上年同期增长12.35%，营业收入的增长得益于公司利用网络渠道与知名动漫IP合作，打造了深受广大父母、儿童喜欢的家纺衍生品，同时加强了医用纺织业务与银行学校等团购业务的拓展力度并获得一定成效。归属于上市公司股东的净利润比上年同期下降42.33%，下降的主要原因为电子商务冲击、行业竞争加剧、公司毛利率出现下滑以及互联网垂直电商业务未达预期效果。

2016年公司调整了部分不盈利的店铺，优化了渠道结构，直营及经销店的数量保持稳定；公司配备专业团队加大团购业务开拓力度，团购业务和电商收入均较2015年有大幅度增长。

公司于2016年初开始拓展互联网垂直电商及IP衍生品运营业务，目前新业务仍处于前期探索阶段。互联网垂直电商平台HBDIY已上线运行，目前仍处于试运营阶段；公司继续推进与互联网知名IP、明星艺人、音乐平台、视频平台、游戏平台和二次元平台等IP的合作，深度切入IP衍生品变现环节，目前公司已与加菲猫、樱桃小丸子、芭比公主和托马斯小火车等动漫IP共同开发家纺用品等衍生品，合作的知名IP数量进一步增加，并在线上渠道重点推广动漫IP家纺产品，带动家纺产品销量的增长。IP衍生品运营业务有望于2017年为公司贡献业绩。

目前家纺行业竞争激烈，家纺企业纷纷试水新兴产业，以寻求更大发展空间。IP衍生品开发作为新兴领域之一，近年来得到了快速发展，家纺产品具有价值较高、用户黏性强等特点，可以实现衍生品的形式与IP变现紧密结合。公司利用IP粉丝经济的巨大价值，结合自身产品优势切入IP衍生品运营领域，新业务成长空间较大。目前动漫IP家纺产品收入贡献不大，预计2017年合作IP数量及品类增加后有望带动业绩增长。

公司在2016年累计购买银行理财产品3.75亿元，其中已到期理财产品2.55亿元，未到期理财产品1.20亿元，说明公司现金仍然充裕。

6. **维科精华**（SH600152）

2016年维科精华继2014年后，再一次转为亏损，公司实现营业收入5.39亿元，较上年同期下降28.47%，利润总额亏损5613.44万元，较上年同期下降243.14%，归属于上市公司的净利润亏损6440.13 万元，较上年同期由盈转亏，下降245.60%。

2016年公司归属于上市公司股东的净利润为亏损，主要原因为报告期内宁波维科棉纺织有限公司、宁波维科精华浙东针织有限公司和镇江维科精华棉纺织有限公司等用于员工辞退福利2239.36万元及产业调整处置固定资产亏损2467.28 万元。

面对严峻的公司情势，2016年公司经营工作主要围绕纺织主业，加快转型发展进程，推进体制、机制改革，把互联网思维的理念融入产业转型，保持企业稳定发展，实施并购重组外延式发展，寻求新的利润增长途径。经营层主要工作包括：

（1）产业调整。公司持续调整纺织业务，剥离亏损资产，盘活盈利业务；对实施关停并转的重点企业，处理好资产结构调整、人员结构梳理处置等工作；品牌经营转型。

（2）并购重组。公司坚持资产经营与资本营运相结合的发展道路，将依托资本市场实施并购重组外延式发展，寻求新的业绩亮点，从而提升公司综合竞争实力和公司整体价值。2017年2月17日维科精华公告，公司拟以10.22元/股的价格发行股份购买维科电池71.40%的股权、维科新能源100%的股权以及维科控股持有的维科能源60%的股权，分别作价为64974万元、9570万元与15870万元；同时，公司拟以10.82元/股的价格向维科控股、杨东文发行股份募集配套资金不超过8亿元，用于标的公司在建项目建设、支付中介机构费用等交易税费。这次交易完成后，上市公司将通过直接及间接方式合计持有维科电池100%的股权，并直接持有维科新能源100%的股权。维科电池主营业务为锂离子电池的研发、制造和销售，是国内较早专业从事锂离子电池研发、制造和销售的公司之一，维科电池目前已经成为国内重要的移动终端锂离子电池供应商，客户包括联想、金立、宇龙酷派、海信、传音、天珑、LAVA和HTC等国内知名手机品牌企业。公司表示，这次交易完成后，上市公司除传统的纺织业务外，新增锂电池业务，通过进入前景更为广阔的锂电池领域，上市公司优化业务结构，获得新的发展空间，同时上市公司的盈利能力及抗风险能力得到大幅增强。

（3）汽车面料培育。公司通过近2年来在汽车面料产业链的研发和投入，现已达到规模生产，取得了较好的开端。

7. **梦百合**（SH603313）

2016年10月13日，公司成功登录上海证券交易所A股主板，募集资金总额9.246亿元，主要用于“记忆绵床垫、枕头技改及扩产项目”“研发中心建设项目”“营销网络建设项目”以及“补充公司流动资金项目”。2016年公司实现营业收入17.23亿元，较去年同期增长25.11%，归属于上市公司股东的净利润2亿元，较去年同期增长22.00%。

公司原名叫“恒康家居科技股份公司”，2017年1月4日公司公告将注册名称改为梦百合家居科技股份有限公司。恒康家居成立于2003年，实际控制人为董事长倪张根及其表兄弟张晓风，共同持有公司股份65%。

公司主要产品为记忆棉床垫和记忆棉枕。其主营业务产品构成见图6。

公司产品以外销为主、内销为辅，产品生产以ODM为主、OBM为辅，其内外销构成见

图7。

截至2016年6月底，公司国内共拥有直营网点21家，特许加盟经销商共有98家，同时，梦百合与亚朵、华住和宜必思等连锁酒店以及索菲亚家居等建立了合作代销关系，并基本实现索菲亚全渠道覆盖，其中索菲亚衣柜截至2016年拥有全部店面超过1700家，华住酒店集团目前在中国360多个城市里拥有3000多家酒店。国外渠道上，公司目前间接为JYSK、MACY'S和LOWE'S等境外知名企业提供ODM产品，OBM自主品牌则以经销商为主，共有国外经销商8家、美国梦百合等4家子公司销售平台。

在资本运作方面，2013年公司收购了恒康塞尔维亚90%的股权，以保障海外产能。2016年10月26日，公司拟以750万元现金向绵眠智能科技有限公司增资，增资后持有绵眠科技15%的股权。绵眠科技主营人工智能睡眠产品，该产品将人工智能芯片与传统家居产品结合，利用人工智能技术提高用户的生活环境和加强身心健康。绵眠科技线上线下渠道多元化，同时搭建了用户的健康大数据平台，可为用户提供更丰富及多样化的服务。通过正式踏入智能家居领域，绵眠科技公司有望与梦百合产生良好协同效应，降低智能产品成本、打开市场空间，提升竞争力。

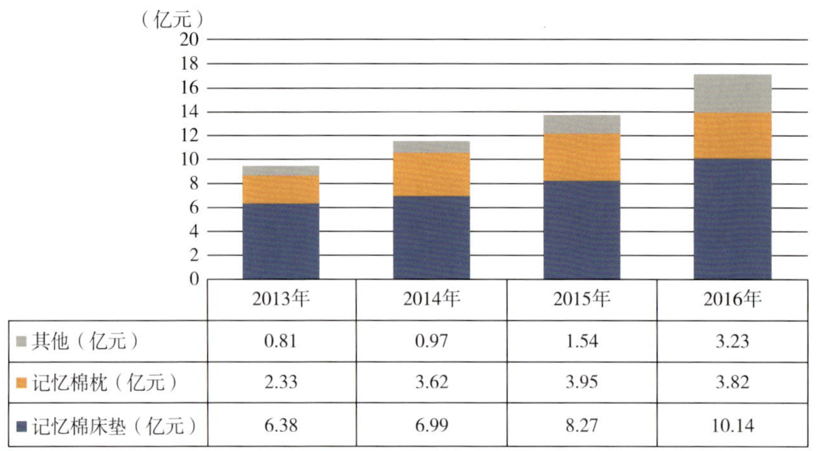

	2013年	2014年	2015年	2016年
其他（亿元）	0.81	0.97	1.54	3.23
记忆棉枕（亿元）	2.33	3.62	3.95	3.82
记忆棉床垫（亿元）	6.38	6.99	8.27	10.14

图6　梦百合主营业务产品构成

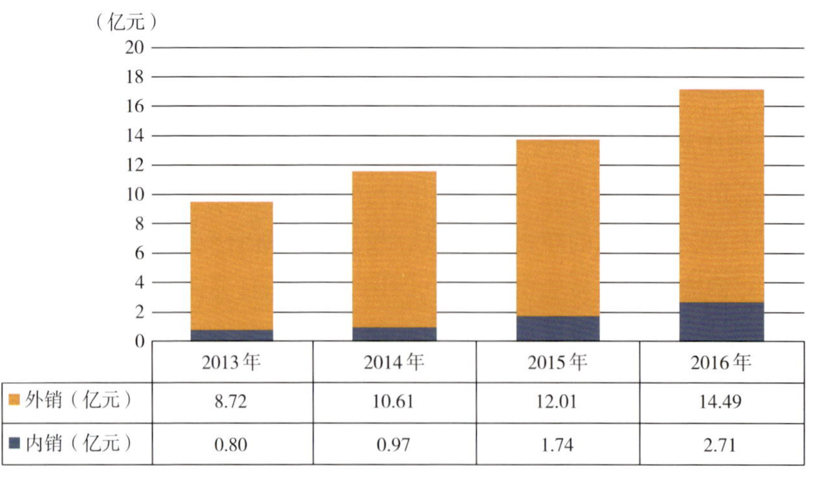

	2013年	2014年	2015年	2016年
外销（亿元）	8.72	10.61	12.01	14.49
内销（亿元）	0.80	0.97	1.74	2.71

图7　梦百合主营业务内、外销构成

8. **卡撒天娇**（HK02223）

2016年，卡撒天娇经营层的主要工作包括开拓收入来源和调整销售网络。为了增加收入来源及降低对零售收入的依赖，公司积极开拓不同销售渠道。为医院、酒店、美容中心、社康机构和大学宿舍等服务供应商及机构提供符合其独特要求而质优的床上用品。另外，公司还为连锁零售商、超级市场、电讯服务供应商、银行、饮品零售品牌和女性内衣品牌等商业客户提供赠品或礼品换领活动的产品，提升本集团品牌的知名度，与商业客户建立互惠互利的合作关系。在2016年上半年，集团向一家香港批发客户供应CASA-V床品套件做换购而获得大额销售，同时有效引起香港消费者对公司新品牌产品的兴趣和关注。由于这次活动市场反应较预期佳，公司于2016年底至2017年初再次与该香港批发客户合作，进一步向其提供CASA-V被芯产品做换购。

要想获得年轻消费者青睐，必须增加公司产品在线上的曝光率及线上销售途径。公司在2016年增加了香港地区线上团购活动的次数，为消费者提供价格合理而时尚优质的产品，同时提升线上渠道对公司收入的贡献。公司在2016年开始为香港一家时装零售网站及一家电视购物中心网站提供产品，希望更多年轻而有购买力的家庭体验公司时尚而优质的产品。电子商务已经成为国内零售企业的必争之地，然而公司以前限于人手无经验而且资源投放不足等因素，线上业务发展不够理想。2016年公司重组国内电子商贸团队，并重建公司网站线上店、天猫旗舰店及京东旗舰店。

为了减少行政成本，2016年，公司将中国销售总部搬迁到惠州生产园区，并推动内部资源共享。另外，公司还继续调整线下实体销售网络的布局，关闭盈利能力不理想的自营网点，保留盈利能力高及具有战略位置的网点，以配合O2O业务发展。2016年，公司在国内关闭了24个亏损或百货公司终止合约的自营网点，并在针对客户群聚集的不同地点开设了8个新自营网点。至2016年12月31日，公司的销售网络共有255个网点（2015年为287个，2014年为361个），其中包括125个自营网点及130个分销商经营网点，共覆盖大中华地区81个城市。

在产品开发上进一步整固产品风格及扩大产品组合。产品开发部加强以意大利文艺复兴时期的建筑为设计灵感的设计风格，以强化品牌差异性及识别度。由于市场对于CASA-V品牌反应好，公司乘势在2016年7月于香港市场推出CASA-V Baby系列，进一步扩展把全港首创5A功能应用到婴儿床上用品。CASA-V Baby系列采用具有天然无漂染、纤细轻柔、透气吸汗和阻燃等特质的彩棉为主要物料，加上包括空气净化（Air purification）、防菌（Anti-bacteria）、防霉（Anti-fungal）、防满（Anti-mite）及防臭（Anti-odor）的5A功能，产品不仅不刺激婴儿肌肤，还可以为婴儿打造健康睡眠环境。CASA-V Baby系列除了提供一般婴儿床上用品套装，还首次推出CASA-V Baby婴儿手抱被及婴儿睡袋，两者除了附有5A功能外，其设计还特别注重稳固而帖服包裹婴儿身体。

为了顾及不同消费者的需要，公司一直采用多品牌策略。在2016年，公司正式展开代理品牌VOSSEN的产品，在大中华地区展开独家销售，这个来自奥地利的卫浴织品品牌的产品均拥有OEKO-TEXR Standard 100无污认证及通过德国FKT医学性测试——毒素测试，同时采用空气枕技术（AIR Pillow Technology）及KKV染色技术，产品触感柔软、色泽亮丽持久。

9. **太平地毯**（HK00146）

2016年公司业务主要分为两大块，即地毯业务和非地毯业务。

（1）地毯业务。2016年实现营业收入12.89亿港元，与2015年12.85亿港元基本持平。其中工艺品牌业务增长0.4%，商业品牌增长0.3%。整体毛利率为45%，2015年则为47%；毛利率下降的部分原因为国内制造业务过渡期间固定制造费用因无法有效应用而上升。在分区域市场方面，美洲地区营业额下跌13%至约5.08亿港元；亚洲地区营业额约为5.58亿港元，较2015年增长13%，其中泰国地区整体业务下跌8%，约为2.81亿港元，亚洲其他地区业务大幅增长48%，约为2.77亿港元；欧洲及中东地区营业额约为2.23亿港元，较去年增长6%。在地毯生产方面，2016年，太平工艺品牌业务生产基地由广东南海区迁移至福建厦门市，厦门第一期工程已大体完工，第二期工程正在兴建中，预期2017年底竣工，其最终产能将较旧基地增加50%。2016年内，公司的三家工厂总人数削减96~2210人。

（2）非地毯业务。主要是毛纱业务，该业务主要由位于美国的Premier Yarn Dyers、Inc.营运，主要业务是染纱。公司于2016年开始加工羊毛纱线，2016年实现了销售收入10%的增长。

五、市值

市值是指一家上市公司的发行股份按市场价格计算出来的股票总价值，其计算方法为每股股票的市场价格乘以发行总股数，是市场通过交易对某一企业形成的市场估值。它反映一个企业在通过充分的市场对价交易后形成的在某一时点上的总价值。

在2016年12月31日，以这一交易日交易价格为基础计算的9家家纺上市公司市值（表12）都在100亿元以下，其中50亿~100亿元的5家，50亿元以下的4家，特别是在香港交易所上市的2家企业市值在5亿港币以下，这体现了家纺行业以小市值企业为主的行业特征。2016年12月31日，主要家纺上市公司总市值见图8。

表12　2011~2016年主要家纺上市公司市场价值（市值）

人民币核算							（单位：亿元）
代码	公司简称	2011年	2012年	2013年	2014年	2015年	2016年
SZ002083	孚日股份	48.14	37.73	38.77	44.76	72.64	64.20
SZ002293	罗莱生活	105.27	60.71	66.84	72.31	128.01	94.39
SZ002327	富安娜	63.33	53.02	48.18	55.82	103.62	74.95
SZ002397	梦洁股份	39.61	17.81	22.26	29.61	69.36	55.20
SZ002761	多喜爱					51.02	49.03
SH600152	维科精华	21.42	12.85	13.27	19.90	36.39	36.69
SH603313	梦百合						92.14
港币核算							（单位：亿港元）
代码	公司简称	2011年	2012年	2013年	2014年	2015年	2016年
HK00146	太平地毯	3.18	4.03	4.22	4.99	4.77	4.92
HK02223	卡萨天骄		4.60	3.26	3.93	9.02	3.23

续表

港币核算							（单位：亿港元）
代码	公司简称	2011 年	2012 年	2013 年	2014 年	2015 年	2016 年
HK00873	泰丰床品（停牌）	24.80	21.20	17.80	12.30		

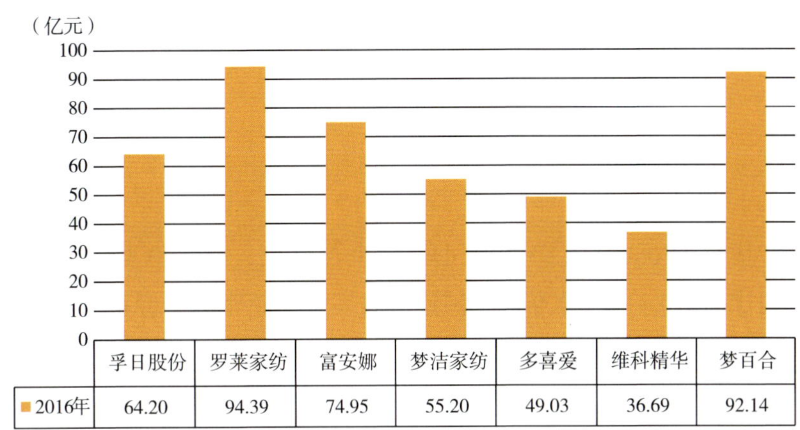

图8　2016年12月31日主要家纺上市公司总市值

中国纺织建设规划院

财报业绩分化，柔性化制造成升级新方向
——2016年新三板家纺行业公司情况概述

花小伟

2016年GDP增长6.70%，比2015年回落0.2个百分点，社会消费品零售总额同比增长10.40%，增速同比回落0.3个百分点。中国经济发展步入新常态，经济增速放缓，家纺行业短期将持续面临需求放缓的压力，2015年中国家纺行业销售规模为2606.4亿元。纺织工业是我国国民经济的传统产业和重要的民生产业，在国家政策的支持下，我国纺织工业将不断发展，逐步实现变强的转变。

从整个新三板市场来看，2015年A股牛市带动了新三板热潮，截至2016年12月31日，新三板挂牌公司数量为10135家，较2015年增加5091家，新三板市场规模加速扩大。截至2016年底，新三板家纺企业较2015年新增8家，达到20家。新三板家纺企业统计见表1。

表1 新三板家纺企业统计

序号	公司全称	挂牌公告日	成立日期	办公地点	主营产品名称
1	江苏箭鹿毛纺股份有限公司	2014-01-22	1999-05-17	江苏省宿迁市	箭鹿股份半精纺面料、箭鹿股份成衣制品、箭鹿股份仿毛面料、箭鹿股份家纺用品、箭鹿股份精纺面料、箭鹿股份毛条
2	江苏苏丝丝绸股份有限公司	2014-11-18	2011-10-17	江苏省宿迁市	绢绸、绢丝、绵球、绵条、牌服装服饰系列、家纺系列
3	湖南省晚安家纺股份有限公司	2015-01-29	2010-01-15	湖南省长沙市	被枕芯类记忆棉与乳胶系列、被枕芯类天然纤维、被枕芯类新型合成纤维、被枕芯类再生纤维功能系列、床上套件夏凉品、软垫
4	浙江华辰新村股份有限公司	2015-02-05	2000-03-17	浙江省杭州市	半遮阳产品、全遮阳产品
5	浙江宝威纺织股份有限公司	2015-04-04	2011-10-18	浙江省临海市	ZD-4 沙线、ZD-8 沙线、单面珊瑚绒地毯、宝威纺织法兰绒地毯
6	希雅图（上海）新材料科技股份有限公司	2015-05-05	2002-09-16	上海市	衬布、厨卫材料、电缆布、过滤布、希雅图医疗卫生材料
7	江苏中诚印染股份有限公司	2015-05-30	2001-08-28	江苏省无锡市	服装面料染整、家用纺织面料染整
8	安徽咏鹅家纺股份有限公司	2015-06-19	2012-07-20	安徽省安庆市	天鹅家纺床上纺织用品
9	山东赛特新材料股份有限公司	2015-08-14	2001-04-25	山东省淄博市	玉竹纤维家纺、玉竹纤维尿裤、玉竹纤维卫生巾、玉竹纤维卫生纸

续表

序号	公司全称	挂牌公告日	成立日期	办公地点	主营产品名称
10	成都斯贝尔新材料股份有限公司	2015-08-28	2011-02-14	四川省成都市	顶棚系列、行李箱系列、其他纺织品、主地毯系列
11	凯盛家纺股份有限公司	2015-10-20	1996-12-26	江苏省海门市	床上用家用纺织品
12	江苏斯得福纺织股份有限公司	2015-12-09	1993-12-18	江苏省南通市	斯得福餐厨类、斯得福床上用品类、斯得福盥洗类、斯得福装饰类
13	远梦家居用品股份有限公司	2016-04-02	2000-12-12	广东省东莞市	套件类、远梦家居被芯类产品、远梦家居其他、远梦家居套件类产品、远梦家居夏凉类产品、远梦家居枕芯类产品
14	山东新丝路工贸股份有限公司	2016-03-12	2003-03-26	山东省临沂市	新丝路白坯布、新丝路拉舍尔毛毯、新丝路亚克力毛毯
15	优雅电子商务（北京）股份有限公司	2016-03-12	2010-09-28	北京市	优雅电商家居用品、优雅电商卧室用品、优雅电商浴室用品
16	保定汉哲家纺股份有限公司	2016-05-18	2004-08-26	河北省保定市	汉哲股份单层毯、汉哲股份双层毯、汉哲股份云毯、汉哲股份中长毛毯
17	湖南名品实业股份有限公司	2016-08-02	2000-08-15	湖南省长沙市	家居用品、酒店用品、学生用品、医院床用品、季节用品等多个系列
18	苏州太湖雪丝绸股份有限公司	2016-08-02	2006-05-18	江苏省苏州市	贵族型蚕丝被、全棉套件系列、舒适型蚕丝被、睡衣家居系列、丝巾系列、夏被系列、枕套枕芯系列、组合被系列
19	浙江四通化纤股份有限公司	2016-08-10	2002-11-20	浙江省杭州市	阿克明地毯、丙纶 BCF、丙纶加捻定型、簇绒地毯、涤纶 BCF、涤纶加捻定型、锦纶加捻定型、尼龙 6BCF、威尔顿地毯
20	常州雅美特窗饰股份有限公司	2016-12-24	2003-07-10	江苏省常州市	卷帘、百折帘等具有科技含量的环保、多功能遮阳面料

资料来源：WIND

一、家纺业竞争加剧，新上市企业业绩分化

受到宏观经济的影响，家纺用品需求有所下降，行业竞争压力较大，在这种行业背景下，很多优秀家纺企业依然选择登陆新三板，2016年登录新三板的家纺企业有远梦家居、优雅电商、汉哲股份、名品实业、太湖雪、四通化纤、亚美特和新丝路。

其中，新丝路、远梦家居、四通化纤规模较大；新丝路的营业收入、归母净利润下降，分别为7.30亿元、0.19亿元；远梦家居营业收入下降、归母净利润增长，分别为5.36亿元、0.18亿元；而四通化纤的营业收入略有上涨，归母净利润同比下降，分别为3.17亿元、0.10亿元。2016年上市家纺新三板企业指标分析见表2。

表 2　2016 年上市家纺新三板企业指标分析

		新丝路	远梦家居	四通化纤	汉哲股份	太湖雪	雅美特	优雅电商	名品实业
营运能力	营业总收入额（亿元）	7.3	5.36	3.17	1.14	1.38	0.87	0.87	0.52
	同比	-13.54%	-16.19%	0.11%	-16.61%	36.49%	18.86%	40.94%	13.99%

续表

		新丝路	远梦家居	四通化纤	汉哲股份	太湖雪	雅美特	优雅电商	名品实业
营运能力	归属母公司股东净利润额（亿元）	0.19	0.18	0.1	-0.02	0.1	0.06	-0.05	0.02
	同比	-73.52%	20.43%	-24.98%	-220.55%	2580.91%	78.02%	-3105.11%	66.74%
盈利能力	毛利率	16.53%	46.34%	16.05%	7.41%	42.63%	28.10%	21.99%	32.86%
	同比（±）	-5.55%	4.49%	0.43%	-2.15%	5.22%	8.52%	-6.68%	1.76%
	净利润率	2.66%	3.37%	3.31%	-1.82%	7.35%	6.97%	-6.24%	2.97%
	同比（±）	-6.02%	1.03%	-0.64%	-1.35%	6.97%	2.32%	-5.96%	0.94%
偿债能力	资产负债率	38.48%	50.99%	44.34%	78.33%	48.65%	64.74%	38.55%	36.01%
	同比（±）	-3.92%	-8.75%	-8.08%	2.59%	-3.82%	-0.45%	-1.42%	-0.88%
	流动比率	1.08	1.84	0.83	0.9	1.77	1.05	2.57	1.99
	同比(±)	0.02	-0.06	0.17	0	0.21	0.1	0.08	-0.03
现金流	经营性现金净流量 / 营业总收入	6.52%	9.47%	19.54%	13.56%	3.98%	-1.60%	-19.69%	10.30%
	同比（±）	-6.01%	-3.38%	-3.42%	4.07%	-2.98%	-7.03%	-17.82%	75.43%
应收账款	应收账款周转率（次）	4.87	5.18	8.09	6.65	14.18	7.31	88.1	4.91
	同比（± 次）	-1.02	-0.2	0.28	0.5	0.36	-2.15	5.18	1.35
存货	存货周转率（次）	4.55	1.08	6.04	2.88	1.35	5.34	2.67	1.09
	同比（± 次）	-0.42	-0.07	1.31	-1.08	0.25	-0.43	0.07	-0.04

资料来源：WIND

二、2016年新三板家纺上市公司经营业绩

（一）新丝路：原材料价格上涨、销售下降导致利润大幅下滑

山东新丝路工贸股份有限公司的主要产品有新丝路白坯布、新丝路拉舍尔毛毯、新丝路亚克力毛毯。公司2016年营收为7.30亿元，同比下降13.54%；其中埃及市场以及南非市场较上年同期分别减少6642万元、2167万元；实现归母净利润为0.19亿元，较上年同期下降73.52%。公司业绩下滑的主要原因是销售价格同比下降8%；销售下降，单位固定成本增加导致生产成本增加；原材料涤纶丝的价格在2016年下半年较年初增长30%，极大程度上挤压了公司产品的利润。为应对业绩下滑，公司加大了外销业务中重点区域的开拓力度，同时提升内销占比。

公司的主要产品是拉舍尔毛毯，2016年营收占比为92.30%，为公司主要利润来源，2016年实现营收6.68亿元，同比下降10.03%。

盈利能力方面，2016年公司的毛利率与净利率分别同比减少5.55pct、6.02pct至16.53%、2.66%。2016年期间费用为0.87亿元，同比降低10.31%，主要原因为公司降低中介等服务费、

归还银行贷款导致利息费用下降。

资金运用方面，2016年现金净流量为0.48亿元，比上年减少0.58亿元，主要原因为营业收入、净利润下降。

渠道方面，公司不断巩固OEM代工渠道客户，2017年计划重点开发礼品渠道，通过展会、新品推介会不断与客户建立联系，维护老客户的同时不断开发新客户。

（二）远梦家居：销售模式改良促进毛利上升

远梦家居用品股份有限公司的主营产品有被芯类产品、套件类产品、夏凉类产品、枕芯类产品。2016年，远梦家居营收为5.36亿元，同比下降16.19%，归母净利润为0.18亿元，同比增长20.43%。公司最主要的产品种类——芯类、布艺类产品的销售占比达76.68%。公司坚持以产品升级、品牌升级为重点，由于公司持续进行客户群体优化淘汰的政策，公司总体销售量下降。

2016年公司毛利率为46.34%，同比增长4.49pct；净利率为3.37%，同比增长1.03pct。主要原因是公司在2016年持续加大对原有销售模式的投入，全国范围内改造升级的销售网点超过100个。公司通过其较强的采购议价能力和遍布全国的采购渠道，较好地控制了公司成本。

渠道方面，公司致力于打造多层次、广泛分布的零售终端渠道。在以商场超市为主、百货专柜、专卖店、电子商务为辅的销售渠道网络基础上，通过“场景化体验式营销”的新模式在现有渠道上进行升级改造。

（三）四通化纤：销售增加、毛利率稳定，子公司经营影响净利润

浙江四通化纤股份有限公司的主营产品有阿克明地毯、丙纶BCF、丙纶加捻定型、簇绒地毯、涤纶BCF、涤纶加捻定型、锦纶加捻定型、尼龙6BCF、威尔顿地毯。2016年公司实现营业收入3.17亿元，同比增长0.11%；归属母公司净利润1048万元，同比下降24.98%。2016年毛利率为16.05%，同比增长0.43pct，毛利率基本持平；净利率为3.31%，同比减少0.64pct。

受国际原油价格的影响，聚丙烯、尼龙、聚乙烯、聚酯切片等主要原材料价格下降导致产品销售价格下降；但由于公司积极开拓新产品市场，通过完善销售考核办法，激发销售队伍的市场开拓能力，提高公司市场占有率，销售数量有所增长，2016年营业收入略微上涨。归母净利润较上年大幅减少，主要是因为子公司美惠地毯销售不理想、经营亏损，计提减值准备所致。同时，受宏观周期影响，纱线行业从2012年开始行业景气度下行，化学纤维市场需求的下降对公司净利润产生较大的负面影响。

公司于2017年3月收购杭州众诚地毯有限公司，未来两年计划继续加大设备技术改造，提升产品优质率，扩展销售渠道，成为国内知名地毯厂商的战略合作伙伴。

（四）汉哲股份：需求减缓、原材料价格上涨，营收、净利润双降

保定汉哲家纺股份有限公司的主营产品有单层毯、双层毯、云毯、中长毛毯。公司受国际经济环境的影响，毛毯的消费需求整体放缓，2016年实现营业收入1.14亿元，同比下降16.61%；归母净利润-0.02亿元，同比减少220.55%，主要原因是由于2016年下半年成品价格

上涨幅度小于原材料价格上涨幅度，同时，销售下降导致生产量降低，而固定费用不变导致生产成本随之增高。

2016年公司毛利率为7.41%，同比减少2.15pct；净利率为-1.82%，同比减少1.35pct。期间费用方面，受企业挂牌相关费用增加以及管理人员工资重新分类的影响，管理费用比上年同期增加41.53%。

2016年经营性现金流量为0.15亿元，同比增加19.20%，主要原因是国外市场影响外销收入减少，同时加大外销回款力度。

（五）太湖雪：线上线下齐开拓，营收、净利双增长

苏州太湖雪丝绸股份有限公司的主营产品有贵族型蚕丝被、全棉套件系列、舒适型蚕丝被、睡衣家居系列、丝巾系列、夏被系列、枕套枕芯系列、组合被系列。2016年公司营业收入1.38亿元，同比增长36.49%；归母净利润为0.10亿元，同比增长2580.91%。主要原因是公司在开拓新渠道的同时进一步优化产品结构，打造高端品牌，使销售额大幅度上涨；公司不断建立各项制度，以降低销售和管理成本。

2016年公司毛利率为42.63%，较上年增长5.22pct；净利率为7.35%，较上年增长6.97pct。由于公司对产品进行功能性开发，本期的研发费用增加、薪酬增加；同时，公司挂牌新三板中介费用增加150万元，导致公司管理费用增长86.1%。

渠道方面，为了促进发展，公司积极开拓新渠道、新客户，线上线下贯通，2016年电子商务渠道较上年增加1000万，电视购物较上年增加1500万。

（六）雅美特：积极扩展国际业务，营业收入、净利双增长

常州雅美特窗饰股份有限公司的主营产品有卷帘、百折帘等具有科技含量的环保、多功能遮阳面料，适用于酒店写字楼和家用场所的环保阻燃遮阳窗饰面料需求。2016年，公司业绩表现良好，营业收入为0.87亿元，同比增长18.86%；归母净利润为0.06亿元，同比增长78.02%。由于公司对生产设备升级改造，提高了生产效率，利润有所提高。

2016年公司毛利率为28.10%，较上年增长8.52pct；净利率为6.97%，较上年增长2.32pct。期间费用方面，管理费用较上年上涨88.60%，主要是由于2016年启动新三板项目导致中介费用增加0.02亿元；折旧摊销费增加62.58%。销售费用较上年增加49.62%，主要是由于2016年公司拓展国际市场和客户，销售部门增加人员，同步提高人均工资，同时宣传费用上涨。

公司经营性现金流量为0.01亿元，比上年减少0.05亿元，主要原因是扩大生产规模、新增人员带动工资总额上涨。

截至2016年12月31日，公司流动比率为1.05，速动比率为0.63，整体指标偏低，存在短期偿债的压力。

（七）优雅电商：积极拓展线上渠道，投入增加导致利润下降

优雅电子商务(北京)股份有限公司销售产品为床上用品、餐厨卫浴、家居装饰等产品，

目前主要客户为唯品会、京东、天猫和当当等大型电商。

2016年，公司营业总收入为0.87亿元，同比增长40.94%；归母净利润为-0.05亿元，同比减少3105.11%，在营业收入增加的同时，亏损也进一步增大，主要原因是公司在拓展天猫、京东渠道的同时大幅度提高了投入，虽然销售收入有所增加，但是难以弥补投入的金额；另一方面，公司引入较多市场、运营、研发人才，人力成本大幅上涨。

公司毛利率为21.99%,同比减少6.68pct，主要原因是公司在渠道运营策略上，加大了促销活动的力度，降低价格来提高销售收入的增长，拉低毛利率。2016年经营性现金流量为-1706.16万元，较上年同期减少。

（八）名品实业：营业收入稳步推进，与连锁超市建立合作

湖南名品实业股份有限公司拥有家居用品、酒店用品、学生用品、医院床用品、季节用品等多个系列，包括多件套、四件套、被芯、 枕芯、床垫、枕套、蚊帐、竹凉席等近200个单品。2016年，公司收入保持比较稳定的结构，实现营业收入0.52亿元，同比增长13.99%；归母净利润为0.02亿元，同比增长66.74%。公司经营性现金流为530.58万元，同比增长118.03%。净利润增长的主要原因是收到科技计划补助、新三板挂牌补助、经济工作会议补助共113万元，导致营业外收入较上期增加222.42%。

2016年公司毛利率为32.86%，较上年增长1.76pct；净利率为2.97%，较上年增长0.94pct。期间费用方面，财务费用减少46.2万元，降幅为29.64%，主要原因是公司偿还借款。

渠道方面，公司与国内外各大连锁超市建立了良好的合作关系，因此可以共享在三四线城镇一类商区的网点和销售渠道，通过三四线城镇良好的市场基础来塑造品牌形象。

三、一线品牌公司电商渠道优势明显

2016年，淘宝、天猫“双十一”成交总额达1207亿，较2015年的912亿的成交额同比增加32.35%，其中无线交易额占比81.87%，覆盖235个国家和地区。

家纺方面，销售额排名前十的分别是罗莱家纺、水星家纺、富安娜、博洋家纺、多喜爱、梦洁、雅兰家纺、南极人家纺、nittaya和爱斯基摩人家纺。其中罗莱家纺、水星家纺、富安娜分别以2.088亿元、1.87亿元、1.32亿元成交额收官，罗莱家纺实现了五连冠。

尽管积极拥抱电商是家纺企业的一条出路，但由于家纺行业品牌集中度高，中小品牌在电商大品牌上没有太大竞争力；另一方面，电商品牌相对集中，从2016年各电商平台“双十一”销售额占比情况看，天猫占比为71.1%，京东为19.9%，苏宁易购为2.5%，国美在线为2.2%，1号店为1.2%，亚马逊为0.3%等，因此并不是所有的家纺企业都可以依赖天猫、京东等大电商平台批量出货。2015年、2016年天猫“双十一”家纺行业成交指数排名见表3。

表3　2015年、2016年天猫“双十一”家纺行业成交指数排名

序号	2015年	交易指数	成交额（亿元）	2016年	交易指数	成交额（亿元）
1	罗莱家纺	3371284	1.81	罗莱家纺	3546996	2.09
2	水星家纺	3024655	1.58	水星家纺	3358981	1.87

续表

序号	2015 年	交易指数	成交额（亿元）	2016 年	交易指数	成交额（亿元）
3	富安娜	2763988	1.28	富安娜	2931091	1.32
4	梦洁	2290103	—	博洋家纺	1833029	—
5	博洋家纺	1964889	—	多喜爱	1578633	—
6	多喜爱	1499246	—	梦洁	1575767	—
7	nlttaya	1247615	—	雅兰家纺	1089392	—
8	雅兰家纺	1024052	—	南极人家纺	1065030	—
9	钱皇家纺	996398	—	nlttaya	967367	—
10	金喜路家纺	947323	—	爱斯基摩人家纺	962531	—

资料来源：互联网

表3中，交易指数并非交易额，而是与交易额相关度较高的一个综合指标，是根据统计周期内的交易行为数，如交易金额、支付订单数等拟合出的指数类指标。通常来说，交易指数越高表示交易行为越多。2016年“双十一”各电商平台市场份额见图1。

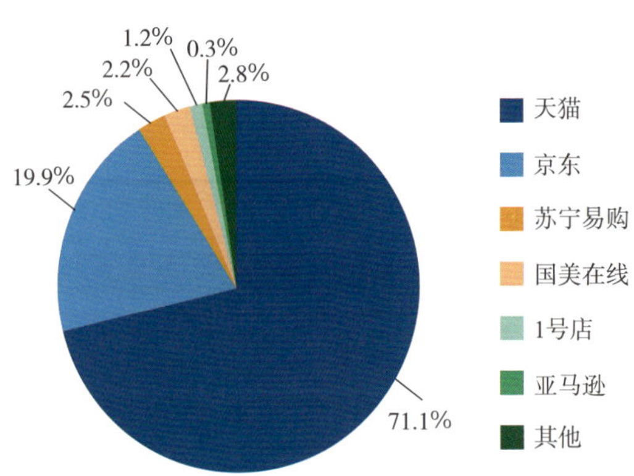

图1　2016年“双十一”各电商平台市场份额
资料来源：中商情报网

根据中国家纺协会披露，截至2016年10月，家纺线上总销售额达到530亿元，其中天猫平台占比260亿元。但目前家纺和电商之间的合作模式相对单一，电商只是家纺企业货架的线上延伸，未来合作模式上还有待创新。尤其是对于年轻的消费群体，对家纺类产品的需求趋向于通过定制实现个性化。

家纺企业在借助第三方电商平台实现自救的同时要建立自己的网上平台，目前山东新丝路、远梦家居已经建立了自己的官方商城，尽管会面临流量、售后体验等问题，但是公司在线上销售方面的探索与创新为未来长期增长奠定了基础。

远梦家纺2013年成立了移动电商事业部，形成了以商超等传统销售方式为主，电子商务渠道为辅的多元化战略，线上线下一体化推进缩短了产业链的中间环节，提高了产品的性价比和产品质量控制的力度，同时可满足更多消费者的消费体验。

目前，家纺行业和与电商的合作方式与深度上还存在改善空间，相比于行业龙头，中小企业在与电商的合作诉求方面更迫切，合作方式上寻求更多元化以提高市占率。

四、产业升级向信息化升级

家纺行业信息化是指以创新驱动为核心，以消费者需求为导向，基于用户使用信息与使用诉求，在传统的工厂运营模式上深刻变革，整合全产业链和全价值链，实现产品个性化、定制化。

以远梦家居为例，公司在生产管理方面熟练应用ERP、POS、WMS、CRM、OA系统，提高了公司在物流、资金流和信息流的管理效率，2016年启动PLM（产品生命周期管理）项目，利用分布在ERP、CRM等系统中的产品数据和企业智力资产，及时调整销售策略，多层次协同整合企业资源，为公司未来提升盈利能力提供了技术支持。在大数据的支持下，针对南北风格以及不同消费能力群开发设计多层次产品，赋予不同的品牌及相应内涵，并根据不同渠道的主要消费群体特点重点推广相应品牌。

以消费者需求为导向，借助信息化，让传统制造更加柔性化，家纺业不断升级，以适应时代新变化。

中信建投证券研究部

附：新三版市场概况

项目	2013 年	2014 年	2015 年	2016 年
挂牌规模				
挂牌公司家数	356	1572	5129	10163
总股本（亿股）	97.17	658.35	2959.51	5851.55
总市值（亿元）	553.06	4591.42	24584.42	40558.11
股票发行				
发行次数	60	329	2565	2940
发行股数（亿股）	2.92	26.52	230.79	294.61
融资金额（亿元）	10.02	132.09	1216.17	1390.87
股票转让				
成交金额（亿元）	8.14	130.36	1910.62	1912.29

续表

项目	2013 年	2014 年	2015 年	2016 年
成交数量（亿股）	2.02	22.82	278.91	363.92
换手率（%）	4.47	19.67	53.88	
市盈率（倍）	21.44	35.27	47.23	
投资者账户数量				
机构投资者（户）	1088	4695	22717	
个人投资者（户）	7436	43980	198625	

资料来源：全国中小企业股份转让系统

据全国中小企业股份转让系统资料显示，挂牌公司延续较快增长态势，连续两年增收又增利，实体企业表现更好。2016年，整体挂牌公司实现营业收入1.74万亿元，净利润1160.66亿元，同比分别增长17.40%和7.33%，近两年营业收入、净利润年复合增长率分别达到17.66%和26.79%。其中非金融企业增速更为突出，营业收入和净利润分别为1.68万亿元和1025.70亿元，同比分别增长18.02%和17.49%。挂牌公司盈利面达79.83%。挂牌公司整体研发强度维持较高水平，人才集聚能力进一步提高。研发投入大、强度高是创新型中、小、微企业的突出特点，2016年挂牌公司研发投入合计622.30亿元，同比增长10.78%，其中研发投入超过1000万的公司有1582家。挂牌公司整体研发强度3.60%，较全社会研发强度高1.53个百分点，一半以上的挂牌企业研发强度超过5%。挂牌公司吸引高端人才的能力也在增强，本科及以上学历员工数达65.96万人，同比增长15.26%。新三板市场培育功能显现，多数企业实现规模升级。2016年挂牌公司总资产和净资产分别为2.83万亿元和1.28万亿元，同比增长20.31%和25.50%。按国家统计局划型标准，已有832家公司（占比7.88%）挂牌后实现规模升级，其中66家微型企业成长为中、小型企业，632家小型企业成长为大、中型企业，134家中型企业成长为大型企业。

海宁家纺杯

2017

中国国际家用纺织品创意设计大赛

2017 China International Home Textiles
Design Competion Awards

主办单位

中国家用纺织品行业协会
中国国际贸易促进委员会纺织行业分会
法兰克福展览（香港）有限公司
海宁市人民政府

承办单位

中国家用纺织品行业协会设计师分会
中国布艺名镇·许村

协办单位

海宁中国家纺城股份有限公司

支持单位

中国版权协会
中国版权保护中心
凤凰出版集团·凤凰空间
中装美艺培训学院
海宁纺联家居用品有限公司

更多详细信息请登陆中家纺官网：www.hometex.org.cn

中国国际家用纺织品产品设计大赛

China International Home Textiles Design Competition Awards

DESIGN

张謇杯ZHANGJIANCUP

主办单位

中国家用纺织品行业协会
中国国际贸易促进委员会纺织行业分会
法兰克福展览（香港）有限公司
南通市人民政府

承办单位

中国家用纺织品行业协会设计师分会
南通市名牌战略推进委员会
南通市通州区人民政府
海门市人民政府
天猫家纺

协办单位

中国家用纺织品行业协会床品专业委员会
中国家用纺织品行业协会布艺专业委员会
中国家用纺织品行业协会毛巾专业委员会
中国家用纺织品行业协会经销商专业委员会

更多详细信息请登陆中家纺官网：www.hometex.org.cn

震泽丝绸杯

中国丝绸家用纺织品创意设计大赛

主办单位
中国家用纺织品行业协会
江苏省苏州市吴江区人民政府

承办单位
中国家用纺织品行业协会设计师分会
江苏省苏州市吴江区震泽镇人民政府
苏州吴江丝绸文化创意产业园

更多详细信息请登陆中家纺官网：www.hometex.org.cn

“2018/19中国家用纺织品流行趋势”产品征集

活动介绍

2017年8月，中国家用纺织品行业协会将在上海“中国国际家用纺织品及辅料（秋冬）博览会”上发布“2018/19中国家用纺织品流行趋势”。我们诚邀具有创新精神的企业、院校、设计工作室和设计师参与流行趋势的发布活动，借助展会及相关行业活动的良好商业平台，推出家纺新品，展示研发实力，扩大自身影响力并拓展国内外商机。倾力打造出具有创新精神的优秀中国家纺品牌。

组织单位

中国家用纺织品行业协会

推广单位

江苏叠石桥市场管理委员会

参与流程

1.自2017年5月1日起登陆中家纺官网（www.hometex.org.cn）获取“2018/19中国家纺流行趋势主题概要”，针对主题内容和色彩选送符合趋势要求的产品；

2.报送的面料类产品，送样规格为1m×幅宽——3m×幅宽，每件产品附上“参选产品登记表”（中家纺官网下载打印）寄送至指定地址；

3.登陆中家纺官网（www.hometex.org.cn）下载“趋势产品选送登记表”，按照“产品手册之企业介绍”准备好相关文字和图片，发送至邮箱jiafangqushi@163.com。

报送要求

1.参与发布的产品由企业自愿报送，产品不存在知识产权纠纷，由多人或机构共同研发的面料产品须在申报中详细注明；

2.送样产品须是报送单位开发的新产品或参展展品；

3.送样产品将分别用于存档、展示、宣传及推广等用途，概不退还，不符合送样要求的不予选用。

推广活动

1.入选产品将在2017年上海“中国国际家用纺织品及辅料（秋冬）博览会”3.1馆专设的“2018/19中国家用纺织品流行趋势”发布区展出；

2.入选产品连同企业信息将被收入“2018/19中国家纺流行趋势”产品手册，每家入围企业在手册中均享有介绍专页。手册通过展会及其他相关活动广泛发放（如：上下游企业对接会、家纺面料供应商采购商对接会、流行趋势全国巡讲等一系列活动），使国内外专业买家认识、了解并采购；

3.入选产品将被授予“2018/19中国家纺流行趋势入围产品”称号，其生产单位则同时获得“2018/19中国家纺流行趋势入围企业”荣誉，并同时获得入选证书和企业入围挂牌；

4.入选单位将优先获邀参加中国家用纺织品行业协会举办的一系列企业活动，如“中国家纺流行趋势解析讲座”、设计师培训等。

截止日期

2017年7月20日

垂询联络

中国家用纺织品行业协会流行趋势研究与推广工作室

沈婉瑜 女士　电 话：010-85229661　E-mail：jiafangqushi@163.com

产品报送

地 址：北京市朝阳区樱花东街甲2号　中国家纺流行趋势研究中心

邮 编：100029

联系人：王玢　电 话：13552238432

研发创新

跨界融合新突破　设计创新大飞跃
——“海宁家纺杯”2016中国国际家用纺织品创意设计大赛综述

贾京生

“海宁家纺杯”2016中国国际家用纺织品创意设计大赛，在政府关注、行业支持、协会组织的激情盛况中落下了帷幕。大赛整体性的参赛作品所呈现的百花齐放的创新力度、百家争鸣的创意水平以及巨大的行业影响力，让我们仍然记忆犹新，并为之振奋、为之自信。“海宁家纺杯”2016中国国际家用纺织品创意设计大赛，作为国内最具权威性和专业性的著名赛事，已经连续成功地举办第十四届，为提升中国家纺创意设计水平和原创设计能力、培养大批优秀设计人才、服务社会等方面做出了极大的贡献。

2016年的大赛主题是“中西风物”。中西是强调全球化的设计视野与设计理念；风物，是提倡全方位的设计灵感与创意形式。风既是自然中的风景、风光、风土，又是文化中的风俗、风尚、风情，也是艺术中的风味、风姿、风格，及审美中的风雅、风韵、风趣，还是时尚中的风向、风云、风采。由此“风”而形成的“物”，既是指东西与事物，也是指产品与用品，更是指从自然到人文、从民俗到艺术、从设计到审美而创造的生活方式。

2016年大赛内容与形式做出了既“顶天”又“立地”的重大改革与突破。为了打造家纺与软装产业的无缝衔接，真正实现“大家纺”概念，大赛主办方坚持与时俱进，对比赛做出了新的改革创新。从原有的以家纺图案花型为主体的创意设计大赛，细化出家纺创意设计和整体软装设计两类赛点，并分别进行两类作品的独立评比。在浙江省海宁市公证处的全程公证下，经过专业评委对参赛作品的幅幅斟酌、层层遴选，最终评出家纺创意设计作品金奖1名，银奖2名，铜奖5名，优秀奖20名；整体软装设计作品金奖1名，银奖2名，铜奖5名，优秀奖20名。

以创意设计大赛的赛事来全面激活中国家纺原创设计的自信心、自觉性与自主性，持续提升中国家纺原创设计品牌的整体影响力与国际知名度，是赛会主办方中国家用纺织品行业协会、海宁市人民政府和承办方中国家纺设计师分会、中国布艺名镇（许村）的重大举措，也是针对全球经济持续低靡和我国家纺产业转型升级的现状，为全力打造中国家纺原创设计的新形象与高品质，确定了一系列具体的可持续发展的战略方向和战略目标。综观今年创意设计大赛的整体设计水平与社会影响，充分展现出跨界融合的新突破、设计创新的大飞跃、跨越时空的大提升。

评审前的评比规则说明会

评委会成员工作合影

一、跨界融合的新突破

探索性是跨界的精神特质，融合性是跨界的主要手段，个性化家纺设计是跨界、融合、创新的最终目的。“海宁家纺杯”2016中国国际家用纺织品创意设计大赛为了打造与深化家纺与软装产业的无缝衔接，真正实现跨界融合的“大家纺”概念，营造融入社会、走入生活的“诗意栖居”语境，大赛主办方坚持与时俱进，对大赛的理念、内容、形式、结构做出了跨界融合的改革创新。突破了原有以家纺图案花型为主体的创意设计大赛形式，细化出家纺创意设计和整体软装设计跨界融合的两类赛事核心，并分别组织不同专家进行两类作品的独立评比。

大赛评比现场

对于家纺设计创意来说，跨界的基础是科技的发展，随着人们生活全方位地进入互联网时代，信息链接更加广泛，家纺设计资源利用也更广泛，家纺产品供求信息的流通达到空前的释放，家纺用品的需求与供应不断地被丰富、完善。跨界的本质是信息的整合、文化的融合和设计的综合。作为“海宁家纺杯”2016中国国际家用纺织品创意设计大赛主办方，力求此次大赛在“界的突破”基础上，进行有效的跨界融合。平面花型的创意设计、空间环境的创新设计、平面作品与立体设计、设计作品与生活的营造、形而上的抽象设计与形而下的生活应用，构成了家纺创意设计与软装创新设计的跨界融合。整体软装设计的金奖作品《风起》，紧贴大赛设计主题，不仅将富有诗情的抽象画与蕴含意境的具象床品有机地融合为一体，而且营造出“风起摇摆的荷、迎风飘动的山、小桥流水错落的影，随风起又随风逝”的禅意之美。作品以“风起”命名，巧妙借用中国写意山水画中的意，融合于中西两种文化背景营造的景象，呈现给观者风渐起、物随风而动的幽远静寂的视觉美感。

软装组金奖作品《风起》 （作者：赵梓博）

所谓“融合创新”，就是在广博的信息素材中提炼出精典素材，通过“融合”与“综合”多种信息素材，在“合十为一”的过程中产生“化十为一”新创意、新形式、新风格、新文化。具体而言，就是激发参赛者能够从无界的、广博的素材中进行艺术的融合提炼转化，从而达到设计创新。为了实现跨界融合的“大家纺”设计理念，大赛组织策划者采用“量身定制”的方式，构建了整体软装设计作品新颖的参赛形式，即整体软装设计组的评比设置为命题组和自由组。命题组是将家纺装饰布企业提供的100种“新锐/经典”产品图片作为设计素材，使参赛者能够进行方向明确的定位设计，目的是将家纺企业的优秀产品和软装创意设计紧密结合在一起，使设计在跨界融合中能够务实有效。同时，分组也让参赛者有更多选择，拓宽了参赛者的创作思路，让设计师以跨界融合形式发挥出真正的设计实力。整体软装银奖设计作品《小资荟》，营造了一个舒适、轻松、愉快的商业空间，具有摄影、休闲、设计、影咖、朋友会晤等多种功能，虽然使用极简手法，却营造出多元化的时尚氛围。设计作品以沉稳的钢板和水泥砖为基调，巧妙使用含蓄的灯光与不同材质的融合，不仅营造出时尚新颖的风格主题，还使空间气氛产生扑朔迷离之感。作品呈现平面与立体、空间与环境、灯光与材质的有机融合，跨界的设计思维与设计表达传达着对时代生活的无限向往，使人们在繁华躁动的都市里找到一片宁静。

软装组银奖作品《小资荟》　（作者：石在玉）

除了参赛作品充分展现出跨界融合新突破之外，十四年大赛所积淀的能量和吸引力，已经构成一个跨界融合的、交流探讨的、可持续发展的有效赛事平台。本次大赛所有参赛作者，均在大赛所设置的跨界融合性主题引领与启迪下，进行了家纺图案创意与整体软装的跨界融合与设计创新。参赛作品在题材、形式、风格、表现手法等方面呈现跨界的多样化和融合的多元化。获得此次大赛银奖作品《望乡》的设计题材和表现手法巧妙地融合了传统文化和时尚审美的元素，演绎了主题的理念与情感表达。祥云、仙鹤是中国传统文化中寓意深厚的题材，作者的巧妙借用，烘托出人们对家乡的思念。抽象的彩云底纹与手法写实的仙鹤，构成既有浪漫意境，又有写实形象的诗意的画面。

整体客观地评价这次家纺设计大赛参赛作品，可以说天马行空的创意设计（创意画稿组作品）展现了融合带来的突破，务实落地的生活应用设计（软装设计组作品）彰显了跨界带来的创新。跨界是为了创新，融合更是为了出新，目的就是为了打破专业眼光的局限，突破行业市场的藩篱，拓展国际化的视野，将他山之石尽为我用，使中国家纺创意设计在创新角度、创意力度、创美广度上有明显的提升和有崭新的突破。

画稿组银奖作品《望乡》 （作者：张亮）

二、设计创新的大飞跃

“海宁家纺杯”2016中国国际家用纺织品创意设计大赛主题，为参赛者提供了巨大的设计创新空间，同时也使参赛作品的整体水平有了质的飞跃与新的突破。“中西风物”大赛主题所给的设计创意思维范围与创新空间可以说既是无限、无界的，也是有限、有界的。设计的创意题材、表现形式、审美风格、文化内涵和工艺形式等，几乎没有任何限制。然而，这种无限中的有限，或者说大赛所赛的，就是参赛作品要能运用最常见的、人们最熟知的素材设计出与众不同的具有个性化、新颖性、独特性的创意产品，参赛作品中“无限”“无界”融合，是“有限”“有界”融合前新的艺术提炼、融合中新的审美转化、融合后新的设计个性。创意设计金奖作品《闲云赋》，作品灵感源于中国现代作家白落梅《岁月静好，现世安稳》中的佳句。设计者采用A、B、C版，完成图案衍生设计。A版作为主打花型，采用抽象的点线面与具象的白鹤，用重叠、透叠、连缀排列构成，使图案元素表现出虚实相生的意境，体现出恬静无华的暖意之美，同时通过色彩变调设计，又创造出一种幽静深远的意境。作品用流动的亦实亦虚的意象风景，以“云为鹤家乡”的诗意，诠释了既有古韵清风的独特意境，又有寻找那个属于自己心灵的自然原乡……时尚与古雅交融，现实与禅意共生，体现出设计者独特的创意。

画稿组金奖作品《闲云赋》 （作者：黎光辉）

从2016年参赛作品来看，除了充分展现大赛主题的引领性与创新性外，又体现出参赛作品多元多样的面貌，参赛者的融合创新角度、综合创意力度、全面创造深度都有了明显的提高与突破。银奖作品《朴》具有很强的创意性，以手绘、拓印、粘贴等手法，将抽象的肌理与自然的树叶两者巧妙地结合，表现出一种斑驳无艳、虚实相生、天然雕饰的优质画面。作品单元图案采用满地连缀、重叠形式的表现，虽然主体形象不够突出，但从整体效果的把控可以明显看出设计者不俗的功底。作品表现、结构、形式和技法新颖别致，图案层次丰富，效果恰到好处，具有含蓄性和自然性。

画稿组银奖作品《朴》 （作者：杨宗恒）

尤其值得强调的是，2016年参赛作品原创性的整体水平、创新形式和内涵表达比以往在形式多样化、风格多元化和表现个性化方面有了质的飞跃。新花型、新构图、新色彩、新创意、新思路和新时尚的作品层出不穷，新材料、新手法、新工艺和新技术的应用在作品中大量涌现。每件参赛作品都在力求从“中西风物”的角度切入，去诠释作品在造型、色彩、材质、技法、风格和韵味等方面的形式美与内涵美。创意设计画稿组铜奖作品《碧山风韵》，不仅紧扣“中西风物”的设计主题，且构思新颖别致，将大空间里的山岳、云雾、青松、楼台等题材以扁平的姿态呈现，画面空灵安静，大气超然。作品采用中国工笔画法，由充满东方情怀的自然和人文元素描绘而成，技法得当，笔法工整细腻，表现了设计者较高的绘画水平与设计素养。

画稿组铜奖作品《碧山风云》 （作者：姜冬莲）

此次整体软装组参赛作品风格多样、品味多元，且适用性强、成熟度高。大赛共收到整体软装项目作品234套、设计版面600余幅，其中不乏知名软装设计公司和著名软装设计师的作品。因此，今年大赛整体上的设计创新，不仅体现在创意设计画稿组的参赛作品中，大量的整体软装组参赛作品也有不俗的表现，出现了很多在设计风格、创意水平和适用性上都非常优秀的作品。

软装组银奖作品《微光之初》 （作者：龙潇）

三、跨越时空的大提升

大赛主题“中西风物”本身就是在强调、引领与启迪创意设计力求跨越时空，力求激励与提升中国家纺设计的创造性与创新性。参赛作品在聚焦大赛主题方面，产生了很多跨越时空的优秀设计作品。大赛主题“中西”与“风物”，强调的是设计作品应具有全球化的设计视野与设计理念，设计创意应将跨地域、跨文化、跨时空、跨民族的素材多元转化与综合创新；大赛主题“内涵”强调的是家纺设计与家居设计中无形文化内容的多元融合、多样提炼与综合创新。大赛主题“中西风物”不仅能够使融合中西元素的家纺设计跨越地域走向国际化，同时，还能在时间上进一步广泛、持久地传播其设计理念。正如评委姜基勇教授所说：“2016年中国国际家用纺织品创意设计大赛的参赛作品将中西自然文化、人文元素、地域文化等元素多元融合，可谓是能够体现创新性的、超越时空的纺织物设计。首先，就纺织物设计的制作方法来说，纺织物设计的样图已由最初的手工制作发展到如今运用尖端技术数字化手段进行。并且，本次参赛作品能够向观众展现出面向未来的纺织物设计的形态。”

从大赛平台建设角度来说，一年一度的“海宁家纺杯”2016中国国际家用纺织品创意设计大赛构建了一个跨越时空的展示平台、交流平台和竞技平台。这个平台是国内行业和院校之间交流互动的平台，是产、学、研紧密结合创新呈现的平台，还是一个跨国界、跨专业、跨年龄、跨职业比拼竞技的大舞台，更是培养、推出、宣传、激励家纺设计新生力量的最佳平台。在时间上，这个跨越了十四个春华秋实的中国国际家用纺织品创意设计大赛，在多方面努力下，其创意设计水平得到大提升；在空间上，中国国际家用纺织品创意设计大赛跨越了教育、行业、企业、商业、市场、国际时尚等空间，其创意设计高度得到了大提升。正如评委张玉惕教授所言：“在人才培养过程中，院校要‘以服务社会为宗旨，以就业需求为导向’，加强与行业、企业的深度合作，充分利用好这个平台和资源；让学生学好家纺设计基本理论知识，练好设计基本功，提高创新设计能力，培养学生的创新创业意识和精益求精的工匠精神，为家纺行业和企业产品设计创新做出贡献。本人认为获奖的数量总是有限的，且质量不是十全十美的，而中国国际家用纺织品创意设计大赛的意义和作用是无限的，且影响是深远的。”

从大赛的改革力度而言，2016年中国国际家用纺织品创意设计大赛新设“整体软装组”比赛，招赛方式多样，参赛者积极踊跃，通过微信公众平台等新媒体宣传与定向邀约设计师等多种方式进行招赛，在很短时间内报名达到了预期目的，企业参与度高、参与面广、参与作品优秀，最终有设计单位73家、院校20所、多位独立设计师参赛，形成了新的历史突破与大提升。

综上所述，在中国家纺行业协会精心组织策划、艺术院校积极参与和海宁地方政府连续十四年的资助下，在大赛主题的引领与启迪下，今年大赛呈现出三个新特点：一是家纺创意设计作品的跨界融合性，体现出设计者“天马行空”的想象力、创新性和力求作品“顶天”的追求；二是家居软装设计的立地务实性，展现出设计者落地生根的融入力、适用性和力求作品“立地”的探索；三是参赛设计人员的多元丰富性，呈现出设计者百家争“名”的创造力、竞争性和力求作品“上榜”的执着。我们坚信，随着家纺创意设计大赛的不断成熟与持续发展，家纺的创意设计与生活应用一定会迸发出更新的活力。这种活力，不仅是设计的活力、更是品质的活力、文化的活力和家纺产业全球化的活力。

清华大学美术学院

"张謇杯"2016年中国国际家用纺织产品设计大赛综述

阎维远

"张謇杯"中国国际家用纺织产品设计大赛（以下简称为"张謇杯"）是由中国家用纺织品行业协会、中国国际贸易促进委员会纺织行业分会、法兰克福展览（香港）有限公司和南通市人民政府联合主办的。

此次"张謇杯"在成功举办了十届的基础上迎来了第11个年头，本届大赛有来自美国、英国和韩国等10个国家和地区的790套、7500多件产品参赛，成为国内外规模最大、影响力最强和水平最高的国际赛事之一。2016年"张謇杯"家纺设计大赛采用线上和线下评比并举，分别以"爱"和"梦幻都市风"为主题，展现出人们对爱的追求和时尚都市的个性化风采。经历了4个月的作品投稿阶段后，最终在8月，由国际、国内专家评委评审推荐出"百人团"在总决赛现场评比。在线下"梦幻都市风"的340套作品中，最终3套作品获得产品设计金奖，6套作品获得产品设计银奖，9套作品获得产品设计铜奖；6套作品获得品牌文化设计奖。同时，线上评比也在火热进行中，天猫家纺专区的消费者点赞拼人气，评出"中国家纺好设计奖"，并在由国家会展中心（上海）承办的2016年中国国际家用纺织品及辅料博览会上发布评比结果。10月，在中国南通家纺城开展"张謇杯2016中国国际家用纺织产品设计大赛获奖作品颁奖盛典暨第九届中国（川江）家纺画稿交易会"。大赛活动吸引了一大批国内外家纺设计企业、本行业设计大师和专业院校的学生参与，从而为行业培养了大批设计人才，也为企业和院校搭建起合作交流平台，并提高了众多家纺企业的自主设计能力。本次大赛提升了我国家纺企业的品牌文化水平，推动了我国家纺产业的健康发展。

专家现场打分

现场非遗作品备受专家关注

“百人团”评委评选现场

在线下“梦幻都市风”的作品中，江苏金太阳家用纺织品有限公司林昊光设计的《卡尔丹宁》、贵州安顺市西秀区苗娃少数民族服装厂杨学珍设计的《蜡染系列产品》和韩国郑素英设计的《Red sea/红海》三套作品获得产品设计金奖；南通大东有限公司汤怀东设计的《我的生活》、南通大学蓝印花布艺术研究所吴灵珠和倪沈键设计的《青出于蓝》、韩国严善子设计的《There/在那里》、烟台明远家用纺织品有限公司高静丽设计的《翠影停童》、紫罗兰家纺科技股份有限公司顾菁菁设计的《流光溢彩》和孚日集团股份有限公司设计的《璀璨恒美》六套作品获得产品设计银奖；另有9套作品获得产品设计铜奖；6套作品获得品牌文化设计奖。

中国纺织工业联合会副会长、中国家用纺织品行业协会会长杨兆华出席颁奖现场

本届“张謇杯”参赛作品整体构思成熟、完整，设计素材、选题与表现手法多样，色彩设计在切合流行趋势的基础上，多元展现了各个品牌和设计师的独特风格，工艺设计与制作丰富细腻、讲究精致。金奖作品《卡尔丹宁》从一段经典的爱情故事汲取灵感，采用家纺设计的语言表达文字作品，视觉效果单一却强烈，融会贯通传统文学形式与现代艺术工艺，活跃抽象，错落有序；金奖作品《蜡染系列产品》从大自然中捕捉设计源并以生活中的花、草、鸟、虫、鱼、蝴蝶为素材，巧妙地组织布局，使图案形象生动丰满、庄重稳定、形式感强，色彩喜庆、贵气；金奖作品《Red sea/红海》采用拼布工艺和构成分割法，用线将面分割

出等面积的格块，同时用带有纹理的黑、红、白布块简单地重复排列，表现出波光摇曳的灿烂海洋，把传统拼布文化与抽象艺术形式巧妙地融为一体。

金奖作品《卡尔丹宁》

金奖作品《蜡染系列产品》

金奖作品《Red sea/红海》

银奖作品《我的生活》以色彩清淡优雅的卡通漫画形式表现主题形象，丰富的内容、新型的环保材料和精致的品质工艺把家居服的品位提升了一个高度；银奖作品《青出于蓝》将国家非物质文化遗产的南通蓝染技艺应用到现代家纺设计中，图案纹样经典、富贵，在色彩设计中将多层次的蓝色与金属质感的银灰色组合，整体色调丰富、协调，具有较强的时尚感；银奖作品《There/在那里》的设计师利用传统拼布手段将儿时记忆中的田园景象逼真、精致地展现在作品上，体现了设计师对生活的热爱和高超的专业能力；银奖作品《翠影停僮》好似一幅明快的水彩画，鲜亮的绿色与烂漫的淡紫色搭配，既协调又层次丰富，选择带有肌理的纯棉竹节面料，自然地提升了作品的品位；银奖作品《流光溢彩》的灵感源于绚烂的都市夜景，设计师通过独版绣花纹样来实现作品构图的疏密、线与面的组合和色彩节奏的控制，巧妙地营造出既乐于辉煌又追求宁静的细致个性；银奖作品《璀璨恒美》贵气华丽，凝重大气，色彩层次清晰，纹样造型饱满充实、鲜艳高贵，突出了奢华精致的气质。铜奖产品和品牌文化设计奖作品也都很好地表现了本次大赛的设计主题。

银奖作品《我的生活》

银奖作品《青出于蓝》

银奖作品《There/在那里》

银奖作品《翠影停憧》

银奖作品《流光溢彩》

银奖作品《璀璨恒美》

从专业角度来看，本次参赛作品和往年参赛作品的最大不同有以下几点：

1. 创意性强，原创性突出，思路活跃

作品中创新地出现了以都市为题材的设计，传统意义上的“纹样”演变为以汽车、建筑、街道和景观为素材的“纹样”，给人不同的感受，给家纺市场添加了新亮点。

2. 艺术性强，构思浪漫，具有故事性

有些作品的设计灵感来源于文学故事，这在当下家纺设计领域是比较新的观念，具有当代的观念意识，能够对家纺设计起到一定的引领作用，且具有很强的思想意义。表现手法上也能够通过材料、色彩和纹样精准地还原故事的意境，反映出设计者较高的艺术素养。

3. 花型、色彩设计推陈出新，元素感强

相对于往年以牡丹、卷草等传统纹样为基础的作品来说，今年的设计作品在继承传统纹样的基础上进行了艺术的提升，表现手法上注重点、线、面和线、条、块、面的虚实、韧柔以及枯润、浓淡的结合，作品的韵味与情绪的掌控都达到了更高的境界。

4. 具有实验性，工艺、材料丰富精致

今年的参赛作品重视材料的表现，丰富了家纺产品艺术设计的语言表达。大部分作品在工艺设计上不再停留于单一品种的工艺和材料，根据素材的需要会同时出现2～3种不同的工艺，注重将平面的肌理变化为半立体的视觉效果，使人在平面或空间，通过工艺、材料来感受艺术的物质感觉，这堪称一种严肃的实验精神。本次大赛有很多高水平的非遗作品，很好地传承了我国传统的制作工艺手法，同时，在纹样的设计方面，结合当下社会需求进行大胆创新和变化，在继承中发展完善，给观者非同一般的感受。但也有部分参赛作品在理念上偏重传统，停留在静态平衡的形式上，花型纹样，色彩设计老气，缺乏激情和律动美感，没有感染力；加工工艺落后，没有很好地和时尚潮流接轨，没有考虑消费者购买的心理需求，市场竞争力弱，故有待提高。希望设计工作者及企业都能够主动关注市场高水平产品，不断革新和完善设计观念，主动学习专业理论，在艺术表达上多探索勤实践，这也是当下家纺设计工作者应当具备的重要综合素质之一。

目前，国内家用纺织品消费仅占纺织品总量的20%，而在发达国家中，特别是美国和日本，家用纺织品比例高达40%左右。随着人们生活水平的提高，家用纺织品已不再被视为“耐用品”，设计也从简单的生活功能、健康环保的需要转变为追求心情交互和物质享受，与当下设计、绘画和影像等整体艺术形式相呼应。令人可喜的是，当下中国家纺行业正在从传统模式全力向品牌化、高端化和差别化等诸多方面健康发展。热切希望中国家纺产业坚持改革创新，继续在家纺原创设计、中国家纺品牌企业文化建设上不断实践和探索，借“张謇杯”中国国际家用纺织品设计大赛之力，创造中国家用纺织品产业的辉煌。

天津美术学院

“震泽丝绸杯”首届中国丝绸家用纺织品创意设计大赛综述

张毅

“震泽丝绸杯”首届中国丝绸家用纺织品创意设计大赛于2016年11月18日在江苏省苏州市吴江区震泽镇举行了热烈而隆重的颁奖典礼。大赛由中国家用纺织品行业协会与江苏省苏州市吴江区人民政府主办，中国家用纺织品行业协会设计师分会、震泽镇人民政府和吴江丝绸文化创意产业园联合承办。

中国家用纺织品行业协会为落实党的十八届五中全会关于“构建中华优秀传统文化传承体系，加强文化遗产保护，振兴传统工艺”和《中华人民共和国国民经济和社会发展第十三个五年规划纲要》关于“加强非物质文化遗产保护与传承，振兴传统工艺”的精神，与中国茧丝绸之乡苏州震泽丝绸家纺产业精心策划，推出了“震泽丝绸杯”首届中国丝绸家用纺织品创意设计大赛，力图将中国传统丝绸文化与现代时尚相结合，从丝绸之乡震泽出发，推动中国丝绸家用纺织品的产品设计与研发；以中国原创丝绸家纺产品打造中国家纺床品的新形象，培育和塑造中国高端家纺床品品牌，助力中国家纺床品行业向产品设计主导型的转型升级。

大赛从酝酿到实施历时一年多，中国家用纺织品行业协会杨兆华会长及主管领导多次深入苏州震泽丝绸家纺行业考察指导，与苏州吴江区政府震泽镇政府达成一致共识，首届“震泽丝绸杯”中国丝绸家用纺织品创意设计大赛于2016年3月16日在上海国家会展中心的2016年中国国际家用纺织品及辅料（春夏）博览会上正式启动，大赛接收国内外家纺企业、艺术设计院校师生、设计师个人和家纺行业爱好者创作的丝绸家纺创意设计作品。大赛向社会发布后受到业界的普遍关注，吸引了众多国内外设计师踊跃报名参赛，震泽镇政府与中国家纺协会积极沟通，主动出击，在大赛前期发动国内外各设计院校参赛。据至10月15日大赛评比工作开始前的统计，首次举办的“震泽丝绸杯”大赛，来自国内外的参赛单位一共有61家，其中包括53家国内外院校，8家国内有影响力的企业和设计工作室，另有21位独立设计师带来了力作参赛，参赛作品共计1575幅，其中海外参赛作品近200幅。大赛首次举办就获得社会的积极响应和支持，取得很大成果，其中既反映出中国文化题材的家用纺织品越来越深入人心，又可以看到中国家用纺织品行业协会的社会影响力日渐扩大。

总结本次大赛可以看到，一是以传统文化为题材的“震泽丝绸杯”丝绸家纺大赛得到更多的社会响应；二是大赛作品与时尚的结合越来越国际化；三是大赛作品主题贴近丝绸家纺产业；四是大赛组织工作细致充分。

一、“震泽丝绸杯”丝绸家纺大赛顺势而为主旋律鲜明

20世纪90年代以来，伴随着国家改革开放和现代化建设的深入，“中国传统文化”渐渐远离了国人的生活。然而，近年来，随着物质生活的富足，国人对物质之外的品质及其文化内涵提出了新的要求，体现工匠精神和优秀传统文化精髓的具有文化载体特征的丝绸家用纺织品又重新回归生活。

当然，这种回归不是机械式的复旧，而是与时俱进的螺旋式升华。中国传统文化是农耕时代人民生活方式的重要组成部分，在信息时代的21世纪，社会生产结构及其生活方式俱发生革命性改变，传统文化重新回到当代自然不可能一成不变地进入我们的生活，须在形式和内容上适应今天并预见明天，成为我们生活方式中不可或缺的组成部分。具有强烈中国文化符号特征的丝绸纺织品需要与时俱进地进行时尚化设计，以融入当代人民生活。这种回归也与《茧丝绸行业“十三五”发展纲要》提出的未来五年，要形成10个以上具有国际影响的名企名品，提升中国丝绸在国际市场的话语权和知名度，努力打造中国茧丝绸产业链的国际竞争力相契合。

如本届大赛主题为“丝·无界”阐述所说：丝，是中国给世界的最美礼物，并通过丝绸之路连接了世界，使来自世界的各种文化在华夏大地多元而“无界”地绽放。“丝·无界”设计主题，源自“一带一路”之下文化的无界交融。陆海两道丝绸之路带来多样设计文化、风土人情民俗、地质特征肌理以及对丝路梦幻般的艺术演绎，以此自信地向世界展示中国家纺设计文化与国际时尚的和谐与“无界”共生。

“震泽丝绸杯”首届中国丝绸家用纺织品创意设计大赛顺应了当代中国社会发展趋势，立足中华优秀传统丝绸文化，倡导发掘和运用传统丝绸文化和工艺理念，以当代时尚设计手段来丰富传统丝绸文化的题材和产品品种，提升设计与制作水平、提高产品品质和培育知名品牌以更好地满足当代人民群众对家用纺织品需要的升级。

二、参赛作品主题性突出时尚感强，展现了中国家纺设计的国际化水准

10月15日“震泽丝绸杯”首届中国丝绸家用纺织品创意设计大赛进入作品评选环节，五位来自国内著名设计院校的家纺设计专家和企业家、行业管理专家作为本次大赛的评委，对来自国内外的1575幅参赛作品进行了认真评选。从初选到复评再到终选决出所有奖项，各位专家认真履行评委职责，逐个把关，其间充分讨论甚至为作品入围入选奖项而争论得面红耳赤，从最终的评选结果可以看出本届大赛虽然是首届大赛，但是体现了中国当代家用纺织品设计的最高水平。

评委在大赛作品评选后的研讨中，一致认为本届大赛参赛作品的亮点在于作品普遍对时尚把握准确，能够很好地反映未来6~12个月的色彩与纹样流行趋势，设计作品对于落地企业进行产品生产具有很好的适用性。

正如北京服装学院国际聘请专家、北京市特聘教授刘晓萍女士的评价：“通过大赛平台，我们能集中看到目前国内艺术设计教育的基本面貌，这是非常有价值的”，作为家用纺

织品流行趋势的研究专家和本届大赛的评委，她认为此次参赛的作品题材丰富，从传统经典，到现代都市，再到自然，一应俱全。作品的表现形式也灵活多样，时代感强，色彩、表现技法等跟当前的语境比较吻合，让人眼前一亮。

三、大赛作品主题贴近丝绸家纺产业，提升了丝绸家纺行业设计水平

本届大赛是中国家用纺织品行业协会举办的首个针对丝绸家纺产品的专项品类大赛，意在响应一带一路国家战略，倡导弘扬中华优秀文化传统，为丝绸家纺产业的升级发展搭建平台，为充满坚守毅力、创业热情的企业家和充满创意灵感、文化内涵的设计师们牵线搭桥，提升丝绸家纺设计品质的高度，从而促进我国家纺行业产品设计的整体性进步。

大赛作品经过专家评审委员会的层层遴选，最终评选出金奖1名、银奖3名、铜奖5名、优秀奖30名、最佳创意设计应用奖5名、最佳设计题材奖5名、最佳传统纹样表现奖5名和入围奖若干名。大赛获奖作品均能够很好地体现本届大赛的设计主题，同时对于丝绸家纺产品的设计开发具有很好的应用价值。

美丽江南古镇丝绸之乡震泽的丝绸家用纺织品企业悉数参加大赛，并有机会现场观摩代表中国最新家纺设计成果的大赛作品。相信通过几届丝绸家纺大赛的成功运行，大赛将会是震泽丝绸家纺行业的企业家及设计师在丝绸家纺产品的设计与开发上与国际接轨的直接通道，中国家用纺织品行业协会将会在美丽丝乡震泽复制海宁中国国际家纺设计大赛的成功。

四、大赛组织工作细致充分，保障大赛成功举办

随着11月18日，中国家用纺织品行业协会副会长朱晓红、总设计师王易和中国纺织工业联合会品牌工作办公室常务副主任赵琼出席了大赛颁奖典礼，并与当地政府领导一起为大赛金银铜奖获得者及其指导老师进行了颁奖，“震泽丝绸杯”首届中国丝绸家用纺织品创意设计大赛落下帷幕。

回顾大赛，从2016年3月16日在上海国家会展中心的2016年中国国际家用纺织品及辅料（春夏）博览会上正式启动到11月18日落下帷幕，以及大赛启动之前的运行过程，中国家用纺织品行业协会杨兆华会长及相关领导多次前往震泽与苏州吴江区及震泽镇的领导沟通，组织策划本届大赛。震泽镇政府上下高度重视，把大赛看作震泽丝绸家纺转型升级的契机和机遇，并在七月邀请全国主要设计院校纺织品设计专业负责人前往震泽镇共商大赛事宜。本届大赛作为“震泽丝绸杯”中国丝绸家用纺织品创意设计大赛的首届就征集到参赛作品1575幅，并取得圆满成功，与大赛细致周密的组织工作密切相关。

2016“震泽丝绸杯”首届中国丝绸家用纺织品创意设计大赛圆满落下帷幕，大赛对地方家纺经济的牵动作用已经开始逐渐显露，对中国丝绸家纺行业的发展起到强有力的指向性作用，对中国原创家纺设计将发挥深远影响。2017年3月16日，2017“震泽丝绸杯”中国丝绸家用纺织品创意设计大赛在上海国展中心正式启动，相信今年的大赛对中国家用纺织品行业的产品设计将起到更好的推动作用。

附件：大赛金奖、银奖、铜奖作品介绍

金奖作品《亭话》

金奖作品《亭话》灵感来源于传统苏州园林文化，选用亭台这一承载着文人墨客细腻情感的诗意园林作为创作题材。将传统绘画的散点透视与现代的构成形式相融合，表现近瞰远眺、亭里亭外的勃勃生机，传递出传统文化与现代视觉格调的跨界语义。作品描绘细腻，色调优雅，吻合丝绸产品温润含蓄的特质。作品丰富的层次与细腻的表现形式不仅适用于丝巾产品，还可用于床上用品及家居软装配套产品中丝绸类定位印花面料。

银奖作品《GAND MOSQUE》

银奖作品《GAND MOSQUE》的设计灵感取自于流行趋势伊斯兰纹样Skeikh Zayed Mosque。作品紧扣“丝·无界”主题，以现代设计构成的手法对传统纹样进行了打散重构，作品在纹样处理上具有主次呼应、层次清晰的表现效果，以独幅适合纹样形式进行表现，将

具有数学般严谨的伊斯兰纹样处理得较有时代气息。设计方案适合采用丝网平板印花方式进行加工，并制作床品。该作品纹样色调的明度如果能有更多的变化，将更能产生节奏感。

银奖作品《清风自来》

银奖作品《清风自来》灵感来源于苏州园林的荷塘映照。飘零水面的圆形荷叶与线形的亭树枝影相织交叠，一丝清风掠过，涟漪的水面柔化了轮廓与色彩，绽开了一幅朦胧、寂静、绰约委婉的江南丝竹般的诗情画。作者敏锐地捕捉了瞬间，用静谧的蓝灰色调、虚实相生的渐变、光影的透叠变化，将画面定格于轻柔抒情的江南人文情怀与恬静飘逸的江南荷塘月色，巧妙地紧扣了“丝·无界”主题。

银奖作品《上海，海上》

银奖作品《上海，海上》看上去简洁大方，实则蕴藏了诸多的小匠心。背景以瓷器中常用的海浪花为主体纹样，辅以菱格纹样，加上上海的城市远景、海上贸易景色，以及渐变、不规则形状组合撞色等的运用，让作品更加鲜亮活泼，艺术感也更加浓烈。同时换色方案的考量也拓宽了可应用的领域。

铜奖作品《小镇》

铜奖作品《小镇》以欧洲古老的小镇景观为主题，抒发了作者对欧洲传统人文景观的好奇与向往和对远离与逝去的古老异地文明的怀念："对一种事物产生怀想和思念，多是因为那些事物已经远离，或者逝去"。作者以柔和轻淡的中性色调、淡彩湿画的水彩技法将大面积背景做云雾般的幻化处理，以表现岁月、距离和时空的视幻迷离，又以明朗的色彩与入微的细节缀点出浓郁清晰的欧式小镇建筑风貌，强化主题。画面中虚实相生，如梦似幻。柔和优雅的色调，既恰如其分地表达了作者的缠倦情怀，又兼顾了丝质面料的轻柔特质。

铜奖作品《青春》

明快、清新、炫丽、活泼和动感是青春年华的标记符号。铜奖作品《青春》以绚丽缤纷的色彩、简单抽象线型的集结、疏散、反转的节奏变化与拼贴手法，营造了一幅活力四射、热情洋溢的充满青春旋律的画面；密集而充满张力的整体布局，呈现了极繁形式美学的回归；其清新明快的色彩对应了“丝·无界”的主题格调。

铜奖作品《秘密竹林》

铜奖作品《秘密竹林》摒弃了以往被广泛采用的繁复视觉效果，反其道而做减法，展现明条纹暗竹枝交错纹样，整体拂意粉色系，理性又撩人，但更好地展现了当今学院教育价值取向——商业设计需要节制的设想。

铜奖作品《心有猛虎》

钢奖作品《心有猛虎》作者引用英国诗人西格夫里·萨松的经典诗句“心有猛虎，细嗅蔷薇”作为设计的主题。通过满地的布局，将多元率真的卡通、插画人物、花卉植物、动物及其他波普元素组成一幅幻想式的画面，来营造自然状态中各种事物交织的和谐。在激流勇进时偶尔让心安静下来，感受生活的美好。

铜奖作品《长安之旅》

古色古香的西安城（古长安城）融合了众多关于历史和文化的故事，铜奖作品《长安之旅》以古长安城为设计元素、印象派古代和现代人物画像的描摹以及黄色和蓝色大量对比色的应用，让整个画面艺术气息浓郁，且更加生动有趣。作品用于整体家装家饰中，会让整个家居环境一扫低调沉闷的氛围，让家鲜活起来并洋溢着浓郁的艺术文化氛围。

江南大学

相关产业

2016年我国棉纺织行业运行情况

徐潇源

2016年，我国棉纺织行业运行总体平稳，面临着棉花原料的结构性矛盾突出，优质原棉短缺，订单短而小、价格波动，企业库存及产成品亏损风险加大等不利因素，同时，综合成本上升，国际竞争加剧、环保任务艰巨等外部因素也考验着纺织企业的经营能力，企业经营压力仍然较大。在市场需求乏力的形势下，企业生产动力有限，秉承着"降成本、去杠杆、去库存"的经营策略，降低生产成本、控制产品库存、减少资金风险，行业增长速度趋于平缓。

据中国棉纺织行业协会与中国化学纤维工业协会统计，2016年，棉纺用棉纤维715万吨，同比增长6%；非棉纤维（含涤短、黏短等）1263万吨，同比增长0.2%；共计1978万吨，同比增长2.2%；棉纤维占比36%，同比增长1个百分点；纱线产量1884万吨，同比增长2.2%。

一、价格走势

（一）国内棉花现货、期货价格走势

2016年，中国棉花产量继续下降，高质量的棉花仍然紧缺，纺织工业运行平稳，棉花需求企稳，产需缺口扩大。2016年以来，国内棉价长期高于外棉价格，国家开展实施目标价格改革试点以来，内外棉价差缩小。尤其是2016年4月国家发布储备棉投放公告，后国内外棉价逐渐接轨，而9月底储备棉投放结束后，10月国内外棉价差再次拉大至2000元/吨左右，全年平均价差在1200元/吨左右，国内纺织企业用棉成本较高。

受供需基本面偏紧影响，资金借机炒作，2016年郑棉期货大幅波动，CF1701合约3月1日最低价至9645元/吨，4月大幅拉升，最高价至13260元/吨，11月14日出现由涨停到跌停的极端走势，最高达17005元/吨，创2014年3月以来的新高，最低达14775元/吨。期、现货价格联动，国内现货报价随之涨跌，在棉价不稳的情况下，纺织企业不敢大量采购原料，为规避市场风险，随用随买是主流。见图1。

（二）国内化纤短纤维价格走势

涤纶短纤、黏胶短纤与棉花存在明显的替代关系，2016年以来，涤纶短纤和黏胶短纤价

格均处于上涨状态见图2。

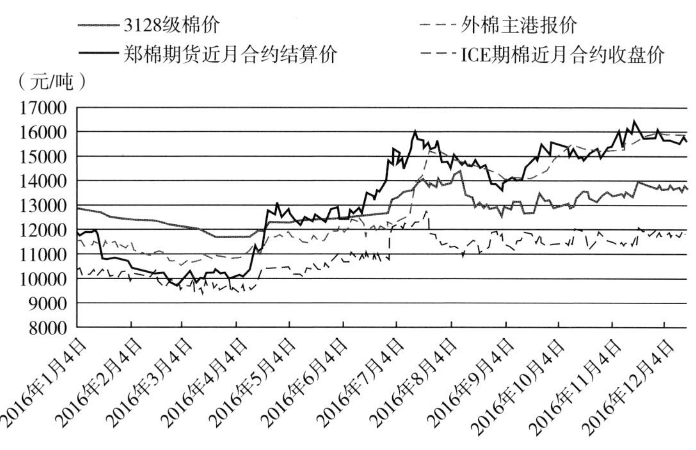

图1　国内外棉花现货、期货价格走势

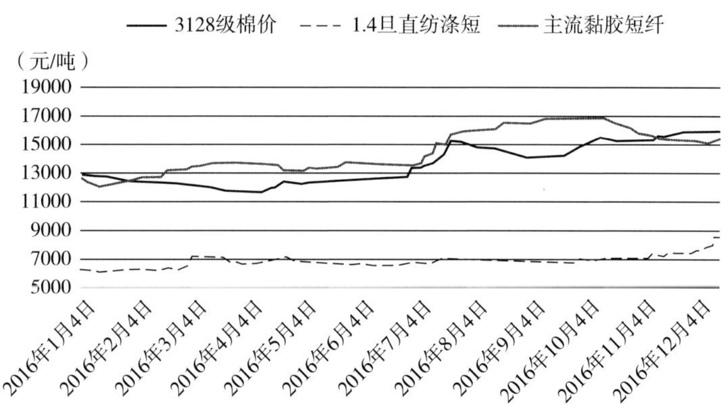

图2　非棉纤维价格走势

2016年，涤纶短纤价格一路上扬，其中下半年涤短价格由6800元/吨上涨至8400元/吨，涨幅达24%。分析其上涨的原因，主要是受宏观环境的推动，尤其是2016年下半年，钢材、煤炭、石油等价格普遍上涨，推动大宗商品价格进入上行通道；加上化纤行业的结构调整加速，产能向大的化纤企业集中，提高了化纤产品的定价权。不过，虽然涤纶短纤价格反弹上涨，但是棉涤价差仍保持在高位，全年平均价差6749元/吨，所以从性价比上看，涤纶短纤仍是较好的棉花替代品。

受环保政策带来的部分产能停产、黏胶纤维落后产能淘汰、市场供需结构改善等因素影响，自2015年以来，黏胶短纤的市场行情整体呈现“一枝独秀”的局面。2016年2月以来，主流黏胶短纤价格持续高于3128级棉价，从2016春节的最低点12400元/吨一路上涨，年末时在17400元/吨左右，与棉花的价差在1500元/吨左右。黏胶短纤由于能与所有的纤维混纺，如棉、毛、麻等，用途极为广泛，下游市场需求旺盛，而且目前国内黏胶短纤企业新增产能有限，加上黏胶行业内部交流沟通较好，这促进了黏胶企业的积极发展，提高了黏胶短纤的定价权。

（三）主要纱布品种走势

原料价格上涨，主导纱线产品价格上涨，但布的价格上涨困难，价格传导不畅。

2016年，在原料价格上涨的压力下，纺织企业跟进上调纱、布报价，纱线价格上调相对顺畅，坯布价格的调整则受到下游市场的制约，上调困难。如图3所示。

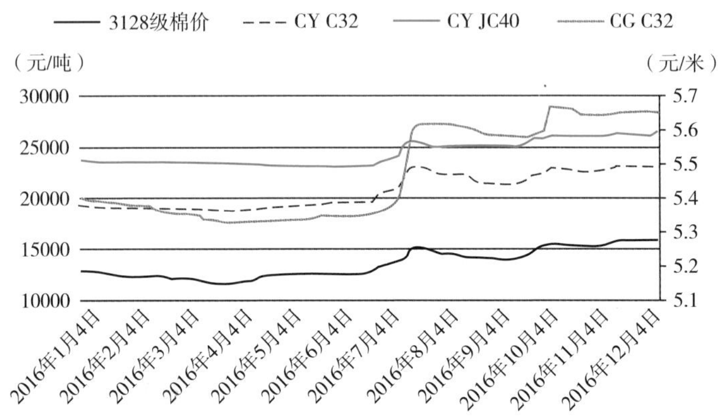

图3　主要纱布产品价格走势

（四）国内棉纱与棉花价差

棉花是纺织企业生产棉纱的主要成本，棉花价格上涨，棉纱价格跟涨，纺织企业才会有利润，但棉价上涨向下游传导存在滞后性，从2016年4月开始，棉花价格快速上涨，8月棉纱价格才相继补涨，纺织企业利润及用棉量均有所增加，全年国内3128级棉花与纯棉32支棉纱的平均价差为7095元/吨。如图4所示。

图4　国内棉纱与棉花价差走势

二、进出口

（一）棉制纺织品服装出口形势

2016年1～12月，我国棉制纺织品及服装累计出口823.4亿美元，累计同比下降6.64%，出口压力较大。其中，棉制纺织品累计出口243.9亿美元，累计同比下降4.55%；棉制服装累计出口579.5亿美元，累计同比下降7.49%。对欧盟、东盟、美、日出口额同比降幅均有所扩大，其中，对欧盟出口额同比降幅最大。2016年1～12月棉制纺织品及服装出口分地区情况见表1。

表1 2016年1～12月棉制纺织品及服装出口分地区情况

地区	出口额（亿美元）	同比（%）	棉制纺织品（亿美元）	同比（%）	棉制服装（亿美元）	同比（%）
日本	54.7	-10.72	8	-5.94	46.7	-11.49
美国	128.2	-8.71	15.4	-10.41	112.7	-8.47
东盟	126.3	-7.32	73.3	2.41	53	-18.09
欧盟	126.1	-12.65	12.9	0.77	113.2	-13.96

资料来源：海关总署。

2016年，我国棉制服装出口额579.5亿美元，同比下降7.49%，占我国纺织品服装出口额的21.7%；进口额24.6亿美元，同比增长0.71%，占我国纺织品服装进口额的10.5%。我国棉制纺织品出口额243.9亿美元，同比下降4.55%，占我国纺织品出口额的23%；进口额65.2亿美元，同比下降19.3%，占我国纺织品进口额的38.9%。2016年我国棉制纺织品服装进出口占纺织品服装比重见表2。

表2 2016年我国棉制纺织品服装进出口占纺织品服装比重

项目	出口额（亿美元）	出口同比（%）	进口额（亿美元）	进口同比（%）
纺织品服装	2672.5	-5.87	233.6	-8.8
其中：棉制服装	579.5	-7.49	24.6	0.71
棉制服装占比（%）	21.7		10.5	
纺织品	1062.2	-3.03	167.7	-12.12
其中：棉制纺织品	243.9	-4.55	65.2	-19.3
棉制纺织品占比（%）	23		38.9	

资料来源：海关总署。

（二）棉花进口情况

2016年，我国棉花产业供给侧结构性改革迈出重要步伐，储备棉轮出成交踊跃，去库存达到预期效果，国内棉花供给相对充裕，同时配额政策收紧，棉花进口量大幅下降，2016年

1～12月，我国累计进口棉花89.66万吨，同比减少57.59万吨，减幅39.11％。

从进口贸易方式来看，2016年加工贸易仍排在第一位，所占份额近四成，同比增长10.7个百分点；一般贸易配额占比下降。进口地区仍以山东和江苏为主，合计占比超过七成。

从进口市场来看，美棉和澳棉依然是我国纺织企业主要的进口源，美棉因质量下降进口占比有所下滑，澳棉依然备受纺企青睐，占比上升。印棉、乌棉占比下降，主要原因是纺织企业配额有限，国内外棉花价差较小，纺织企业选择用质量好的棉花。2015年和2016年棉花进口分市场情况见表3。

表3 2015年和2016年棉花进口分市场情况

名称	2015年占比	2016年占比	变化百分点
美棉	35.23%	29.36%	-5.87
澳棉	17.11%	24.35%	7.24
印棉	16.43%	13.20%	-3.23
乌棉	11.61%	10.37%	-1.24

资料来源：海关总署

（三）棉纱线进口情况

受国内外棉差价缩小影响，国外纱成本优势明显减小，我国棉纱线进口量下降。2016年1～12月，我国累计进口棉纱196.83万吨，同比下降16.08%。

2016年，越南超过印度成为我国棉纱线进口第一大国，主要原因：

（1）近几年，我国棉纺企业在越南建厂；

（2）越南纱厂从设备、工人熟练程度到纱线品质得到中国买家的认可；

（3）进口越南纱享受零关税政策。

2015年和2016年棉纱线进口分市场情况见表4。

表4 2015年和2016年棉纱线进口分市场情况

国家	2015年占比	2016年占比	变化百分点
越南	21.44%	31.71%	10.27
印度	29.96%	21.07%	-8.89
巴基斯坦	23.09%	19.72%	-3.37
中国	5.22%	5.04%	-0.18

资料来源：海关总署

（四）棉织物出口情况

由于2016年上半年棉花价格相对较低，产品竞争力有所恢复；下半年人民币贬值加速，利好纺织品出口。2016年1~12月，我国棉织物累计出口88.10亿米，同比增长6.03％，增幅放缓。

我国棉织物出口市场分布广泛，主要以东南亚的国家为主，还涉及部分非洲国家以及亚洲、欧洲等发达国家，近二百个国家。2015年与2016年棉织物出口分市场情况见表5。

表5　2016年与2015年棉织物出口分市场情况

国家及地区	2015年	2016年	变化百分点
菲律宾	6.02%	12.66%	6.64
孟加拉国	12.30%	12.41%	0.11
越南	9.89%	7.62%	–2.27
中国香港	11.76%	5.73%	–6.03
贝宁	6.02%	3.86%	–2.16

资料来源：海关总署

三、企业运行

（一）行业产销存情况

（1）生产。2016年，棉花价格高位运行，下半年以来企业生产运行平稳，开工情况较好，国内纺纱、织布生产有所增加。中棉行协跟踪数据显示，纱、布产量同比分别增加1.19%和0.36%。

（2）销售。2016年，纺织企业经营情况整体好于去年，产品销售态势良好，纱、布销售有所增加，订单以短单为主。跟踪数据显示，纯棉纱、布销售同比分别增加2.36%和2.6%。

（3）库存。产品库存呈下降趋势，尤其进入12月，企业努力消化库存，回笼资金，跟踪数据显示，2016年12月纱、布库存分别环比下降2.39%和2.72%。

2016年1～12月跟踪企业情况见表6。

表6　2016年1～12月跟踪企业情况

项目		纱	布
生产	12月环比（%）	2.87	–0.71
	1~12月累计同比（%）	1.19	0.36
销售	12月环比（%）	3.77	–1.12
	1~12月累计同比（%）	2.36	2.6
库存	12月环比（%）	–2.39	–2.72

资料来源：中国棉纺织行业协会

（二）企业经济效益状况

在全球经济低靡、市场需求偏弱的形势下，企业经济效益状况较差。从中棉行协跟踪企业数据来看，2016年，棉纺织企业主营业务收入及利润降幅较大，2016年主营业务收入累计同比下降6.38%，利润累计同比下降6.60%，不过亏损面趋于缩小。2016年以来跟踪企业主要经济指标增长率见图5。

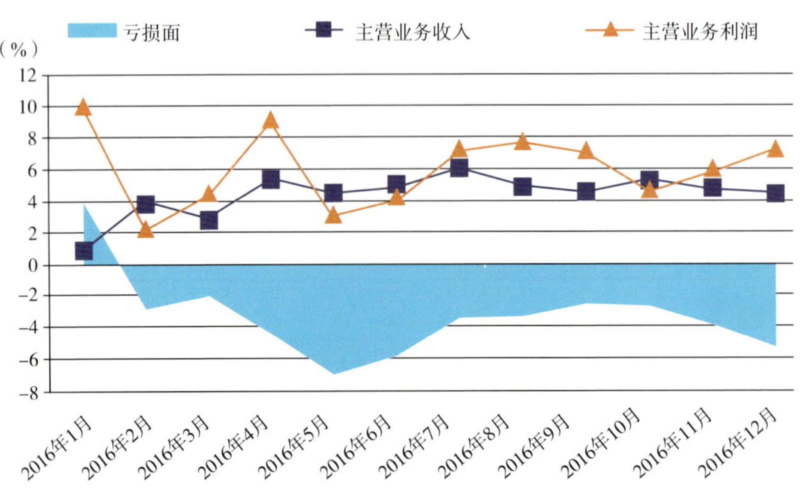

图5　2016年以来跟踪企业主要经济指标增长率

（三）景气指数走势

2016年以来，棉纺织行业景气指数均处于50以下。据中棉行协调研了解，2016年企业运行平稳，但纺企利润增长水平较低，纺织机械等相关企业经营情况好于纺织企业。2016年12月中国棉纺织景气指数为48.10，与11月相比提高0.30，纺纱织造整体生产平稳，纺纱开台率略高于织造开台率。我国棉纺织行业仍处于欠景气状态，关键原因仍是需求不足。景气指数走势见图6。

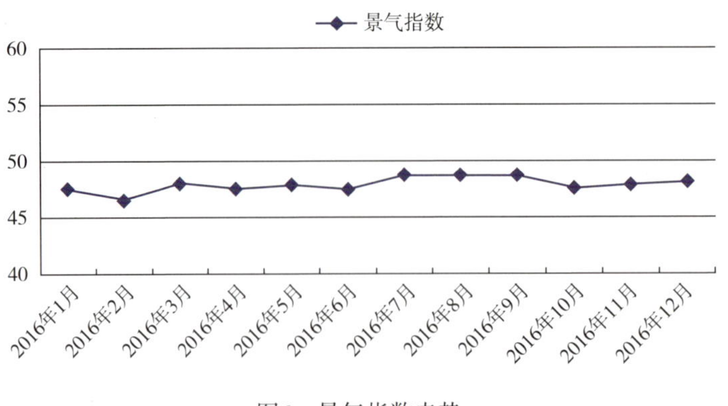

图6　景气指数走势

（四）行业投资状况

2016年，我国棉纺织行业投资同比增长，高于纺织工业平均水平，主要受新疆为主的西部投资增长的拉动，但随着新疆棉纺织产能的逐步饱和，预计2017年棉纺投资将趋缓。2016年行业投资情况见表7。

表7　2016年行业投资情况

行业	实际完成投资（亿元）	比去年同期增长（%）
纺织业	6643	7.77
棉纺纱加工	2331	19.18
棉织造加工	771	21.13

资料来源：中国棉纺织行业协会

四、行业预测

（1）在国家政策稳定的前提下，内外棉价差缩小，进口纱价格优势减弱，目前纺织企业订单好于同期，纺企利润有望回暖，加上黏胶短纤价格上涨，预计棉花消费需求将增加。

（2）2017年3月6日，储备棉开始投放，受储备棉定价机制影响，内外棉价差可能会进一步缩小，2017年储备棉的竞拍底价会成为棉市价位走势的“风向标”。

（3）全球经济及国内经济数据均有向好迹象，随着“一带一路”国家战略的不断推进，国内棉纺织产业也将迎来新的贸易机会，但实体压力依然较大，预计短期内需求不会增加，市场整体呈稳中趋缓态势。

（4）特朗普就职，其加强贸易壁垒、减税、加息、鼓励产业资本回流美国的政策主张或将兑现，全球化进程受阻。加强贸易壁垒的矛头已经指向中国和墨西哥，国际贸易摩擦在所难免，国际贸易环境或将恶化。

（5）美联储加息，加上美国大选尘埃落定之后美元持续显著走强，人民币汇率承受一定贬值压力。展望2017年，尤其是考虑到中美双边的贸易博弈，预计2017年人民币汇率稳中有降，中国纺织出口有望从中受益。

（6）未来国内棉纺织行业发展会更加注重产品创新、新技术的应用以及高附加值产品的研发，对棉花质量要求提高。生产向自动化、连续化、智能化方向发展，减少用工、减少成本、提高效率是必然方向。

中国棉纺织行业协会

2016年中国化纤行业运行分析与2017年运行预测

吴文静

2016年全球经济总体保持温和复苏的发展态势。我国经济结构调整加快，国民经济运行保持在合理区间，发展的质量和效益提高，2016年中国GDP增长6.7%，增速比2015年回落0.2个百分点。

2016年化纤行业正逐步适应新常态，并主动接受新常态，响应国家供给侧改革，化纤新产品开发加快，去产能、去库存成效明显。主要体现在：一是主要产品新增产能投放放缓，运行质量明显好转，产量中速增长，开工率受季节变动明显，整体开工率比2015年提升；二是受G20峰会影响，部分企业停产检修，供需关系有所改善，产销平衡，库存达到历史低位；三是受国内织造需求增长及化纤产品出口增加带动，化纤产品销售良好，但品种间差异显著；四是受油价温和上涨的带动，大宗商品价格回升，化纤主要品种价格上半年保持微涨，下半年价格上升明显，但仍处于历史低位，化纤主要产品盈利能力均显著增强，企业现金流状况有所好转，加上库存盘盈，企业总体效益相比2015年同期大幅度增长；五是大型龙头企业产业链一体化发展，成本优势明显。但行业结构性、阶段性产能过剩仍然存在，部分品种及企业经营困难，呈现两极分化现象。

2016年，化纤行业工业增加值增速6.1%，增速高于工业及纺织行业增速。实现主营业务收入7662.8亿元，同比增加3.71%；实现利润总额366.4亿元，同比增长19.9%；实现销售利润率4.78%，较去年销售利润率增加0.65个百分点；亏损面16.27%，比2015年亏损面减少了3.62个百分点。

一、2016年化纤行业运行情况

（一）生产

据国家统计局统计，2016年1~12月化纤累计完成产量4943.7万吨，同比增长2.32%，但根据中国化纤协会抽样调查分析，2016年化纤产量增速为3.98%。其中2016年1~11月化纤完成产量4514.99万吨，涤纶完成产量3621.25万吨，同比增加2.93%（表1）。

表1 2016年1~11月化纤产量

纤维	2016年1~11月（万吨）	2015年同期（万吨）	同比（%）
化学纤维	4514.99	4348.03	3.84
人造纤维	369.19	344.65	7.12
其中：黏胶短纤	309.15	279.45	10.63
黏胶长丝	15.32	16.74	–8.51
醋酸纤维	32.74	33.29	–1.66
合成纤维	4145.67	4003.15	3.56
其中：涤纶	3621.25	3518.17	2.93
锦纶	308.97	275.55	12.13
腈纶	65.24	65.13	0.16
维纶	7.82	6.64	17.76
丙纶	24.64	22.54	9.29
氨纶	48.27	47.22	2.22

资料来源：国家统计局

（二）价格

2016年，特别是下半年，国际大宗商品价格有不同程度回升，合成纤维原料和产品价格受此传导，化纤市场主要产品价格成上涨趋势，下半年特别是10月以后更是上涨迅速，全年上涨幅度在30%~50%（图1~图5）。原油从年初的37.07美元/桶升到年末的53.77美元/桶，升高45.05%。涤纶POY长丝产品价格升高44%，短纤全年升高34%，腈纶由于价格向下游传导乏力，价格基本持平。氨纶受新增产能释放及原料价格下降的影响，平均价格虽有波动，但全年价格下降10%左右。

图1 2016年涤纶长丝、涤纶短纤与PTA价格走势图
资料来源：中纤网

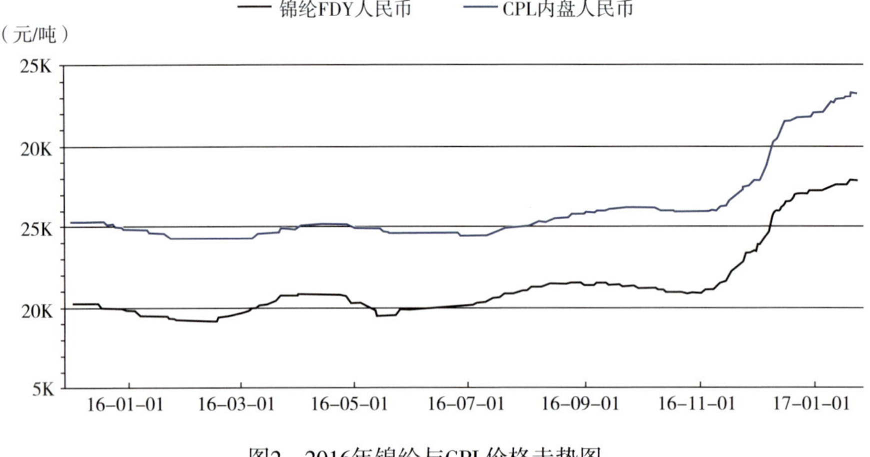

图2 2016年锦纶与CPL价格走势图

资料来源：中纤网

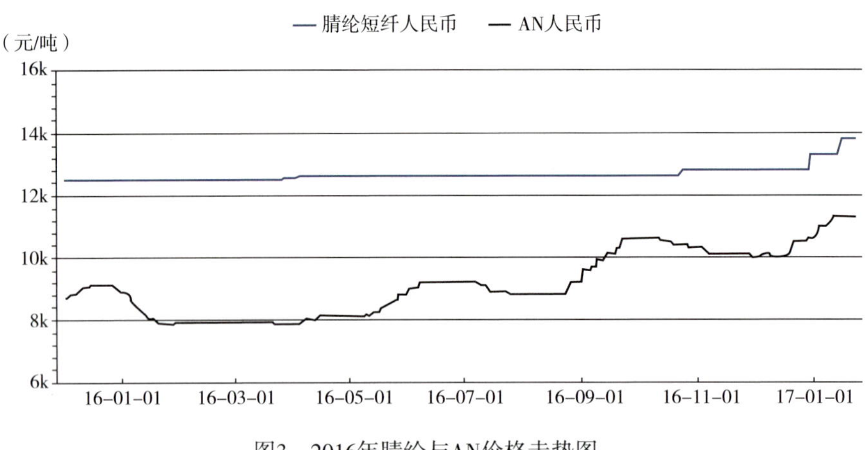

图3 2016年腈纶与AN价格走势图

资料来源：中纤网

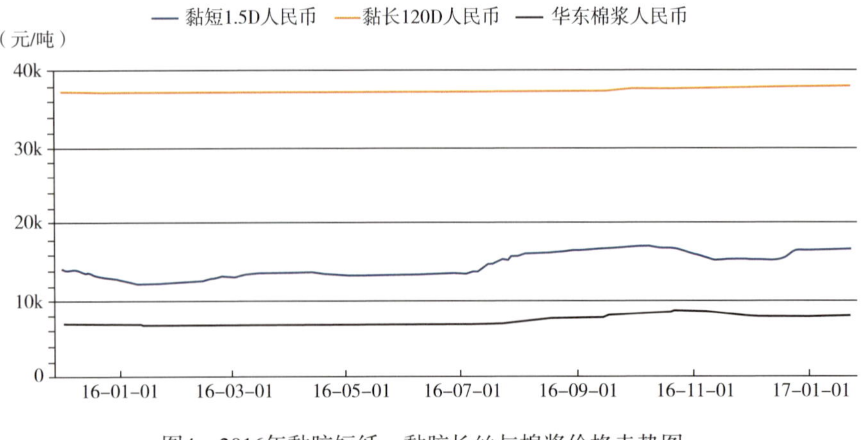

图4 2016年黏胶短纤、黏胶长丝与棉浆价格走势图

资料来源：中纤网

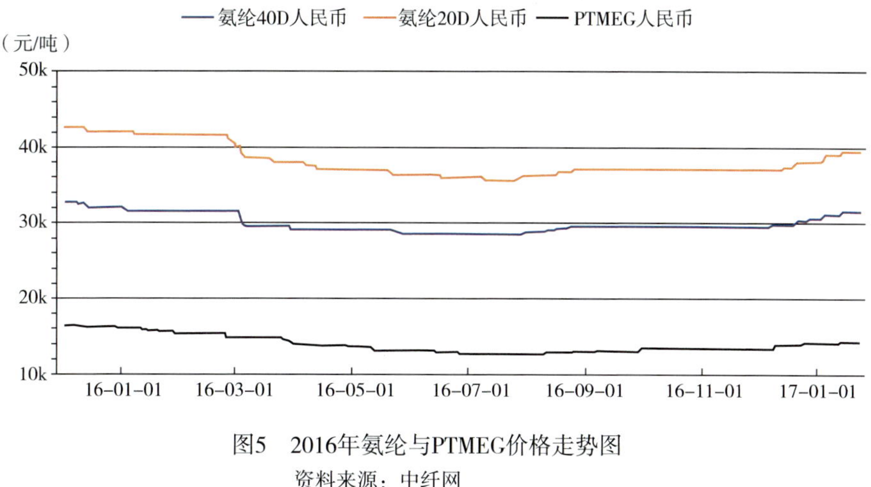

图5　2016年氨纶与PTMEG价格走势图

资料来源：中纤网

化纤产品价格上涨的原因：一是成本驱动，2016年原油价格从年初的37美元/桶上升到年末的53美元/桶，上升45%（表2）；二是在国家去产能政策的推动下，化纤主要产品新增产能投放放缓，供需关系得到改善；三是部分产品受G20峰会影响，政策性停车，2016年9月、10月、11月三月的产量同比均有减少，加快了价格升高速度；四是需求良好，在国内及国外需求良好、行业开工率提升的情况下，库存特别是下半年达到历史低位，五是价值回归，最近几年化纤主要产品的价格处于历史低位，不能反映产品价值，与其他大宗商品价格上升相同，属于报复性反弹，回归产品的本来价值。即便如此，以石化资源为原料的合成纤维，多数产品在此次价格上涨中，依然低于原油价格上涨的幅度。

表2　2016年化纤产业链主要产品价格变化对比表

项目	单位	年初	年中高点	年末	年末比年初	年末比年中高点
原油 WTI	美元/桶	37.07	—	53.77	45.05%	—
PX 韩国	美元/吨	716	817	795	11.03%	-2.69%
PTA	元/吨	4400	—	5350	21.59%	—
涤纶 POY	元/吨	6080	—	8755	44.00%	—
涤纶短纤（江浙）	元/吨	6250	8525	8375	34.00%	-1.76%
CPL	元/吨	9800	—	17200	75.51%	—
锦纶 FDY	元/吨	14800	—	22000	48.65%	—
AN	元/吨	8800	—	10800	22.73%	—
腈纶短纤	元/吨	12475	—	13300	6.61%	—
PTMEG	元/吨	16000	—	14000	-12.50%	—
氨纶	元/吨	42000	—	38000	-9.52%	—

资料来源：中国化学纤维工业协会

（三）进出口

2016年共进口化纤81.06万吨，同比减少3.64%。分品种看，进口量增加的有涤纶长丝和氨纶，涤纶长丝进口量同比增加11.46%，但仅增加1.23万吨，氨纶同比增加792吨；黏胶短纤进口量达19.63万吨，同比减少8.58%，仍占总进口量的24.22%，占比最大，与国内lyocell纤维研发起步较晚、产量较低有关；其他纤维进口量同比均有下降，说明我国纤维生产技术进一步提高，产品供应逐步满足了国内需求（表3）。

表 3　2016 年化纤产品进口情况

纤维	进口数量			进口金额		
	2016 年（吨）	去年同期（吨）	同比	2016 年（万美元）	去年同期（万美元）	同比
化学纤维	810550.1	841210.0	-3.64%	246960.6	269313.2	-8.30%
其中：涤纶长丝	119349.3	107075.7	11.46%	30315.3	28650.5	5.81%
涤纶短纤	123677.4	126824.8	-2.48%	16894.9	19002.8	-11.09%
锦纶长丝	111919.0	115932.2	-3.46%	40870.0	44669.6	-8.51%
腈纶	138235.4	158464.1	-12.77%	30012.6	42547.8	-29.46%
黏胶长丝	4983.9	5432.1	-8.25%	4270.6	4320.8	-1.16%
黏胶短纤	196301.5	214732.4	-8.58%	46492.6	46553.7	-0.13%
氨纶	26432.3	25640.2	3.09%	20239.7	21982.5	-7.93%

资料来源：据中国海关数据整理

2016年，我国共出口化纤392.68万吨，同比增长15.48%，占到产量的7.94%，出口金额增加2.92%。在出口产品中，涤纶长丝占50.34%，涤纶短纤占25.98%，合计占出口量的76.32%，合计出口金额占总金额的55.04%；腈纶和黏胶短纤由于基数较小，出口增幅较大（表4）。

在2016纺织行业主要子行业出口双降的情况下，化纤行业是唯一一个实现出口数量和金额双升并且出口数量增速达两位数的行业，技术进步、产品品质提升、纺织产业转移、国外需求增加、"盛虹·中国纤维流行趋势发布"及纱线展等因素推动了出口的增加。化纤行业应进一步开拓国际市场，但随着出口的增多，行业需要警惕国外贸易壁垒及贸易诉讼问题。

表 4　2016 年化纤产品出口情况

纤维	出口数量			出口金额		
	2016 年（吨）	去年同期（吨）	同比	2016 年（万美元）	去年同期（万美元）	同比
化学纤维	3926798.5	3400330.2	15.48%	645472.7	627162.1	2.92%
其中：涤纶长丝	1976715.4	1690079.6	16.96%	259174.3	254186.3	1.96%
涤纶短纤	1020050.8	957909.0	6.49%	96080.5	101122.6	-4.99%
锦纶长丝	188159.5	163420.0	15.14%	56000.7	56448.3	-0.79%
腈纶	30108.0	19514.5	54.29%	5212.9	4323.8	20.56%
黏胶长丝	74587.2	67912.0	9.83%	38861.2	38324.4	1.40%
黏胶短纤	314899.1	219967.7	43.16%	56584.6	38211.4	48.08%

续表

纤维	出口数量			出口金额		
	2016年（吨）	去年同期（吨）	同比	2016年（万美元）	去年同期（万美元）	同比
氨纶	58702.3	52200.1	12.46%	30709.3	32491.7	-5.49%

资料来源：据中国海关数据整理

2016年，我国化纤主要品种进出口均价中，涤纶长丝的进出口价格同比均有降低，但进出口价差同比增加131美元/吨，应该是与工业丝增加0.45万吨有关。进出口价差相差最大的是黏胶长丝，主要是进口的多为高档西服里子面料，国内细旦长丝产品质量与进口产品相比还有差距，出口的为常规黏胶长丝；涤纶短纤进出口价格相差最小，同比减少174美元/吨，说明我国涤纶短纤的技术已达到国际先进水平。进出口价差除考虑运输、保险成本、品质差距、原材料成本因素外，随着我国企业管理水平的提升，化纤加工成本相对较低也是造成价差的主要原因。价差的逐步缩小，体现了化纤结构调整和技术进步（表5）。

表5 2016年化纤产品进出口价格情况

	2016年进出口			2015年进出口		
	进口（美元/吨）	出口（美元/吨）	价差（美元/吨）	进口（美元/吨）	出口（美元/吨）	价差（美元/吨）
化学纤维	3046.8	1643.8	1403.1	3434.8	2125.0	1309.8
其中：涤纶长丝	2540.0	1311.1	1228.9	2902.2	1804.4	1097.8
涤纶短纤	1366.0	941.9	424.1	1869.3	1270.7	598.6
锦纶长丝	3651.7	2976.2	675.5	3646.5	4042.0	-395.5
腈　纶	2171.1	1731.4	439.7	2452.6	2710.0	-257.4
黏胶长丝	8568.8	5210.2	3358.6	6770.2	5646.7	1123.5
黏胶短纤	2368.4	1796.9	571.5	2621.9	1731.1	890.8
氨　纶	7657.2	5231.4	2425.8	11021.0	6982.6	4038.4

资料来源：据中国海关数据整理

（四）投资

2016年，化纤行业实际完成固定资产投资1116亿元，占当年主营业务收入的14.6%，投资增速0.34%，比2015年投资增速减少2.53个百分点，投资增速从2011年以来呈下降趋势（图6），反映出化纤行业正逐步适应我国经济发展的新常态，表现在产能新增放缓，实现了行业去产能。其中涤纶行业固定资产投资同比减少16.20%，氨纶行业固定资产投资同比减少10.67%，其他合成纤维固定资产投资同比增加28.66%，这些纤维装置投产后，能增加高新技术纤维及生物基纤维的供给，但行业固定资产投资减少，也会影响设备的更新换代及采用智能化装备的历程。

但据了解，2017年、2018年涤纶长丝的新增订单达到了历史高位，黏胶短纤也有大量新增投产项目，因此，控制产能合理释放，仍是行业需要认真对待的问题。

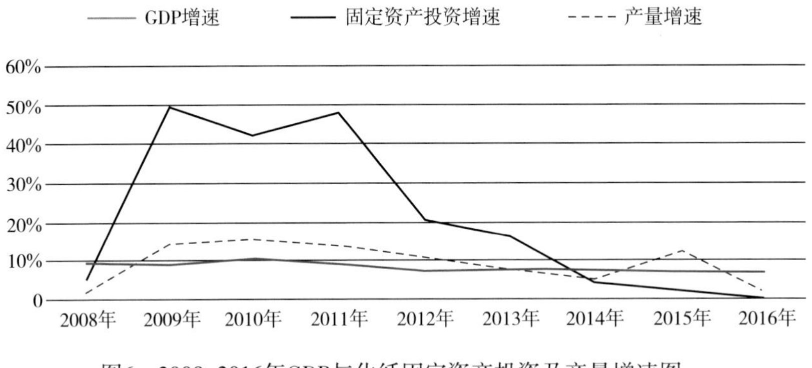

图6 2008~2016年GDP与化纤固定资产投资及产量增速图
资料来源：国家统计局及化纤协会

（五）质效

国家统计局数据显示（表6），2016年化纤行业实现利润总额366.4亿元，同比增长19.86%，比2015年利润增长率增加4.63个百分点，是纺织子行业中增长最快的行业。行业亏损面16.27%，同比减少3.62个百分点，但亏损企业亏损额同比减少23.11%，大型企业集团显示了较强的盈利能力。

在子行业中，涤纶提供48.26%的主营业务收入，实现利润总额152.39亿元，同比增长34.45%，占化纤行业利润总额的41.59%，相对产量占比超过80%，单位产品利润率相对较低，仍需提升产品的附加值，增加效益；维纶产品利润由于2015年基数较低，实现了66倍增长；人造纤维利润同比增长19.85%，效益相对较好；氨纶行业利润总额同比下滑43.50%，亏损企业亏损额同比增加295.5%。

表6 2016年化纤行业经济效益情况

纤维	利润总额			亏损企业亏损额		
	2016年（万元）	去年同期（万元）	同比（%）	2016年（万元）	去年同期（万元）	同比（%）
化学纤维制造业	3664391	3057188	19.86	355904	462884	-23.11
纤维素纤维原料及纤维制造	1333765	1070629	24.58	48968	91071	-46.23
化纤浆粕制造	134731	70165	92.02	12495	34899	-64.20
人造纤维制造	1199034	1000464	19.85	36473	56173	-35.07
合成纤维制造	2330626	1986559	17.32	306936	371813	-17.45
锦纶制造	433629	409354	5.93	36557	61958	-41.00
涤纶制造	1523886	1133436	34.45	199407	263256	-24.25
腈纶制造	36848	31133	18.36	2236	3079	-27.40
维纶制造	15492	231	6618.04	1502	15885	-90.54
丙纶制造	22653	24968	-9.27	10041	1644	510.95
氨纶制造	129623	229423	-43.50	39638	10023	295.47

续表

纤维	利润总额			亏损企业亏损额		
	2016 年（万元）	去年同期（万元）	同比（%）	2016 年（万元）	去年同期（万元）	同比（%）
其他合成纤维制造	168496	158014	6.63	17556	15969	9.94

资料来源：国家统计局

从化纤行业运行质量来看（表7），由于化纤产品价格上升及行业利润的同比增加，化纤行业运营能力明显好转。企业资本的增加提升了企业偿债能力，在营运能力中，应收账款周转率同比提升0.65个百分点，存货周转率提高2.85个百分点，流动资产周转率提升0.38个百分点，产销两旺；在盈利能力指标中，主营业务利润率为4.78%，同比提高0.64个百分点，净资产收益率提升0.72个百分点，盈利能力提升；在产量增长放缓以及产品价格上升的推动下，销售增长率同比提高2.5个百分点。

表 7　2016 年化纤行业运行质量情况

项　目		2016 年	去年同期	同　比
偿债能力	资产负债率（%）	56.98	60.83	-3.85
	产权比率（%）	132.44	155.28	-22.84
	已获利息倍数	4.39	3.52	0.87
营运能力	应收账款周转率（次）	16.13	15.48	0.65
	存货周转率（次）	19.94	17.09	2.85
	产成品周转率（次）	2.29	2.29	0.01%
	流动资产周转率（次）	47.46	47.08	0.38
	总资产周转率（次）	1.09	1.08	0.01
盈利能力	主营业务利润率（%）	4.78	4.14	0.64
	成本费用利润率（%）	5.00	4.30	0.70
	总资产报酬率（%）	6.22	5.63	0.59
	净资产收益率（%）	12.09	11.37	0.72
发展能力	销售增长率（%）	3.71	1.21	2.50
	总资产增长率（%）	2.61	3.96	-1.35
百元销售收入三项费用	销售费用（元 / 百元）	1.25	1.19	0.06
	管理费用（元 / 百元）	2.94	2.86	0.07
	财务费用（元 / 百元）	1.62	1.90	-0.27

资料来源：据国家统计局数据整理

2016年，化纤行业销售利润率为4.78%，利润率从2012年开始逐步上升，与化纤行业持续不断地推进结构调整和产业升级、打造核心竞争力有直接关系。随着利润率的回升，或许会激发行业固定资产投资的热情。控制产能合理增长，继续调整产业结构，仍将是行业未来发展的关键（图7）。

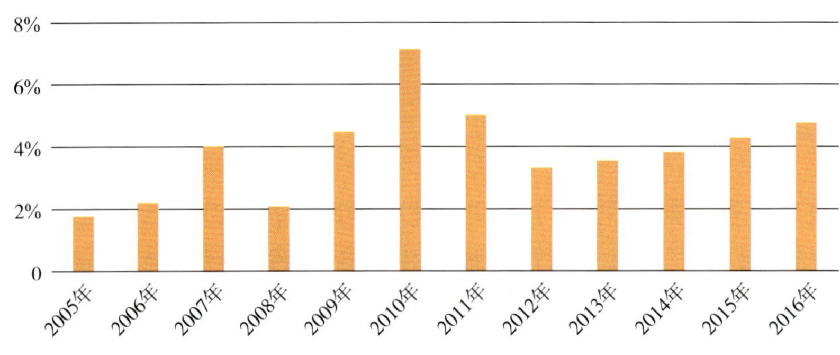

图7　2005~2016年化纤行业利润率

资料来源：据国家统计局数据整理

二、行业发展关注的几个问题

（一）产能增长

2016年，化纤行业销售利润率提升，行业运行质量转好，会激发行业新增产能的积极性，但仍需谨慎对待当前的发展形势，控制产能过快增长仍是提高行业利润率的主要途径之一。化纤行业"十三五"规划经过反复推敲、测算，总量增长目标制定的合理性、科学性、可操作性日臻提高，需认真对待。

在控制新增产能过快释放的同时，也应该关注PTA、涤纶长丝、黏胶短纤等不具备竞争优势产能出现"死灰复燃" 式增加，避免市场过度竞争所带来的运行风险。有改造空间的装备可通过改造生产小批量、多品种差别化的纤维，这对提高利润非常有利，如2016年用3万~6万吨涤纶生产装置生产阻燃纤维、低熔点纤维、阳离子纤维差别化产品，同样获得较好利润。

（二）原料价格

2016年，原油价格上升，推动化纤产品价格上升，但从2007年至今来看，化纤产品仍处于中低位运行，原油上涨有利有弊，价格上涨会增加原料资金成本，但在目前价位下利大于弊。化纤原料的价格除了受原有价格波动影响外，PX增收进口检测费也会推升原料价格，增加产业链成本；EG期货上市加大产业链价格波动，在对不同工艺EG缺乏完善检验措施的情况下，也会增加原料风险；此外，棉花的产量及放储政策与价格走势也会影响涤纶短纤及黏胶短纤的使用量。

（三）固定资产投资

2016年，化纤固定资产投资1116亿元，除化纤浆粕制造投资大幅增加外，化纤主要品种固定资产均有减少趋势，同比减少有往年基数高和控制产能过快释放的原因，同时也有资金“由实入虚”，脱离实体经济的一面，影响落后产能的淘汰更新及新工艺、新设备的更新换代。保持一定量的固定资产投资，使产能增速在合理水平，有序淘汰没有改造空间的产能，积极采用智能化、信息化、绿色生产、节能减排等新技术武装化纤工业，通过设备更新促使产品升级发展，也是行业需要关注的地方。

（四）绿色发展趋势

化纤企业作为纺织产业链的重要源头，响应国家号召，不断改进工艺，坚持绿色制造，走可持续发展道路是行业发展的趋势，2017年将完成《合成纤维制造业（涤纶）清洁评价指标体系》等6个行业清洁生产评价指标体系制修订工作，《中国化纤行业绿色行动计划》也在有序制定中，必将推动化纤行业的结构调整和改造升级。

（五）产业链一体化发展

2016年，行业龙头企业向产业链上游发展，平衡产业链上下游发展及原料匹配，竞争优势明显，如涤纶行业形成了炼化—PTA—聚酯—纺丝—加弹一体化生产模式。如盛虹在连云港兴建的炼化一体化项目，2016年12月进行了环评公示；荣盛和桐昆参股的舟山炼化项目，2016年9月进行了环评二次公示；恒力的炼化项目已经于2016年12月开工；恒逸文莱炼化项目顺利推进；锦纶行业中恒申己内酰胺项目一期40万吨生产线已经完成开工准备。这些多为行业内上市公司，借助资本的力量，实现了产业链一体化发展及工艺设备的升级换代，稳定了原料来源，成本优势明显，抗风险能力增强，盈利有望高于行业平均水平，将在今后的竞争中占据优势。

（六）中国纤维的品牌建设

中国纤维的品牌建设逐步引起化纤企业重视，在“盛虹·中国纤维流行趋势”推动下，带动了化纤产业向以新产品开发、创新拉动需求为导向的价值链整体提升，增强产业链整体竞争能力，提高纤维品牌对纺织化纤产业发展的贡献率，还带动了企业开发差别化纤维的热情，推动了行业的品牌建设进程。企业还需要加大对品牌的认识，积极参与纤维品牌及产品推广活动，配合行业，加强互动，实现行业互相叠加放大的效应。

三、2017年化纤行业运行预测

（一）行业运行背景

1. 世界经济

2017年，国际经济运行环境不稳定性因素加剧。美国政府的更迭，各种经济政策仍在调整中，或成为世界经济不稳定的来源；英国退出欧盟对双方经济的影响仍需保持观察；日本国内积极的财政政策在一定程度上将刺激经济复苏，但是结构性及周期性的不利因素共同决定了日本中期经济动力不足；亚太经济的增长前景仍受到外需的不确定性、内需的可持续性以及长期增长动力转化等因素的影响。

国际货币基金组织预测，2017年世界GDP增长率为3.4%（PPP）；世界银行预测，2017年世界GDP增长率为3.6%（PPP）；经济合作组织预测，2017年世界GDP增长率为3.34%；中国社会科学预测，2017世界GDP增长率为3.0%（PPP）。中国社会科学的预测低于国际货币基金组织及其他国际组织的预测，主要反映了对世界经济潜在增长率下行、金融市场脆弱性加大、反全球化趋势、美国政策调整、欧洲内部政治冲突、难民危机、英国脱欧进程、日本通货紧缩等问题的担忧。

2. 中国经济

我国正处于经济中速增长期，经济发展仍具备不少有利条件和积极因素，多家国际组织看好中国经济增长前景，IMF、联合国及世界银行均预测中国2017年经济增速为6.5%；摩根大通、汇丰银行、花旗银行等多家外资机构也发布报告，预计2017年中国经济将进一步企稳。

3. 工业经济形势

刺激工业运行的积极因素正在积累，工业产品的价格指数回升，预示着工业企业的实际收益回升，对企业下一步扩大投资经营活动具有积极效应；去产能、去杠杆稳步推进，工业成本下降，消费增长降中趋稳，预计2017年规模以上企业工业增加值继续维持在6%左右的增长速度。

4. 原料价格

目前全球石油需求继续维持低速增长的态势，但增长速度将有所加快，低油价对石油输出国组织、俄罗斯等国的财政收入构成严重的负面冲击。2016年11月30日，石油输出国组织已达成停产协议，俄罗斯也承诺降低石油产量，这将显著增强OPEC的干预效果。不同国际组织也对2017年的原油价格进行了预测，IMF预计2017大宗商品价格仍将在中低位运行，且略有上行，原油价格在2017年将有所上升，并超过60美元/桶，世界银行预测2017年原油价格升至53.2美元/桶，虽不尽相同，但是均预测了温和反弹的趋势。

5. 我国的化纤主要原料供应

从主要化纤原料来看，2017年的一些长期停车PTA装置或将重启，市场弱平衡状态将会被打破，PTA行业又将呈现供应过剩局面。锦纶产业链上的己内酰胺、切片以及纺丝仍有新产能投产，整个锦纶产业链竞争会更加激烈，企业运营风险继续加大。PTEMG及MDI供需状况维持相对平稳，预计在2017年价格也会出现不同程度的提升，此外，人民币以及国内通胀水平也会提高PX、PTA等化纤原料的价格。

6. 纺织行业

2017年，纺织业在宏观经济稳定及收入增加的支撑下，内需继续扩大，外需不确定性增加，发达经济体前景将改善，这些将能够支撑纺织行业运行基本保持平稳，行业质效将稳定增长，为化纤行业营造一个平稳的需求环境。

（二）化纤行业运行预测

2017年，中国化纤新增产能继续放缓，内需继续扩大，外需不确定性增加，但预期增长，对化纤行业将是利好，预计2017年化纤行业产量增速为3%~5%，开工率保持平稳，略有回升。

在2017年原油上涨预期推动下，上半年化纤主要产品价格仍会呈上涨趋势，由于2016年基数较大，利润增速将回落，销售利润率保持2016年的水平。

随着产品品质提升、结构优化、纺织产业转移及国外需求的增加，化纤产品进口将呈继续呈下降趋势，化纤高端产品品质逐渐被世界认可，常规产品的低成本也被东南亚等国接受，出口将保持继续增加，整个化纤行业预计出口增加8%~10%，高新技术纤维出口将增加。

中国化学纤维工业协会

2016年中国印染行业发展报告

丁思佳　林琳

一、2016年印染行业经济运行情况

2016年是“十三五”规划开局之年，也是中国经济进入“新常态”后深度调整和转型的关键之年。面对复杂的内外部环境，印染行业着力推进转型升级，依靠技术创新、管理提高和产品升级，全行业经济运行总体平稳，规模以上企业主要运行指标保持增长，实现了“十三五”的良好开局。

（一）产量扭转负增长态势

随着国内经济企稳回升和供给侧结构性改革的有力推进，2016年1～12月，规模以上印染企业印染布产量533.70亿米，同比增长4.74%，增速较2015年同期提高9.81个百分点,扭转了“十二五”以来连续五年负增长的态势。如图1所示。

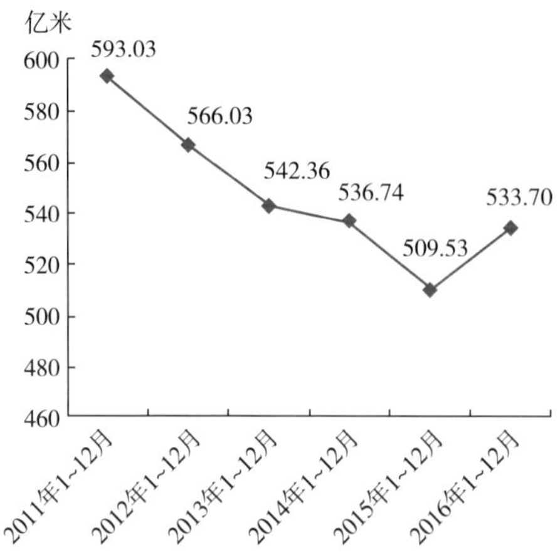

图1　2011～2016年规模以上印染企业印染布产量情况
资料来源：国家统计局

（二）固定资产投资增速下滑

2016年1～12月，印染企业500万元以上项目固定资产实际完成投资442.36亿元，同比增加2.94%。其中，棉印染精加工企业实际完成投资额366.26亿元，同比增加7.21%；化纤织物印染精加工企业实际完成投资额76.09亿元，同比减少13.61%见表1。

表1　2016年1～12月印染企业500万元以上项目固定资产投资情况（不含农户）

固定资产投资额		棉印染精加工		化纤织物印染精加工	
数值（亿元）	同比（%）	数值（亿元）	同比（%）	数值（亿元）	同比（%）
442.36	2.94	366.26	7.21	76.09	-13.61

资料来源：国家统计局

“十二五”时期，印染行业加快转型升级，大规模进行技术改造、装备升级，投资规模不断扩大、投资增长较快；在经济进入新常态后，经济下行压力较大，受市场主体投资信心不足、产量下降、内外需求收缩等诸多因素的影响，自2015年以来，投资增速持续回落，2016年固定资产投资增速较2015年同期回落13.86个百分点，其中，化纤织物印染精加工固定资产投资增速下滑明显，较2015年同期回落30.69个百分点。如图2所示。

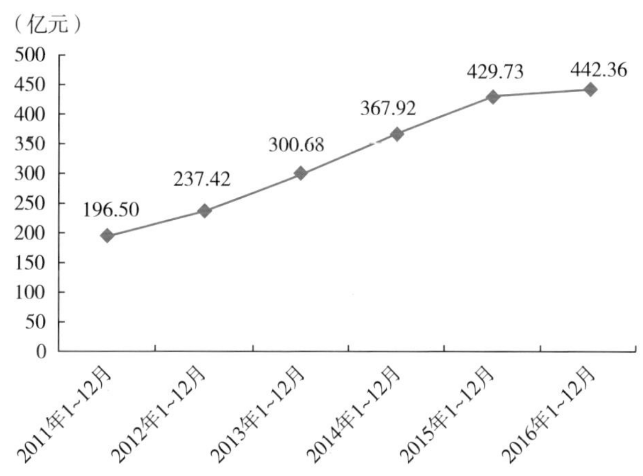

图2　2011～2016年印染企业500万元以上项目固定资产实际完成投资情况
资料来源：国家统计局

（三）质量效益稳步提升

1. 运行质量持续改善

2016年1～12月，印染行业运行效益指标见表2。规模以上印染企业三费比例5.93%，同比减少0.18个百分点；成本费用利润率5.64%，同比增加0.26个百分点，反映企业降低成本的经济效益有所提升；销售利润率5.33%，同比增加0.24个百分点；产成品周转率29.02 次/年，同比增加5.72%；应收账款周转率11.24次/年，同比增加2.46%，企业营运能力有所提高；总资产周转率1.39次/年，同比下降1.26%，企业利用全部资产进行经营的效率有所降低。

表 2　2016 年 1 ~ 12 月印染行业运行效益指标

印染企业	规模以上印染企业	棉印染精加工	化纤织物印染精加工
三费比例 (%)	5.93	5.80	7.90
同比（ ± 百分点）	-0.18	-0.20	-0.01
成本费用利润率（%）	5.64	5.65	5.59
同比（ ± 百分点）	0.26	0.30	-0.26
销售利润率（%）	5.33	5.33	5.25
同比（ ± 百分点）	0.24	0.27	-0.23
产成品周转率（次 / 年）	29.02	29.03	28.77
同比（%）	5.72	5.37	11.93
应收账款周转率（次 / 年）	11.24	11.41	9.21
同比（%）	2.46	1.76	14.03
总资产周转率（次 / 年）	1.39	1.42	1.08
同比（%）	-1.26	-1.74	7.21

资料来源：国家统计局

2. 盈利能力保持平稳

2016年1 ~ 12月，规模以上印染企业实现主营业务收入3937.17亿元，同比增长0.72%，增速较2015年同期回落3.53个百分点；实现利润总额209.79亿元，同比增长5.43%，增速较2015年同期回落1.82个百分点；销售利润率5.33%，较2015年同期提高0.24个百分点。行业盈利能力基本保持平稳，但企业成本负担依然较重，主营业务成本占主营业务收入的比重高达88.5%，受市场需求疲软和生产成本上升的双重挤压，唯有依靠转型升级才能改善企业盈利水平。如图3~图5所示。

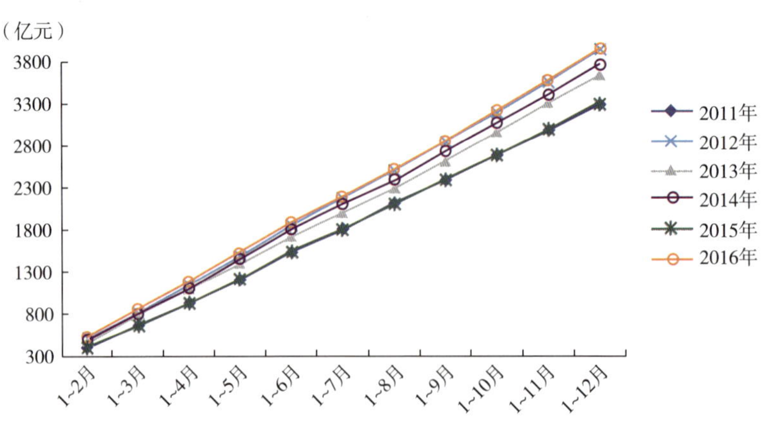

图3　2011 ~ 2016年规模以上印染企业主营业务收入情况

资料来源：国家统计局

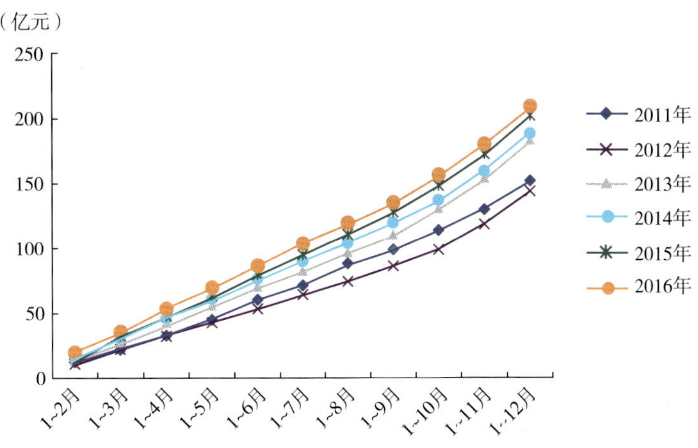

图4　2011～2016年规模以上印染企业利润总额情况

资料来源：国家统计局

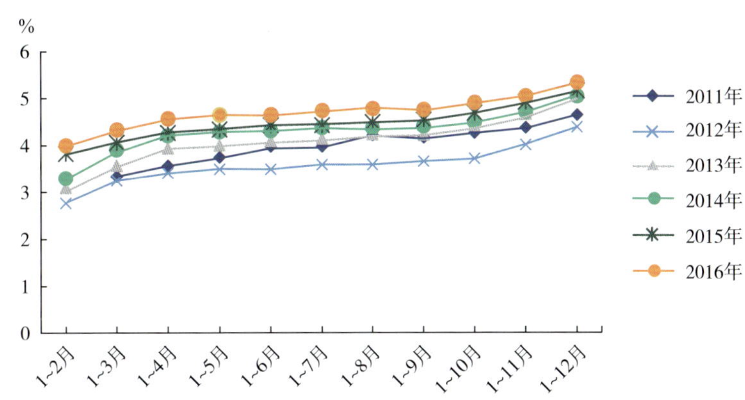

图5　2011～2016年规模以上印染企业销售利润率情况

资料来源：国家统计局

2011～2016年，规模以上印染企业主营业务收入和利润总额呈逐年增长态势。主营业务收入由2011年的3280.99亿元增加到2016年的3937.17亿元，年均增长3.09%；利润总额由2011年的152.28亿元增长到2016年的209.79亿元，年均增长5.50%。2011～2016年，销售利润率均保持在4%～5%，2016年同比2011年增加0.69个百分点，印染企业盈利能力的提高是“十二五”期间印染行业通过结构调整和转型升级的成果。

3. 亏损面小幅收窄，亏损额增加

2016年1～12月，规模以上印染企业亏损企业户数214家，亏损面12.07%，较2015年缩小0.1个百分点。亏损企业亏损总额11.52亿元，同比增长2.21%，增速较2015年同期减少29.18个百分点。企业在降本增效方面取得进展。如图6所示。

4. 内销市场对行业发展支撑作用增强

2016年，规模以上企业出口交货值528.93亿元，同比减少6.81%。1～12月内销占比86.57%，较2015年同期增加1.09个百分点，较2011年同期增加3.94个百分点。由于国内市场需求支撑，消费保持增长，自2013年起，印染布内销占比呈逐年增加态势，国内消费市场对印染行业拉动作用在增强，消费结构升级对行业转变发展方式、调整产业结构、保持平稳运行具有积极意义。如图7所示。

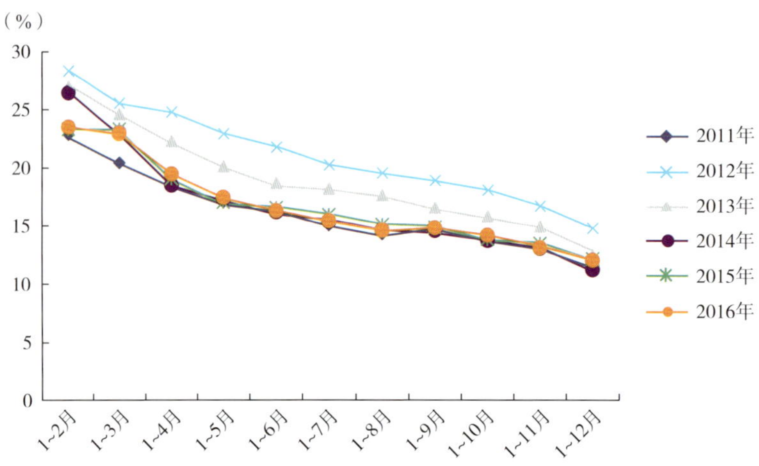

图6　2011～2016年规模以上印染企业亏损面变化情况

资料来源：国家统计局

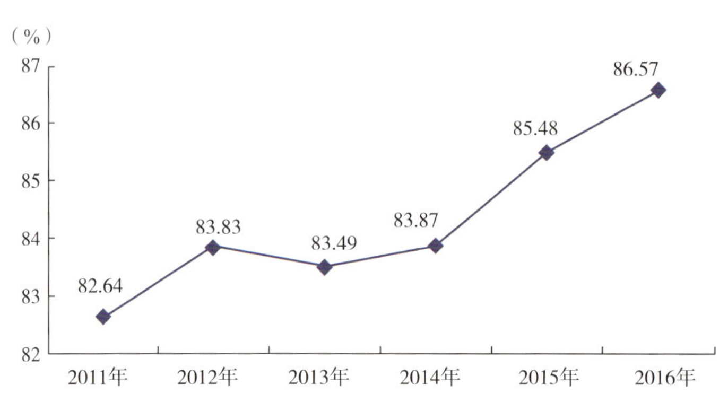

图7　2011～2016年规模以上印染企业内销占比情况

（四）进出口情况

2016年1～12月，印染八大类产品进出口总额249.73亿美元，同比减少6.2%，增速较2015年同期回落4.27个百分点；贸易顺差208.78亿美元，同比减少5.12%，增速较2015年同期回落5.63个百分点。

1. 进口量价持续走低

2016年1～12月，印染八大类产品进口数量10.62亿米，同比减少9.45%，增速较2015年同期回落1.95个百分点；进口金额20.48亿美元，同比减少11.52%，增速较2015年同期增加0.54个百分点；进口平均单价1.93美元／米，同比减少2.03%，增速较2015年同期增加2.9个百分点。

2. **出口量升价跌**

2016年1～12月，印染八大类产品出口数量215.53亿米，同比增长4.33%，增速较2015年同期增加2.54个百分点；出口金额229.26亿美元，同比减少5.7%，增速较2015年同期回落4.86个百分点；出口平均单价1.06美元/米，同比减少9.61%，增速较2015年同期下降5.85个百分点。由图8可知，2011～2016年印染八大类产品出口数量逐年增加，2011～2014年出口金额和出口平均单价逐年上升，2015年后出现下降现象，2016年持续走低。

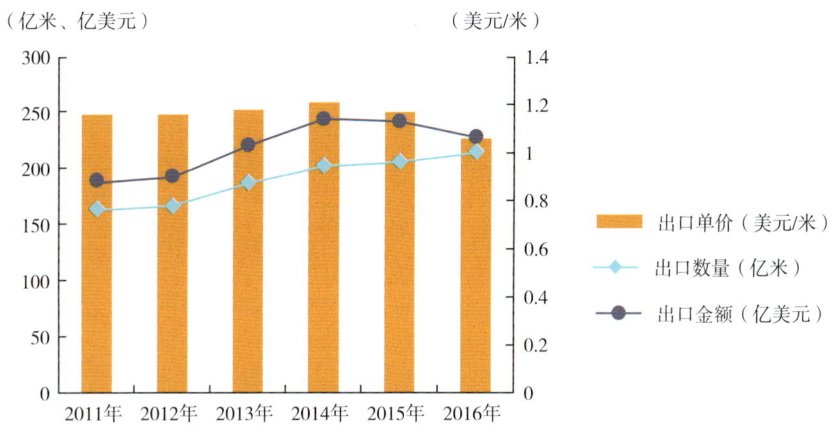

图8　印染八大类产品出口情况

（1）印染八大类产品出口情况。2016年印染八大类产品出口情况见表3。八大类产品中，棉混纺印花布出口占比最小，出口数量同比大幅增长86.26%，平均单价同比下降14.95%。合成长丝织物出口占比最大，同比增长10.54%，平均单价同比下降9.09%。八大类产品出口平均单价同比均呈不同幅度的下降，棉混纺印花布和T/C印染布出口平均单价呈两位数下降。

表3　2016年1～12月印染八大类产品出口情况

品种	数量（亿米）	金额（亿美元）	单价（美元/米）	数量同比（±%）	金额同比（±%）	单价同比（±%）
纯棉染色布	12.24	24.25	1.91	-6.20	-12.91	-7.04
纯棉印花布	17.39	19.52	1.22	0.34	-9.42	-9.68
棉混纺染色布	3.56	7.08	2.04	7.19	-3.04	-9.55
棉混纺印花布	1.37	2.26	1.96	86.26	58.49	-14.95
合成长丝织物	126.89	114.15	0.89	10.54	0.24	-9.09
涤纶短纤织物	13.65	10.36	0.80	-11.61	-19.10	-8.43
T/C 印染布	16.32	22.59	1.22	-10.49	-19.95	-10.97
人纤短纤织物	24.11	29.05	1.11	1.76	-3.43	-5.51
合计	215.53	229.26	1.06	4.32	-5.70	-9.61

资料来源：中国海关

（2）主要出口市场情况。2016年，印染八大类出口市场前十位依次为越南、孟加拉国、印度尼西亚、尼日利亚、巴西、阿联酋、巴基斯坦、贝宁、印度和菲律宾。前十位出口数量合计87.76亿米，占总出口数量的40.72%；出口金额103.2亿美元，占总出口金额的45.01%见表4。越南仍是最大的出口市场，印度尼西亚由去年的第七位上升至第三位，出口数量同比大幅增加31.67%，增速较2015年同期大幅提高37.59个百分点；出口金额同比增加15.97%，增速较2015年同期增加24.9个百分点。2016年印染布前十位主要出口市场出口平均单价均呈不同幅度的下降。

表4　2016年1～12月印染布出口主要市场情况

国家及地区	数量（亿米）	金额（亿美元）	单价（美元/米）	数量同比（±%）	金额同比（±%）	单价同比（±%）
越南	19.26	35.91	1.86	-4.00	-9.16	-5.38
孟加拉国	11.38	16.01	1.41	10.14	4.00	-5.57
印度尼西亚	10.13	10.35	1.02	31.67	15.97	-11.92
尼日利亚	8.03	4.95	0.62	-0.55	-20.13	-19.69
巴西	7.58	5.85	0.77	8.67	-6.01	-13.51
阿联酋	6.75	7.68	1.14	-19.67	-20.01	-0.42
巴基斯坦	6.71	8.14	1.21	-13.99	-28.19	-16.51
贝宁	6.66	4.99	0.75	-27.45	-42.28	-20.44
印度	5.66	4.24	0.75	26.13	10.79	-12.16
菲律宾	5.60	5.08	1.00	15.75	0.67	-13.03

资料来源：中国海关

（3）传统出口市场情况。2016年，对欧盟市场出口数量同比增长7.33%，出口金额同比增加1.55%。对欧盟、美国、中国香港和日本市场出口平均单价同比分别下降5.38%、13.41%、5.10%和5.34%（表5）。2011年以来，印染布出口美国市场占比基本平稳，出口中国香港市场占比呈明显的逐年下降态势；出口日本市场占比变化不大，但呈逐年下降态势；出口欧盟市场占比自2012年以来呈逐年小幅增加见图9。

表5　2016年1～12月印染布出口传统市场情况

国家及地区	数量（亿米）	金额（亿美元）	单价（美元/米）	数量同比（±%）	金额同比（±%）	单价同比（±%）
欧盟	16.29	18.08	1.11	7.33	1.55	-5.38
美国	4.93	5.37	1.09	4.57	-9.45	-13.41
中国香港	3.03	4.78	1.58	-6.68	-11.44	-5.10
日本	1.43	1.11	0.78	-5.11	-10.17	-5.34

资料来源：中国海关

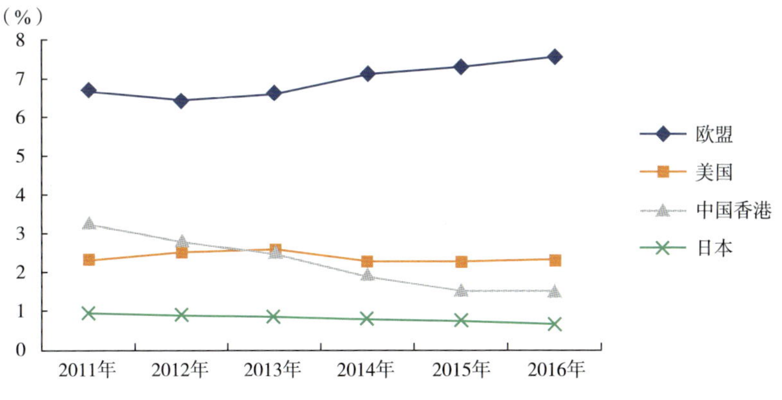

图9 2011～2016年印染布传统出口市场占比情况

资料来源：中国海关

（4）新兴市场出口情况。2016年，对印度出口数量和金额保持了两位数的增长速度，分别增长26.13%和10.79%；对东盟和俄罗斯的出口数量同比分别增加8.12%和0.04%，出口平均单价同比分别减少10.51%和8.95%，见表6。自2012年起，印染八大类产品出口东盟、印度市场占比逐年上升，出口俄罗斯市场占比逐年下降，如图10所示。

表6 2016年1~12月印染布出口新兴市场情况

国家及地区	数量（亿米）	金额（亿美元）	单价（美元/米）	数量同比（±%）	金额同比（±%）	单价同比（±%）
东盟	50.41	68.03	1.35	8.12	-3.24	-10.51
俄罗斯	4.72	4.44	0.94	0.04	-8.91	-8.95
印度	5.66	4.24	0.75	26.13	10.79	-12.16

资料来源：中国海关

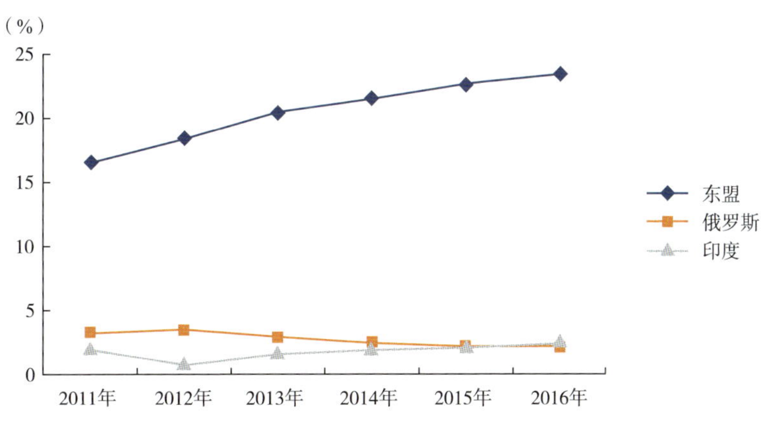

图10 2011～2016年印染布新兴出口市场占比情况

资料来源：中国海关

二、2016年印染行业面临的主要问题

（一）政府对印染行业扶持力度还需进一步加大

从目前来看，国家金融政策在印染行业的落实效果尚不明显，多数印染企业面临复杂的国内外环境和成本上升、税收高、融资难等困难和压力。近几年在环保政策倒逼下，行业节能减排和转型升级取得了明显成效，但在国际国内经济环境趋紧，企业经营压力较大的形势下，政府除加大淘汰落后产能工作力度、加强节能环保管理外，还应加大对印染企业的扶持力度，如税收、贷款优惠政策等，在发展中解决好发展的问题。

（二）企业管理水平有待进一步提升

印染行业是技术密集、管理复杂、环保要求高的行业。就技术方面而言，我国印染技术在很多方面已处于国际先进或领先水平，但在管理方面，我国印染行业正处于由粗放型向精细化过渡阶段。目前部分企业做到部分生产环节的自动化或半自动化控制，少数企业做到全流程数据采集和管控，尚未形成更大范围的综合应用系统，生产执行管理系统（MES）和生产自动化系统（SFC）在许多企业未能发挥应有的作用。行业要实现从手工机械化、集合单机自动化向全流程数字化、系统自动化跨越还有很长的路要走。

（三）产业结构调整有待进一步加快

印染行业75%左右的产品是通过委托加工方式实现的，加工型企业的发展关键在于其显著的成本优势，当成本优势不在，同质化竞争不断加剧，企业利润下降时，生产经营将面临困境时。产品结构调整和市场结构调整是印染行业转型升级的两个重要方面。所以，产品结构要由同质化转变成差异化、个性化，由来样仿制转变成设计研发；市场结构要由加工贸易转变成销售终端控制、自主品牌，从满足用户需求到为消费者创造需求。另外，产品与市场也是相辅相成的，产品研发必须以市场需求为导向，市场开发必须以产品研发为依靠。制造业最核心的竞争力体现在产品上，而产品的价值必须通过市场才能得到体现，所以市场的把握与控制对企业来说至关重要。

三、2017年印染行业发展趋势与重点方向

面临国内外经济弱复苏下的新形势和新要求，印染行业产量5年负增长，首次转正，说明行业提前调整，有提前结束调整的迹象。2017年，行业将继续深入推进转型升级，优化产业结构，以供给侧结构性改革为主线，淘汰落后产能，推进智能化、信息化管理，提高技术创新、产品开发能力。预计2017年印染行业经济运行稳中有进，稳中向好。

（一）国内外形势对印染行业的影响

当前世界经济增速放缓，需求回升乏力。2017年，美国经济将继续温和增长，但特朗

普新政存在一定变数，经济走势不确定性增大；受英国脱欧、难民问题和地缘政治等影响，不排除欧洲经济回升受阻的可能；由于日元升值抑制出口，日本经济增速回升的动力依然不足；新兴市场和发展中国家经济增长仍然面临许多困难，资金外流风险依旧存在，结构性改革有待进一步深化，将进一步影响巴西、俄罗斯和南非等资源出口依赖性国家的经济复苏步伐。在此大环境下，预计2017年我国印染产品对欧盟、美国的出口有望保持增长，对日本和俄罗斯出口将继续走低，但在美国、日本和欧盟市场份额保持基本稳定。

随着我国供给侧结构性改革的有力推进，工业领域转型升级步伐加快，新动能不断得到培育，在这些积极因素的支撑下，预计2017年中国经济仍将延续缓中趋稳、稳中向好的态势。从消费层面看，消费结构升级，将不断释放新的消费需求潜力。国内有效需求持续增长，将拉动印染产品内销增加。

（二）智能制造促进行业转型升级

提升行业整体智能化水平是印染行业转型升级的重要方面。随着自动化、智能化技术和数码印花为代表的一批印染新技术快速发展，以及精细化管理在一些企业有效推行，将有越来越多的企业采用工艺参数在线采集与自动控制系统、化学品自动称量和自动输送系统以及数字化、智能化装备，进一步加强信息化管理与工艺技术、企业运营管理与互联网技术的融合。部分优势企业将通过建立智能化管理系统，实现生产执行管理系统（MES）、计划管理系统（ERP）及现场自动化系统（SFC）的结合，从单一装备的智能化向整体工厂智能化转变。

（三）节能环保促进行业绿色发展

“十二五”期间，印染行业节能减排取得显著成效，“十三五”实现节能环保目标任务依然艰巨。2017年行业将着力推进节能减排和清洁生产技术的深度开发和应用，加强有毒有害化学品替代技术开发，建立纺织化学品风险管理和控制体系。加快淘汰落后的生产工艺和装备，提高行业整体装备和工艺水平。按照国家统一部署和安排，2017年将在印染行业全面推行排污许可制度，年底前完成排污许可证核发。

（四）产品创新开发培育新的增长点

加快产品结构调整，推进供给侧改革，实施增品种、提品质、创品牌“三品”战略。重点开发高档次、高品位、高附加值产品，为行业创造新的经济增长点；开展全流程数字化绿色生产线建设，推广染料助剂自动配送系统，提高产品质量和品质；注重从加工生产向前端设计研发、后端市场终端控制延伸，引导并创造市场需求；以市场为导向，加强高品质、多功能、智能化产品开发，使纺织品面料向舒适化、时尚化、环保化、多元化、多功能化和智能化方向发展，更好地满足消费者多层次的需求；加快制定绿色产品评价标准，推动绿色产品评价，引领绿色消费。

中国印染行业协会

2016年缝制机械行业经济运行分析及2017年发展展望

中国缝制机械行业协会

2016年，面对内外需求总体疲软的大环境，我国缝制机械行业坚持创新驱动，积极推进供给侧改革，贯彻消费品“三品”专项行动计划，着力调结构、补短板、上高端。全年来，行业产销下滑势头明显减缓，结构调整和智能转型成效显著，经营效益明显提升，增长方式转换加快，经济运行呈现“缓中趋稳、稳中向好”的企稳回升态势。

一、2016年行业经济运行概况

（一）概况

2016年，行业发展速度进一步放缓，但产销形势明显改善。其中，生产量降值增，库存大幅下降，出口企稳回升，经济效益和工业增加值明显增长，集中度不断提高，行业企稳向好态势不断增强，呈现明显的“四升两降”特征。

全年来，行业综合景气指数在稳定、渐冷区间持续徘徊，明显高于去年水平。据中国轻工业信息中心数据显示（图1），12月行业综合景气指数90.32，其中，主营业务收入景气指数93.98，出口景气指数99.08，资产景气指数93.92，三指标均维持稳定区间；利润景气指数80.01，持续渐冷区间徘徊。

（二）生产

据协会测算，2016年，中国缝制机械行业共完成工业生产总值约536亿元（含零部件和缝前缝后设备），同比增长2.10%；累计生产缝制机械（缝前缝后设备除外）881万台（表1），同比下降10.10%。另据协会统计数据显示，2016年协会统计的百余家骨干整机企业累计完成工业总产值142亿元，同比增长3.09%。

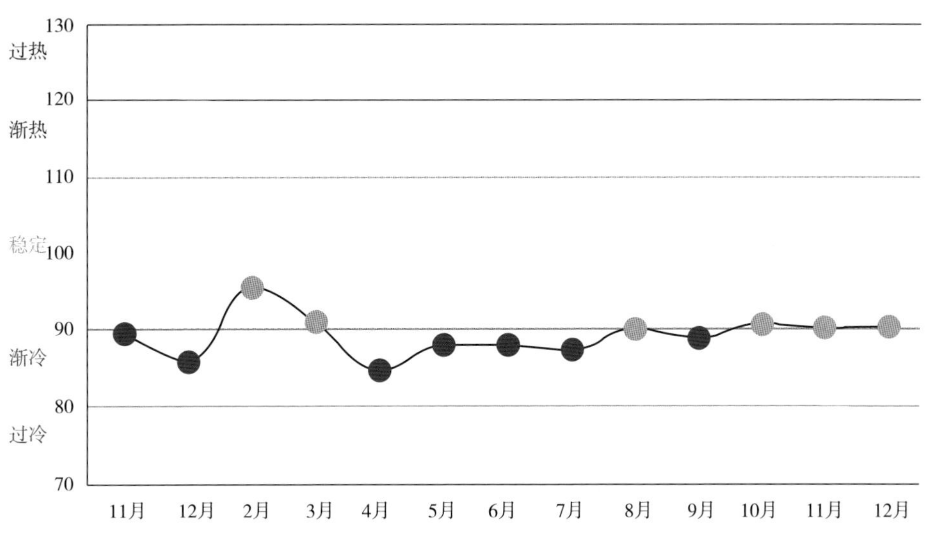

图1　2015年11月~2016年12月缝制机械行业综合景气指数变化情况

数据来源：中国轻工业信息中心

表 1　2016 年中国缝制机械分产品产量估算情况

产品名称	总产量（万台）	同比（%）
家用机	355	-15.48
多功能家用机	240	-22.58
普通家用机	115	4.55
工业机	526	-6.07
高速平缝机	80	-16.67
电控高速平缝机	195	2.63
中厚料平缝机	36	2.86
双针缝纫机	11	-8.33
曲折缝纫机	12	-20.00
包缝机	92	-8.00
绷缝机	22	-12.00
多针机	1.8	-10.00
锁眼机	2.4	-7.69
钉扣机	3.2	-8.57
加固机	4.5	-10.00
花样机	6.5	8.33
暗缝机	3	-6.25
封包机	30	-6.25
电脑刺绣机	3.2	6.67

产品名称	总产量（万台）	同比（%）
其他缝制设备	23.4	-21.21
产量汇总	881	-10.10

数据来源：中国缝制机械协会

1. **工业缝纫机**

据协会估算，2016年，中国缝制机械行业累计工业缝纫机产量526万台（图2、图3），同比下降6.07%。其中，协会统计的百余家骨干整机企业累计生产工业缝纫机337.1万台，同比增长0.47%。

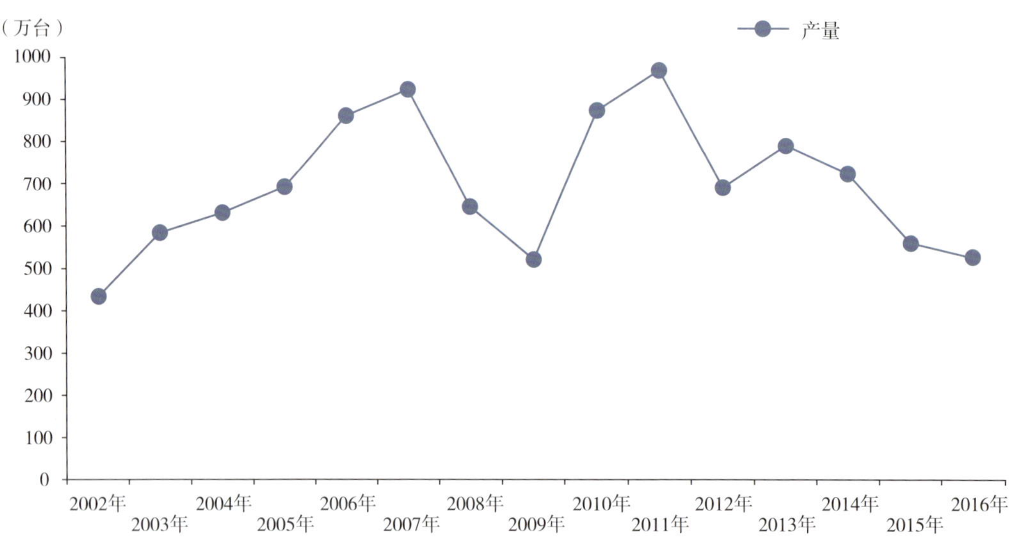

图2　2002～2016年中国工业缝纫机产量情况

数据来源：中国缝制机械协会

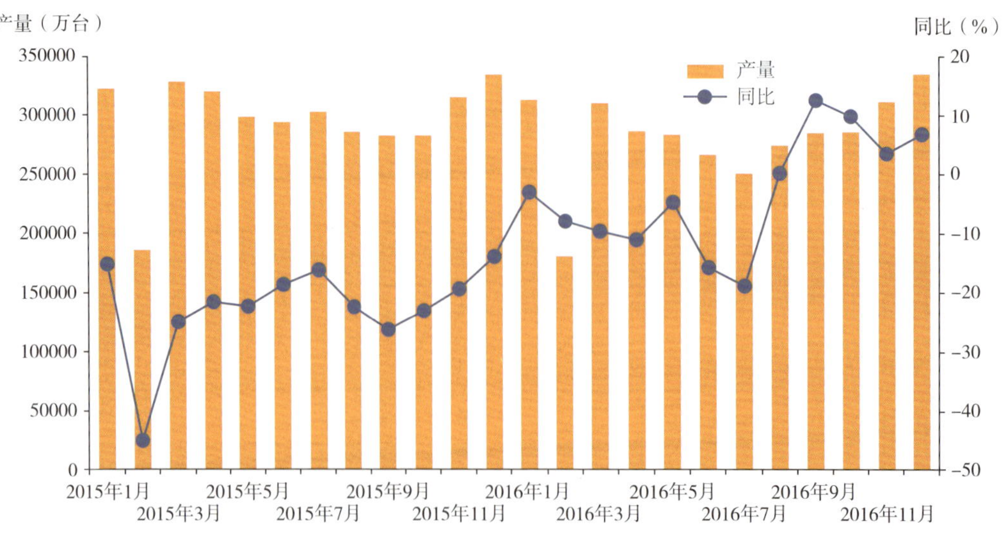

图3　2015～2016年协会统计百余家骨干整机企业工业缝纫机月度产量变化情况

数据来源：中国缝制机械协会

2. 家用缝纫机

据协会测算，2016年，中国缝制机械行业累计家用缝纫机产量355万台，同比下降15.48%。其中多功能家用机产量240万台，同比下降22.58%；普通家用机产量115万台，同比增长4.55%。

3. 电脑刺绣机

据协会测算，2016年，中国缝制机械行业累计电脑刺绣机总产量约3.2万台（不含翻新机），同比增长6.67%；总刺绣头数约130万头，同比增长8.3%。

（三）销售

国内市场方面，2016年，下游服装行业规模以上企业产量增速同比下降1.64%，服装及衣着附件出口额同比下降9.35%，家具、皮革、玩具等相关下游行业生产增速延缓，内需低靡导致缝制设备内销持续下滑。初步估计，2016年国内市场销售工业缝纫机约195万台，同比下降20.41%，降幅较上年有所收窄。另据协会统计数据显示，2016年行业百余家骨干整机生产企业累计内销产值约86.0亿元（含生产企业通过外贸公司出口数据），同比下降0.82%。

外销方面，2016年国际市场需求逐步释放，外销企稳回暖，缝制机械产品出口额同比下降1.64%，行业出口工业缝纫机331万台，同比增长4.65%，实现止跌回升。

（四）库存

2016年，行业积极推进供给侧结构性改革，降产能减库存成效明显。据初步估计，截至12月底，全行业库存量累计约65万台。据协会统计显示（表2），行业百余家整机企业产品库存量约51.9万台，同比下降32.63%，其中工业缝纫机库存同比降幅高达40.71%。

表 2　2016 年行业百余家骨干整机生产企业分产品产销及库存情况

产品分类	产量（台）	产量同比（%）	销量（台）	销量同比（%）	产销率（%）	库存（台）	库存同比（%）
家用缝纫机	1472601	-11.50	1450861	-12.02	98.52	88994	38.03
工业缝纫机	3370578	0.47	3538364	5.35	104.98	413774	-40.71
缝前缝后设备	200385	2.29	180368	-7.45	90.01	16099	50.85
总计	5043564	-3.61	5169593	-1.04	102.50	518867	-32.63

数据来源：中国缝制机械协会

（五）外贸

据海关总署数据显示，2016年前我国缝制机械产品累计进出口贸易额26.0亿美元，同比下降5.67%，降幅有所收窄；贸易顺差18.2亿美元，较上年同期扩大4.74%，再创同期历史新高。

1. 出口

据海关总署最新数据显示（图4），2016年行业累计出口缝制机械产品22.1亿美元，同比下降1.64%，降幅较2015年明显收窄，出口企稳态势明显。行业月出口额基本维持在1.4

亿～2.1亿美元。

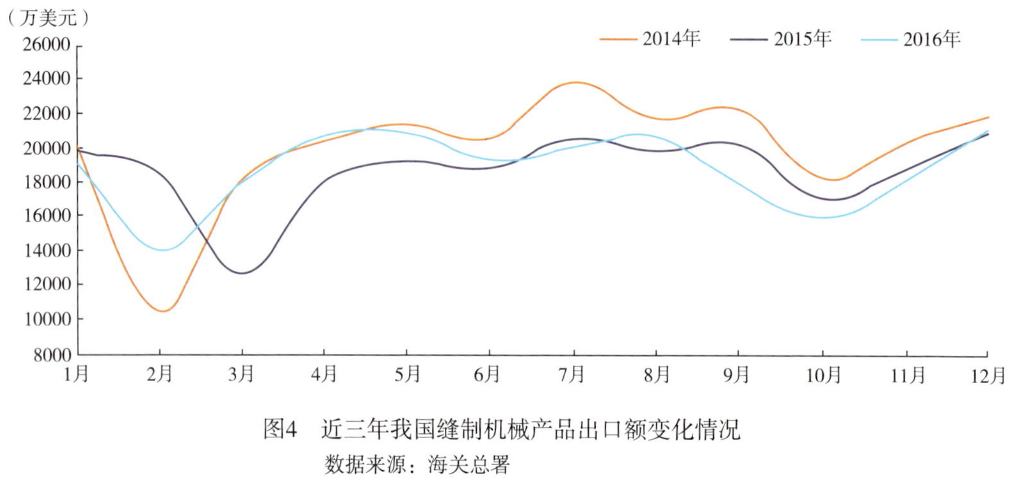

图4 近三年我国缝制机械产品出口额变化情况

数据来源：海关总署

据海关总署数据显示（表3）：

家用机：2016年，我国累计出口单价50美元以上的家用缝纫机219.1万台，同比下降13.26%，出口额2.06亿美元，同比下降15.79%；

工业机：2016年，我国累计出口工业缝纫机331.0万台，同比增长4.65%，出口额9.59亿美元，同比下降0.56%。其中，工业缝纫机出口均价为289.8美元，同比下降4.9%，出口均价仅相当于日本重机等国际知名企业出口均价的37.5%。这一方面是由于近年国际市场竞争激烈导致价格持续走低；另一方面说明我国产品主要还是集中在对价格敏感的中低端市场，产品质量、品牌竞争力和附加值与国际先进水平依然差距较大。

刺绣机：2016年，我国出口单价4000美元以上的刺绣机2.38万台，出口额3.43亿美元，同比分别下降6.55%和4.20%；

缝前缝后设备：2016年，我国累计出口缝前缝后设备89.7万台，出口额2.58亿美元，同比分别增长15.26%和9.90%；

零部件：2016年，我国累计出口缝制机械零部件3.57亿美元，同比增长2.55%。

表3 2016年我国缝制机械分产品出口情况

产品名称	出口量		出口额	
	数值（台）	同比（%）	数值（美元）	同比（%）
家用缝纫机	7808363	-6.01	284379690	-13.71
多功能家用缝纫机	2443363	-9.43	188725831	-19.18
手动缝纫器	3001909	-2.20	39696809	0.31
其他家用型缝纫机	2363091	-6.97	55957050	-0.94
工业缝纫机	3309654	4.65	959271309	-0.56
工业用自动平缝机	617844	8.23	192746170	-4.26

续表

产品名称	出口量		出口额	
	数值（台）	同比（%）	数值（美元）	同比（%）
工业用自动包缝机	266274	8.90	73055015	8.06
工业用自动绷缝机	70480	21.07	43194144	10.36
其他工业用自动缝纫机	941695	7.61	289331719	2.13
其他工业用非自动缝纫机	1413361	−0.03	360944261	−3.31
刺绣机	48285	−32.38	351338019	−4.99
刺绣机	48285	−32.38	351338019	−4.99
缝前缝后设备	898646	15.26	258148982	9.90
拉布机等	1521	−19.44	34680741	40.92
熨烫机及挤压机	462380	6.73	78009398	1.90
裁床等	434745	26.18	145458843	8.78
缝纫机零部件	60492913	3.56	356698835	2.55
缝纫机针	1062497	−10.24	14861379	−10.25
家用缝纫机旋梭	117176	−3.21	1985968	6.08
其他家用缝纫机零件	10988393	−17.63	72399725	−11.08
工业用缝纫机旋梭	290545	−22.49	10698114	2.11
其他工业用缝纫机零件	20766604	21.48	43616363	77.01
其他缝纫机未列名零件	27267698	3.68	213137286	0.13
缝制机械产品汇总	—	—	2209836835	−1.64

数据来源：海关总署

2. 进口

据海关总署数据显示（表4），2016年我国累计进口缝制机械产品3.9亿美元，同比下降23.43%，较上年同期大幅下滑。2016年我国缝制机械产品进口延续上年下滑趋势，每月进口额均不超过5千万美元，三、四季度月均进口额更位于不到3千万美元的低点（图5）。

表 4　2016 年我国缝制机械分产品进口情况

产品名称	进口量		进口额	
	数值（台）	同比（%）	数值（美元）	同比（%）
家用缝纫机	94820	13.22	6930688	16.23
工业缝纫机	31159	−11.88	107446399	−7.04
刺绣机	589	30.89	15861140	1.50
缝前缝后设备	8869	−10.55	188140038	−33.87

续表

产品名称	进口量		进口额	
	数值（台）	同比（%）	数值（美元）	同比（%）
缝纫机零部件	1858826	-10.51	71528877	-18.28
缝制机械产品汇总	—	—	389907142	-23.43

数据来源：海关总署

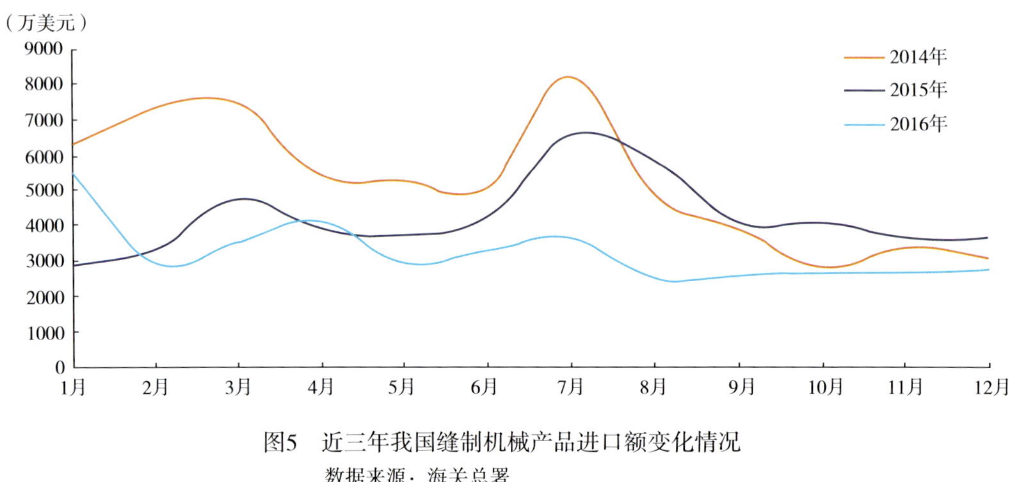

图5 近三年我国缝制机械产品进口额变化情况

数据来源：海关总署

（六）效益

据国家统计局数据显示（表5），2016年，我国缝制机械行业238家规模以上企业累计完成主营业务收入322.1亿元，同比增长0.34%；实现利润总额20.4亿元，同比增长6.85%，指标同比增长由负转正；毛利率16.05%，同比增长1.67%；主营业务收入利润率6.32%，同比增长6.49%，成本费用利润率6.75%，同比增长7.01%。另据协会统计的百余家骨干整机企业数据来看，2016年其累计实现主营业务收入152.2亿元，同比增长5.62%；利润总额10.1亿元，同比增长31.83%。行业利润小幅增长，效益明显提升。

此外，2016年行业亏损情况较上年同期明显好转。据国家统计局数据显示，12月行业238家规上企业中，亏损企业数24家，亏损面10.08%，较上年同期下降3.32个百分点；企业累计亏损额1.24亿元，同比下降60.86%，亏损深度6.07%，较上年同期下降10.18个百分点。

表5 2016年我国规模以上缝制机械生产企业效益情况

指标名称	全国总计	同比（%）
企业单位数（个）	238	—
主营业务收入（千元）	32209705	0.34
利润总额（千元）	2037147	6.85
毛利率（%）	16.05	1.67
主营业务收入利润率（%）	6.32	6.49

续表

指标名称	全国总计	同比（%）
成本费用利润率（%）	6.75	7.01
亏损企业单位数（个）	24	14.29
亏损额（千元）	123611	-60.86

数据来源：国家统计局

据国家统计局数据显示（表6），2016年我国规模以上缝制机械生产企业累计成本费用302亿元，同比下降0.15%。其中三费（营业费用、管理费用、财务费用）合计31.5亿元，同比下降1.59%。行业主营业务百元收入成本83.95元，较上年同期下降2.10元，行业降本增效取得一定成效。

表6　2016年我国规模以上缝制机械生产企业效益成本费用情况

指标名称	全国总计	同比（%）
成本费用（千元）	30189156	-0.15
主营业务成本（千元）	27040733	0.02
营业费用（千元）	913331	-4.12
管理费用（千元）	2059072	-0.53
财务费用（千元）	176020	-0.36
利息支出（千元）	229075	-15.74

数据来源：国家统计局

二、2016年行业发展特点

2016年，企业积极引领发展新常态，坚持创新驱动，加快智能转型，努力提质增效，经济运行质量不断改善。呈现以下主要特点：

1. 创新驱动正向拉动力成效凸显，行业指标四升两降

2016年，在国家供给侧改革、“三品战略”以及智能制造等政策引领推动下，行业创新升级加速，创新成果显著，创新驱动发挥了促转型、稳增长、提效益的正向拉动力作用。据初步统计，2016年行业骨干企业科研投入占销售总额比例高达4.7%，发明专利授权同比增长13.04%，以智能缝制单元、高速超多头刺绣机、智能裁床等为代表的中高端装备快速产业化并引领行业增长，基于大数据、物联网、云平台等先进技术的行业智能化缝制解决方案不断研发和深入应用，行业智能转型步伐加快并不断迈向中高端。

在技术创新大力驱动下，2016年，行业产量虽然同比继续小幅下滑，但是产值止跌回升，同比增长2.10%；规上企业主营业务收入同比增长0.34%，毛利率和主营业务收入利润率（图6）分别增长1.67%、6.49%；利润总额同比增长6.85%；工业增加值持续回升，累计增速5.3%（图7）；行业百家企业库存同比下降32.63%。全年来，行业经济指标呈现出明显的

"四升两降"特征，经济运行质量持续改善。

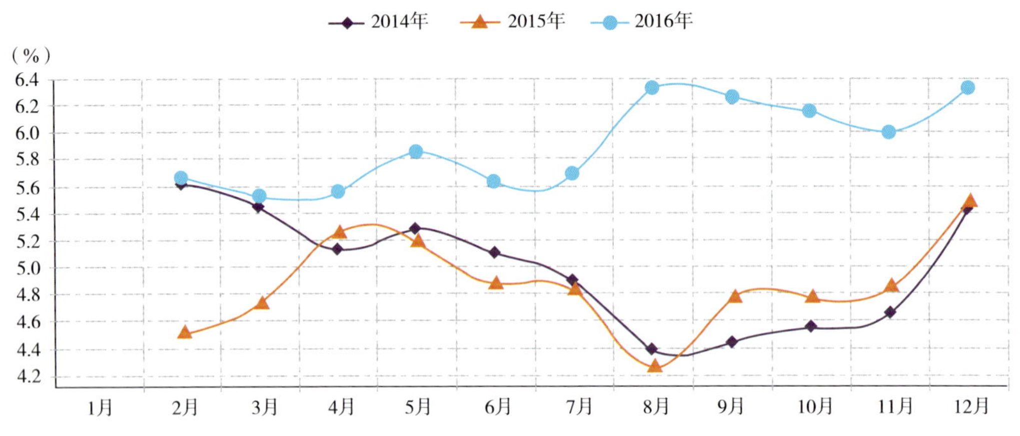

图6 近三年我国规模以上缝制机械生产企业主营业务收入利润率变化情况
数据来源：国家统计局

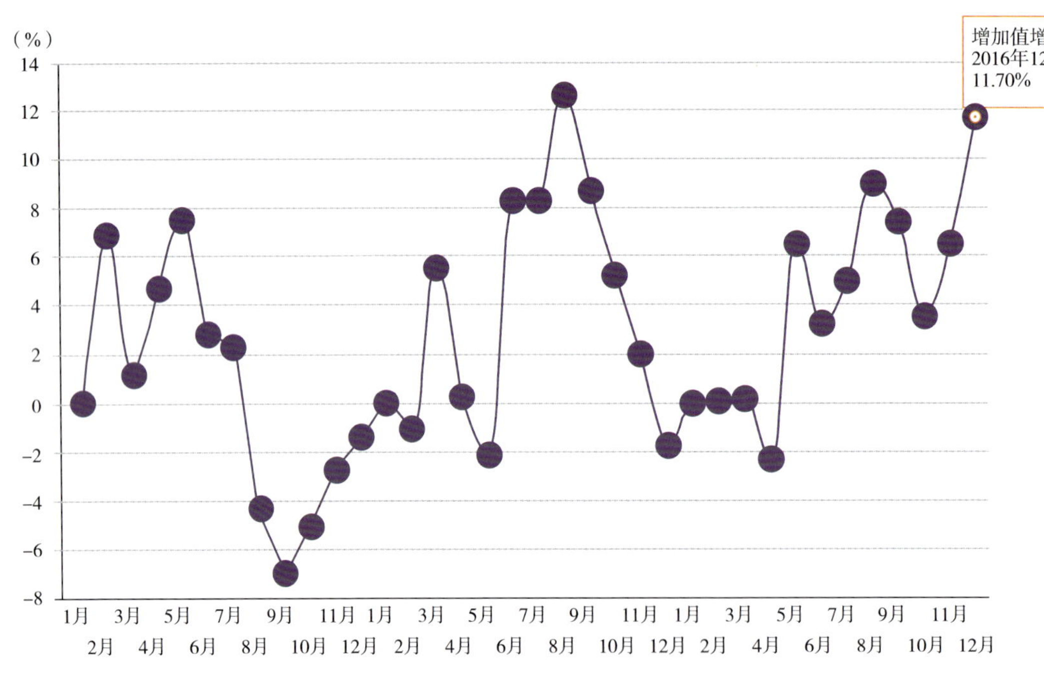

图7 近三年我国缝制机械行业规模以上企业工业增加值增速情况
数据来源：中国轻工业信息中心

2. **出口结构不断改善，外贸在内外销结构中占比持续加大**

随着近年全球劳动力等制造成本的不断上升，海外服装产业纷纷加快转型升级步伐，通过采购自动缝制设备提升生产效率。据国家海关数据显示，2016年行业自动类工业缝纫机出口189.6万台，出口额5.98亿美元，同比分别增长8.44%和1.18%，其中电脑平车、电脑包缝、电脑绷缝以及其他工业用自动类缝纫机出口量分别增长8.23%、8.90%、21.07%和7.61%（图8）。自动类工业缝纫机出口量占工业机出口比重的57.3%，较上年同期增长2个百分点。

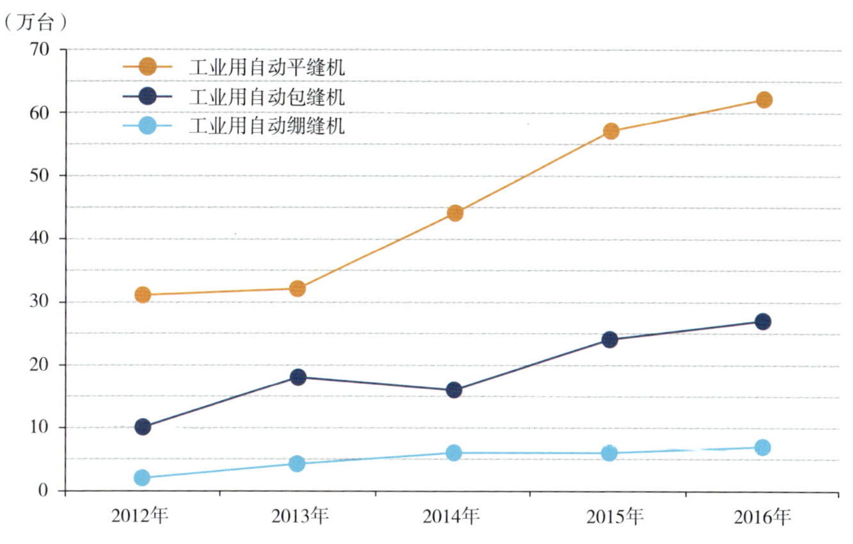

图8　近五年行业各类自动工业缝纫机年出口量变化图
数据来源：海关总署

由于内需持续低靡，2016年，企业纷纷发力国际市场，行业外贸在内外销结构中占比持续加大。据初步测算，行业工业缝纫机的内、外销比重已经由2015年的43.5 %、56.5%调整为2016年的37.1%、62.9%（图9）。

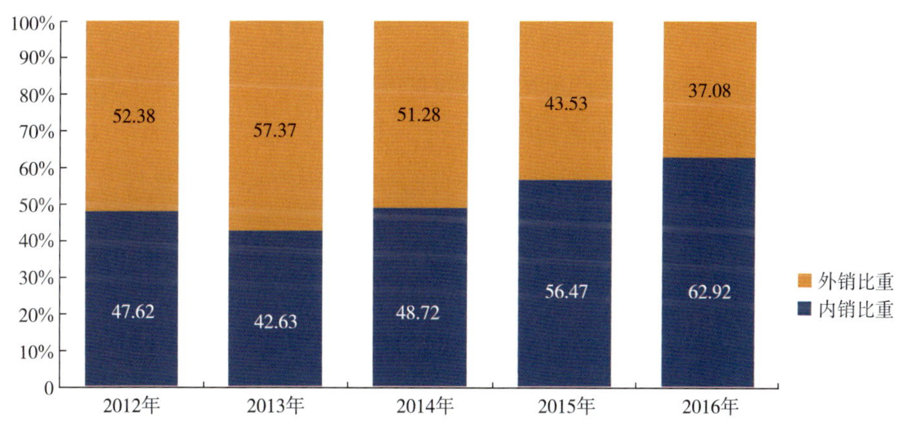

图9　近五年行业工业缝纫机内外年销量结构占比变化图
数据来源：海关总署

3. 行业供给侧改革成效显现

2016年，行业企业积极推进供给侧改革，并取得积极成效。主要表现在：

一是调结构，行业集中度进一步提高。企业加快结构调整，缝制设备机电一体化占比已经提升到80%以上；行业结构调整和洗牌加快，2016年统计局统计的行业规上企业数量减少25家，同比下降9.5%，但资产总额和主营业务收入同比保持增长；行业前10强工业缝纫机企业产量占全行业工业机的比重由40.15%增长到41.73%。

二是增品种，中高端供给能力较快提升。企业对接需求，加大创新力度，自动模板机、自动缝制单元等智能高效装备产量增幅迅猛，基于云平台、物联网等信息化技术研发的中高端装备品种不断增多。

三是降产能，去库存成效明显。零部件企业主动缩减产能超过20%，整机企业库存同比降幅高达40%。

四是提质量，效益显著改善。行业绷缝机、电脑套结机质量提升工程深入推进，新产品、新技术等成为企业提质增效的主力军，行业利润、利润率等经济指标较快提升。

4. 聚焦缝制主业，差异化发展提速

为打造竞争新优势，提升核心竞争力，企业纷纷聚焦主业，练内功、补短板、增动力，加快差异化发展步伐。主要表现在：

一是强化制造、提升柔性。如杰克、标准、美机、汇宝等缝纫机骨干企业纷纷开展智能缝纫机生产线、机壳加工线等柔性化技术改造，信胜、玛雅等刺绣机骨干引进龙门铣床等先进加工设备。

二是创新管理、提升效率。如杰克陆续启动和深化MES、APS、IPD等项目实施，美机全面深入实施精益生产，莱州强信、宁波迪信等零部件企业积极导入MES、ERP等生产及信息化管理软件。

三是深度营销、拓展市场。如杰克、美机、中捷、乐江等企业均积极开展各种接地气的新品推广和品牌宣传活动，打造经销千店工程，举办多区域、各层级的市场研讨活动，提升渠道把控与市场应变能力。

四是突出差异、自主发展。一方面是在产品发展策略上确立自主方向，如杰克持续聚焦“三机”，中捷发力智能微油平缝和自动模板机，美机研发新一代平包绷智慧缝纫机，汇宝加快转型厚料机等；另一方面是在产品内外部设计突出差异化，重塑品牌新定位。如杰克A4智能平缝机，标准GC6930A智能高速微油平缝机，美机Q系列智慧缝纫机，顺发S8五自动智能电脑平缝机等，这些产品以新颖的外观、独特的功能、大气的型号彰显了各自的差异化特性，逐步引领行业发展潮流。

三、2017年行业形势与发展展望

2017年，国内外政治经济形势依然复杂多变。对于缝制机械行业来说，是深化行业供给侧结构性改革，推动行业精细化分工的重要一年，行业发展依然充满着各种机遇与挑战。

（一）一季度行业形势

2017年一季度，行业继续延续2016年12月产销需求回暖的积极态势。由于2016年行业结构调整和洗牌的推进，集中度进一步提升，2017年初行业自动类产品库存基本消化殆尽，受整机和经销两级补库需求集中释放，周期性市场小高潮拉动，以及春节前后招工难、企业产能恢复慢等多因素叠加影响，行业一季度订单同比快速增长，整、零企业阶段性缺货状况明显，各企业均纷纷加班加点赶订单，行业呈现供需两旺的良好市场开局。

1. 生产

据协会统计的百家整机企业数据显示，2017年1~2月工业总产值累计为20.8亿元，同比

增长7.53 %，其中2月当月工业总产值同比增长高达25.41%；2017年1~2月累计生产缝制机械73.8万台，同比增长9.5 %；其中，工业缝纫机累计生产53.3万台，同比增长15.64%，2月当月工业缝纫机生产同比增速高达51.5%，各主要品种产量同比全面增长。

据对行业15家主要整机企业调查显示，一季度企业订单量同比增长约32%，生产同比增长24%。受零部件供给不足、招工难等影响，整机企业产能恢复较慢，2月企业平均交货率只能达到65%~70%，3月平均交货率逐步提升到85%~90%。

2. 库存

据协会统计的百家整机企业数据显示，截至2017年2月，行业库存有38万台（含家用机、工业机、缝前缝后等），同比减少47.02%。

据协会调查显示，2017年一季度，由于需求集中释放、行业工业缝纫机库存大幅减少，部分适应下游市场需求的机电一体化缝纫设备库存量基本为零。3月随着企业产能的逐步恢复和国内市场需求的明显降温，3月中下旬电脑平车供需逐步平衡，但特种机供给仍然存在一定缺口，3月底部分企业开始出现少量的库存。

3. 出口

据国家海关统计数据显示，2017年1~2月行业累计出口额为2.91亿美元，同比下降9.38%。工业缝纫机出口量累计为46.7万台，同比下降4.58%。其中，自动平缝、自动包缝、自动绷缝以及其他工业自动缝纫机出口量分别增长9.80%、0.13%、15.34%和3.87%，而其他工业用非自动缝纫机出口量则下降16.96%。行业机电一体化产品出口继续保持增长。

2017年1~2月行业出口呈现下降趋势，主要考虑为：一方面是国外需求释放相对平缓，另一方面为国内春节放假影响和企业近期生产销售资源更多向完成国内定单任务倾斜。据协会调查显示，3月随着国内定单量开始下降，部分骨干企业的外贸订单呈现增长趋势，行业出口市场有望在二季度发力，推动行业平稳发展。

4. 效益

据国家统计局数据显示，2017年1~2月规上企业主营业务收入同比增长17.28%；利润总额同比增长42.18%；毛利率为17.18%，同比增长7.5%；主营业务收入利润率为6.72%，同比增长21.23%。另据协会统计的百家整机企业数据显示，2017年1~2月利润总额为1.45亿元，同比增长16.35%。

从协会对行业15家主要整机企业的调查显示，2017年一季度，由于企业产量持续增长，产值较快增加，效益同比增长明显。统计显示，行业15家主要整机企业利润同比增长约28.5%，销售利润率同比小幅增长3.1%。

5. 发展投入

随着企业转型升级成效不断显现，企业引领经济新常态的信心和能力逐步增强。从协会调查情况来看，2017年骨干企业的发展投入动力不减，在提质增效、创新发展方面持续发力，主要表现在：一是继续扩大生产投资和加大技术改造力度。杰克股份、中捷、美机、乐江、富山、浙江信胜等多家骨干企业均纷纷计划投资扩建生产线和进行生产线、加工装备的柔性化与自动化改造，2017年投资计划总额同比增长25%~30%；二是持续增加科技创新投入，计划在科研人员引进、智能化设备研发、新产品小批量试制生产、增加研发设备等方面加大投资，2017年创新投入计划总额同比增长20%~25%。

综合以上情况来看，2017年一季度行业产销两旺的行情主要还是由于2016年产能减少、库存短缺所积累下来的补库需求释放，尚未出现下游需求持续大幅增长、行业全面快速回暖的明显信号。因此，对于2017年全年行业形势走势，企业大都持谨慎乐观态度，不管市场如何变化、波动，增信心、练内功、调结构、促转型、抓创新依然是企业驾驭新常态、实现发展转型的重要法宝。

（二）面临的机遇与挑战

1. 机遇

2017年，行业发展面临诸多机遇。一是《中国制造2025》《消费品工业“三品”专项行动计划》以及政府加大减税力度、释放制造业活力等诸多政策措施将持续落地，有利于企业加快转型并得到更多的政策性支持；二是下游消费结构持续升级将扩展产业增长空间，服装时尚化、个性化、多元化发展，智能生产及管理，提升品质和技术进步等等方面的发展需求，有望集中较快释放并有效激发我行业的技术创新和中高端供给能力；三是智能制造、大数据、互联网+、物联网、云计算等新一代信息智能技术正与制造业深度融合发展，行业可抓住这一历史机遇，推动智能转型，着力构筑新的技术发展优势，加快迈入产业发展中高端。

2. 挑战

2017年，行业发展也面临诸多挑战。一是生产要素成本持续高位运行将加剧企业经营压力，随着国家环保限产等政策持续收紧，各种原材料价格仍可能保持小幅上涨态势，融资成本高、税赋压力大、用工成本上涨以及同质化竞争等因素，仍将持续困扰企业发展；二是结构调整进入深水区，行业洗牌速度加快，预计2017年行业以争市场、保生存为目标的同质化竞争将更趋激烈，企业将面临被洗牌的压力和挑战；三是国际缝制设备市场竞争更加剧烈，由于内销低靡已成常态，预计2017年国际市场竞争将会更加白热化，企业一方面要面对来自国内同行的低价竞争、大幅放账等带来的严峻挑战，另一方面还要面临来自欧、日等国际品牌在中高端市场的打压阻击。

（三）发展展望与预测

2017年，随着国家产业政策红利逐步释放，下游产业转型及消费升级持续拉动，特别是即将迎来CISMA 2017的盛大召开，将极大地激发行业创新增长动力，提振发展信心，推动行业逐步走出发展低谷并实现健康平稳发展。

1. 发展展望

（1）行业生产景气度温和回升。2016年年底及2017年年初，行业由于补充库存消耗和下游需求阶段性回升导致的缝制设备供需两旺的积极态势，将会触发整机和零部件企业从供需匹配的角度对自身产品结构、全年生产能力布局和产能控制度的再思考、再平衡。加之2017年国际经济持续复苏预期增强，特别是我国一季度工业经济企稳向好趋势持续巩固，这种良好的市场开局和发展预期，将在一定程度上提振企业信心，促进企业加大投入和创新，适度增强补库能力。

（2）智能设备热销态势持续加大。2017年年初招工难现象再度在全国各地上演，不少沿海和经济发达城市的下游服装等行业由于缺工导致开工明显不足，而且这一用工紧缺现象已经成为常态。因此，这将有利于激发下游企业加快采购智能、高效缝制设备来替代人工。随着行业智能缝制单元产品的质量与技术日趋成熟，产品售价不断亲民，已经具备了批量进入下游企业的条件，预计2017年智能缝制设备将继续延续两位数增长的热销态势。

（3）行业资源整合的发展趋势进一步提速。近年以上工、杰克等为代表的骨干企业在行业开展了一系列的产业并购、重组以及各种战略性协作，发挥了良好的示范作用，促进了行业发展格局的演变。随着2017年行业结构调整和洗牌的不断深入，预计这种营销网络互通、组织经验互补、产能重新分配、资本合作、技术协同、品牌聚合等资源整合趋势将会在行业中加速，资源整合能力将成为企业未来重要的竞争力。

（4）企业国际化布局进程进一步加快。2017年，缝制设备市场竞争热点将进一步向国际市场转移，以日资为代表的缝制机械企业将加快向越南等东南亚国家的产业转移步伐，巩固国际生产基地，建立本土化供应体系，提升成本竞争力。而中国缝制机械企业将重点布局国际新兴市场和中小服装企业，同时积极瞄准中高端市场需求，在拓展国际营销网络、提升本土化服务能力、加强国际收购兼并、建立研发与服务机构等方面积极发力，弥补在市场、服务、品牌、质量等方面的发展短板，构筑国际竞争新优势。

2. 发展预测

2017年，我国缝制机械行业将抓住国际市场持续复苏、消费结构升级、产品升级换代等重大机遇，加快结构性调整，继续以差异化创新扩展市场增量空间，以信息与智能化技术深入应用激发和引领中高端需求，将快速迈入“智能化、差异化、品牌化、自主化”的发展新阶段，有望逐步迎来行业新一轮增长和发展新周期。

（1）生产形势预测。2017年行业生产形势同比2016年预计将明显好转。一季度受下游订单拉动和经销补库需求释放，行业产销两旺，电脑平车等主导性产品的供需逐渐平衡。二季度受出口订单拉动、整机补库需求释放以及一季度生产惯性延续，行业生产同比总体将保持温和增长，但增速将开始明显下滑。三季度受传统淡季影响，内外需求快速疲软，行业生产将较快下行并再次触底，消化库存成为市场主要特征。四季度企业开始逐步补库并积极为2018年一季度市场进行储备，行业生产将有望逐步止跌回升。从全年来看，行业生产形势将可能呈现“高开低走、年底翘尾”的U形曲线走势。

预计2017年行业总产量同比下滑比例将继续收窄，但是工业缝纫机产量增速有望由负转正，实现个位数的低速增长，行业工业总产值将继续小幅回升，保持正向增长态势。

（2）市场形势预测。2017年，从国内市场来看，招工难、人工成本和各种要素成本持续上涨等因素仍将继续影响实体经济发展，服装等劳动密集型产业持续向外转移趋势短期内难以扭转。2017年1~2月，我国纺织品服装累计出口额同比下降9.12%，服装内销有所下滑，形势不容乐观，预计2017年缝制设备内需市场形势依然严峻。

从国际市场来看，美国经济持续复苏增长势头良好，欧元区和日本有望保持弱势复苏，新兴经济体活力不断增强，东南亚等国经济发展依然抢眼，但经济不稳定因素和风险依然存在。总体来看，缝制设备所面对的国际市场相对稳定，不会出现大起大落，印度、越南、巴基斯坦、非洲等市场有望释放较强活力，缝制机械行业出口在振荡中保持持续小幅上升仍将是未来几年的主要发展趋势。

初步判断，2017年国内市场传统产品内需将持续低靡，个性化、定制化、智能单元等高效率产品需求将呈集中爆发态势，有望实现中高速增长。国际市场企稳回暖趋势将进一步巩固，企业拓展国际市场的力度将继续加大，2017年行业出口将在振荡中缓慢回升，出口额、出口量同比有望由负转正，较2016年呈现小幅增长。

附　录

2016年中国纺织工业联合会奖项

2016年全国纺织行业质量奖（家纺）

南通大东有限公司

2016年纺织行业品牌培育管理体系有效运行企业（家纺）

江苏悦达家纺有限公司
江苏圣夫岛纺织生物科技有限公司

2016年重点跟踪培育服装家纺自主品牌企业（家纺）

上海水星家用纺织品股份有限公司
南方寝饰科技有限公司
上海龙头家纺有限公司
紫罗兰家纺科技股份有限公司
江苏梦兰集团有限公司
江苏悦达家纺有限公司
江苏金太阳纺织科技股份有限公司
江苏堂皇集团有限公司
江苏康乃馨织造有限公司
江苏蓝丝羽家用纺织品有限公司
浙江洁丽雅纺织集团有限公司
真北集团有限公司
安徽鸿润（集团）股份有限公司
安徽天鹅科技实业（集团）有限公司
安徽天馨工艺制品集团有限公司
安徽星星轻纺（集团）股份有限公司

福建佳丽斯家纺有限公司
愉悦家纺有限公司
滨州亚光家纺有限公司
威海市山花地毯集团有限公司
济宁如意家纺有限公司
湖南梦洁家纺股份有限公司
多喜爱家纺股份有限公司
青海藏羊地毯（集团）有限公司
大连东立工艺纺织品有限公司
宁波维科精华集团股份有限公司
福建龙岩喜鹊纺织有限公司
上海小绵羊实业有限公司
浙江巴贝领带有限公司
宁波博洋控股集团有限公司

2016年纺织服装企业品牌50强（家纺）

浙江洁丽雅纺织集团有限公司
孚日集团股份有限公司
罗莱生活科技股份有限公司
鑫缘茧丝绸集团股份有限公司
上海东隆羽绒制品有限公司
上海水星家用纺织品股份有限公司
安徽天鹅科技实业（集团）有限公司
江苏堂皇集团有限公司

2016年纺织服装企业产品品牌（家纺）

江苏恒康家居科技股份有限公司
滨州亚光家纺有限公司
安徽天馨工艺制品集团有限公司
宁波博洋控股集团有限公司

2016年自主创新品牌（家纺）

南通巴黎春天生态纺织品有限公司
如意屋家居有限公司
福建龙岩喜鹊纺织有限公司

2015～2016年度中国纺织服装企业综合竞争力500强名单（家纺）

500强位次	企业名称	500强位次	企业名称
16	孚日集团股份有限公司	153	江苏金太阳纺织科技股份有限公司
22	浙江洁丽雅纺织集团有限公司	158	江苏蓝丝羽家用纺织品有限公司
24	深圳市富安娜家居用品股份有限公司	164	江苏悦达纺织集团有限公司
32	罗莱生活科技股份有限公司	166	杭州华辰植绒有限公司
38	山东滨州亚光毛巾有限公司	173	江苏康乃馨织造有限公司
41	湖南梦洁家纺股份有限公司	179	裕隆控股集团有限公司
43	江苏梦兰集团有限公司	183	江苏三联家用纺织品有限公司
65	愉悦家纺有限公司	197	绍兴小轩窗居室用品有限公司
67	江苏红柳床单有限公司	236	南通大东有限公司
69	东升地毯集团有限公司	250	越美集团有限公司
73	江苏堂皇集团有限公司	254	山东滨州豪盛巾被有限公司
74	杭州奥坦斯布艺有限公司	255	宁波维科精华集团股份有限公司
77	上海水星家用纺织品股份有限公司	262	青岛金泰家纺有限公司
90	众望控股集团有限公司	269	江苏美罗家用纺织品有限公司
94	达利丝绸（浙江）有限公司	282	龙福环能科技股份有限公司
117	浙江和心控股集团有限公司	290	烟台北方家用纺织品有限公司
128	安徽鸿润（集团）股份有限公司	292	江苏圣罗兰寝品有限公司
131	浙江巴贝纺织有限公司	302	海宁市天屹织造有限公司
133	大连东立工艺纺织品有限公司	304	兰溪市圣宇毛巾有限责任公司
134	浙江金蝉布艺股份有限公司	307	青岛利晔家纺有限公司
139	上海小绵羊实业有限公司	312	江苏明超国际贸易有限公司
146	杭州柯力达家纺有限公司	313	海宁金永和家纺织造有限公司

续表

500 强位次	企业名称	500 强位次	企业名称
315	浙江双灯家纺有限公司	368	四川御马床单毛巾有限公司
317	南方寝饰科技有限公司	376	威海毛纺织集团有限公司
335	福建佳丽斯家纺有限公司	388	山东诚谊家居有限公司
344	雅芳婷布艺实业（深圳）有限公司	408	浙江怡通工艺有限公司
359	浙江玛雅布业有限公司	486	珠海市欧博莱布业有限公司

中国家纺艺术与设计终身成就奖

获奖人员及简介（按姓氏笔画排序）

	**王福文**　高级工艺美术设计师、国家高级家纺设计师、享受国务院特殊津贴 曾获国家金龙奖、全国床品图案设计金奖、银奖；曾担任中国纺织工业部纺织品优秀图案设计百花奖评委、中国国际家纺产品设计大赛和中国国际家纺创意设计大赛评委。		**吕志高**　高级工艺美术设计师、享受国务院特殊津贴 曾获“天津市劳动模范”“天津市新产品开发带头人”等称号；并多次受邀担任张謇杯中国国际家用纺织产品设计大赛评委。
	**陈　凯**　高级工艺美术师、上海市工艺美术大师、高级家纺设计师 曾获“全国纺织系统劳动模范”“上海市劳动模范”等称号；曾任上海工艺美术职业学院客座教授、上海市工艺美术系列高级职称评审委员。		**何　锋**　高级家纺设计师 曾任中国服装研究设计中心设计室主任、中国家纺室内文化研究会秘书长、中国家纺设计师分会秘书长。
	**邰　诚**　高级工艺美术师 曾获“全国纺织劳动模范”“全国劳动模范”称号；其设计的室内纺织品图案及产品曾荣获国家银质奖、国际博览会金奖以及国家经委颁发的优秀新产品“金龙奖”。		**徐行健**　高级美术师、研究员、书画家、享受国务院特殊津贴 曾获“全国五一劳动奖章”“全国纺织工业劳动模范”“首届全国最佳纺织产品设计师”“山东省专业技术拔尖人才”等称号；曾连续当选山东省人大代表、山东省政协委员等。
	**章国礽**　高级工艺美术设计师、享受国务院特殊津贴 历年来设计作品获省、市级奖励近百次；曾任历届中国家纺设计大赛评委；中国家纺职业培训教材执行主编、广东省家纺协会顾问。		**黄元庆**　东华大学服装·艺术设计学院教授副院长、中国美术学院上海设计分院兼职教授 曾获全国纺织图案设计一等奖及全国纺织优秀设计表彰、钱之光教育奖；出版著作、教材《印染图案艺术设计》《色彩构成》《服装色彩学》等20余册（其中部委及国家级教材4册）。

“张謇杯”2016年中国国际家用纺织产品设计大赛获奖名单

（一）产品设计奖

金奖

序号	作品名称	参赛作者	所在企业、院校
1	卡尔丹宁	林昊光	江苏金太阳家用纺织品有限公司
2	Red sea（红海）	郑素英（韩国）	
3	蜡染系列产品	杨学珍	贵州省安顺市西秀区苗娃少数民族服装厂

银奖

序号	作品名称	参赛作者	所在企业、院校
1	璀璨恒美		孚日集团股份有限公司
2	流光溢彩	顾菁菁	紫罗兰家纺科技股份有限公司
3	翠影停憧	高静丽	烟台明远家用纺织品有限公司
4	我的生活	汤怀东	南通大东有限公司
5	There（在那里）	严善子（韩国）	
6	青出于蓝	吴灵姝、倪沈键	南通大学蓝印花布艺术研究所

铜奖

序号	作品名称	参赛作者	所在企业、院校
1	棉花铺子	乔丹丹	河北永亮纺织品有限公司
2	花香	杨会会	山东烟台明远家用纺织品有限公司

续表

序号	作品名称	参赛作者	所在企业、院校
3	Memories of Ⅱ（回忆Ⅱ）	安嘉瑛（韩国）	
4	唯美盛典		滨州亚光家纺有限公司
5	绿野仙踪	高静丽	烟台明远家用纺织品有限公司
6	The memory of april（四月的记忆）	具祉良（韩国）	
7	南国春色	钱雪梅、姜冬莲	江苏工程职业技术学院
8	觅静	任欢欢	海门市晋帛家用纺织品有限公司
9	融	申妍妍	

（二）中国家纺品牌文化奖

中国家纺品牌产品流行风尚奖

序号	作品名称	参赛企业、院校
1	奢之韵	江苏大唐纺织科技有限公司
2	海上都市	上海华礼丝纺织品有限公司
3	大爱无疆—棉小兜	河北永亮纺织品有限公司

中国家纺品牌文化概念奖

序号	作品名称	参赛企业、院校
1	疏影画境	江苏梦兰集团有限公司
2	张謇文化	南通大东有限公司
3	曼陀罗	上海华礼丝纺织品有限公司

（三）天猫家纺线上“好设计系列奖”

中国家纺好设计奖

序号	作品名称	参赛企业、院校
1	大鱼海棠—椿的世界	罗莱家纺官方旗舰店
2	全棉民族风	二十一家纺旗舰店
3	卡布里	尚玛可家纺旗舰店
4	寐 mine 曦月	梦洁家纺旗舰店

中国家纺好设计功能奖

序号	作品名称	参赛企业、院校
1	北欧纯色水洗棉床品	密家旗舰店
2	卡通抱枕大鱼海棠系列	罗莱家纺官方旗舰店
3	天竺水洗棉床品	密家旗舰店
4	水牛皮席、艺术毯（塔山艺术大师版）	塔山旗舰店

中国家纺好设计工艺奖

序号	作品名称	参赛企业、院校
1	修普诺斯之翼	尚玛可家纺旗舰店
2	纯色运动床品	水漾家纺旗舰店
3	纯色简约	水漾家纺旗舰店
4	清风幽韵	富安娜官方旗舰店

中国家纺好设计文化奖

序号	作品名称	参赛企业、院校
1	全棉水墨画彩绘中国风	二十一家纺旗舰店
2	欧式红色婚庆	汉尚家居旗舰店
3	萌娃冬已	水星家纺旗舰店

“海宁家纺杯”2016年中国国际家用纺织品创意设计大赛获奖名单

（一）创意画稿组

金奖

序号	作品名称	参赛作者	所在企业、院校	指导教师
1	闲云赋	黎光辉	清华大学美术学院	贾京生

银奖

序号	作品名称	参赛作者	所在企业、院校	指导教师
1	望乡	戴文	济南纺织服装工业设计中心	
2	朴	杨宗恒	广州美术学院	林绮芬
3	寂夜	关颖怡	北京服装学院	孙一楠

铜奖

序号	作品名称	参赛作者	所在企业、院校	指导教师
1	碧山风云	姜冬莲	江苏工程职业技术学院	姜冬莲
2	素·雅	徐逸群	鲁迅美术学院	庄子平
3	丝绸之魂	方有为	北京服装学院	王阳
4	street	柯棐斐	北京服装学院	刘晓萍
5	ON—FUSE	罗相挟	国立韩京大学	姜基勇、林松圭

优秀奖

序号	作品名称	参赛作者	所在企业、院校	指导教师
1	隐藏	谭洁月	鲁迅美术学院	庄子平
2	探·寻	武俊彤	鲁迅美术学院	
3	乌宿还依伴，蓬飘莫问根	魏美霖	东华大学	温润
4	迷	纪思燕	广州美术学院	林绮芬
5	影	陈婕	浙江理工大学	罗中艳
6	渔翁	王其琦	北京服装学院	
7	cozy home	刘婷毓	北京服装学院	刘晓萍
8	天幻	朱晨宇	北京服装学院	孙一楠、刘达
9	呼·吸	王璇棋	北京服装学院	史文莉
10	women’s	崔雅琦	北京服装学院	孙一楠
11	空城	隋欣原	山东轻工职业学院	高盛涛
12	魅影	鲁梦凡	山东轻工职业学院	高盛涛
13	格·点·棋	郑琼洁	南京艺术学院	薛宁
14	镜花蝶涌	潘伟伟	南京艺术学院	王建
15	衍	孙甜甜	青岛大学	郑骞、任雪玲、彭卫丽
16	移动生活	耿藏花	青岛大学	马君弟
17	胧	刘立倩	青岛大学	马君弟
18	青花韵	傅晓彤	青岛大学	马君弟
19	彩墨	傅晓彤	青岛大学	郑骞、任雪玲、彭卫丽
20	卡门	陈若琦	南京艺术学院	张萍

（二）软装设计组

金奖

序号	作品名称	参赛作者	所在企业、院校
1	风起	赵梓博	鲁迅美术学院

银奖

序号	作品名称	参赛作者	所在企业、院校
1	小资荟 2	石在玉	张家港市典石装饰公司
2	后现代	朱敏捷	大境国际空间设计
3	微光之初	龙潇、张春夏	大连艺术学院

铜奖

序号	作品名称	参赛作者	所在企业、院校
1	净舍	郑展鸿、刘小文	CEX 鸿文空间设计有限公司
2	禅意	黄福	个人设计师
3	康斯丹郡	李源	东易日盛家居装饰集团股份有限公司
4	OML 软装生活馆	刘冠能	刘冠能设计空间
5	山间林下　结庐而居 3	彩虹石（北京）空间设计有限公司	彩虹石（北京）空间设计有限公司

优秀奖

序号	作品名称	参赛作者	所在企业、院校
1	龙的 DNA	黄雪萍、王郁婷	天境室内计划有限公司
2	内外无界	黄雪萍、王郁婷	天境室内计划有限公司
3	现代风	魏宜辉	东莞市正象装饰设计顾问有限公司
4	建筑之风	山霖茜	浙江科技学院
5	大境设计—禅意中式风格	朱敏捷	大境国际空间设计
6	美式	朱敏捷	大境国际空间设计
7	现代	朱敏捷	大境国际空间设计
8	静悟客房	郑展鸿、刘小文	CEX 鸿文空间设计有限公司
9	静悟主卧	郑展鸿、刘小文	CEX 鸿文空间设计有限公司
10	温暖	杨羽洁	桂林电子科技大学职业技术学院
11	枫·景	王小根	北京根尚国际空间设计有限公司
12	天青处	王小根	北京根尚国际空间设计有限公司
13	旭辉	北京集意宴空间设计有限公司	北京集意宴空间设计有限公司

续表

序号	作品名称	参赛作者	所在企业、院校
14	佳华领汇广场	廖国雄	深圳市水木恒环境艺术设计有限公司
15	维塔空间设计	朱俊翔	维塔空间设计
16	日式禅意	施少芬	深圳市艺居软装设计有限公司
17	春乐昏明	黄福	个人设计师
18	映镜内外思辨	家居部落客推荐	家居部落客推荐
19	暖冬	刁磊波	海宁市格林花园有限公司
20	西西里故事	潘佳丽	海宁市布妍诚纺织

“震泽丝绸杯”首届中国丝绸家用纺织品创意设计大赛获奖名单

金奖

序号	作品名称	参赛作者	所在企业、院校
1	亭话	朱雨	南京艺术学院

银奖

序号	作品名称	参赛作者	所在企业、院校
1	上海·海上	李楠	江苏工程职业技术学院艺术设计学院
2	GRAND MOSQUE	卢瑞柳	江南大学纺织服装学院
3	清风自来	周勇	北京服装学院

铜奖

序号	作品名称	参赛作者	所在企业、院校
1	长安之旅	李敏仪	北京服装学院
2	秘密竹林	刘仁吉	东华大学
3	小镇	彭琪	北京服装学院
4	青春	秦梦宁	南通大学艺术学院
5	心有猛虎	徐梦馨	南通大学艺术学院

优秀奖

序号	作品名称	参赛作者	所在企业、院校
1	mandrel & toco toucan	JANG IN SEON	큐브 studio QV
2	庄周梦蝶	陈炎楠	南京艺术学院
3	触	戴余珠	苏州大学艺术学院
4	清叶向	刁季涵	东华大学
5	十里红妆女儿梦	何莹莹	湖南工艺美术职业学院
6	镜圆	侯宇馨	北京服装学院
7	雨墨	胡群	南京艺术学院
8	景	华钊颖	南京艺术学院
9	共聚	黄翠宝	苏州工艺美术职业技术学院
10	偲	雷城	湖北美术学院
11	渺	黎洋洋	南通大学艺术学院
12	荷叶	刘俊莉	南通大学艺术学院
13	相伴	娄颖杰	北京服装学院
14	倦鸟归巢	秦蒙蒙	河南工程学院
15	Monkey-King	邱佳烽	南通大学艺术学院
16	破碎	谭洁月	鲁迅美术学院
17	钻之韵	王涵	鲁迅美术学院
18	风与雅丹	王妮	湖北美术学院
19	碗儿胡同	王天歌	鲁迅美术学院
20	前进	王笑	北京服装学院
21	交错	王阳	江南大学纺织服装学院
22	心・亘	王治超	江苏工程职业技术学院艺术设计学院
23	蕉流	危艳卿	南京艺术学院
24	莲	肖诗龙	北京服装学院
25	向东・向西	徐娜	江苏工程职业技术学院艺术设计学院
26	叠・思居	杨宗恒	广州美术学院
27	墨上花开	衣俊静	北京服装学院
28	夏午	张燕霞	北京服装学院
29	花样年华	郑骞	青岛大学
30	collage game（拼贴游戏）	祝阿冬	鲁迅美术学院

最佳创意设计应用奖

序号	作品名称	参赛作者	所在企业、院校
1	ZOOTOPIA	高洁	鲁迅美术学院
2	景	华钊颖	南京艺术学院
3	上海·海上	李楠	江苏工程职业技术学院艺术设计学院
4	青春	秦梦宁	南通大学艺术学院
5	丝·无界	张杨	苏州太湖雪丝绸股份有限公司

最佳设计题材奖

序号	作品名称	参赛作者	所在企业、院校
1	触	戴余珠	苏州大学艺术学院
2	相伴	娄颖杰	北京服装学院
3	mandrel & toco toucan	JANG IN SEON	큐브 studio QV
4	长安之旅	李敏仪	北京服装学院
5	倦鸟归巢	秦蒙蒙	河南工程学院

最佳传统纹样表现奖

序号	作品名称	参赛作者	所在企业、院校
1	华胥引·惊梦	李玉	苏州大学艺术学院
2	蝶恋花	沈春苗	苏州市山水丝绸有限公司
3	碗儿胡同	王天歌	鲁迅美术学院
4	留忆	修万林	鲁迅美术学院
5	亭话	朱雨	南京艺术学院

中国纺织产业集群试点地区名单（家纺）

以家纺产业为主的产业基地

序号	授予称号	产业集群所在地	授予时间
1	中国纺织产业基地	浙江省海宁市	2002.12
2	中国纺织产业基地	江苏省南通市通州区	2004.1
3	中国纺织产业基地	江苏省海门工业园区	2004.12
4	中国纺织产业基地	山东省滨州市	2010.11

家纺产业特色名城（镇）

序号	授予称号	产业集群所在地	分类	授予时间
1	中国布艺名镇	浙江省海宁市许村镇	布艺	2002.12
2	中国布艺名城	浙江省杭州市余杭区	布艺	2002.12
3	中国静电植绒名镇	浙江省嘉兴市油车港镇	布艺	2002.12
4	中国家纺名镇	江苏省南通市通州区川姜镇	床品	2004.1
5	中国家纺布艺名镇	浙江省桐乡市大麻镇	布艺	2004.12
6	中国工艺家纺名城	山东省威海市文登区	床品	2004.12
7	中国羽绒家纺名镇	浙江省杭州市萧山区新塘街道	床品	2004.12
8	中国绗缝家纺名城	浙江省浦江县	床品	2006.5
9	中国藏毯之都	青海省西宁市	地毯	2006.5
10	中国手工羊毛地毯名城	新疆维吾尔自治区和田地区	地毯	2006.8
11	中国家纺名城	山东省高密市	毛巾	2007.3
12	中国家纺寝具名镇	浙江省建德市乾潭镇	床品	2007.3

续表

序号	授予称号	产业集群所在地	分类	授予时间
13	中国窗帘窗纱名镇	浙江省绍兴县杨汛桥镇	布艺	2007.12
14	中国手工家纺名城	安徽省岳西县	床品	2008.6
15	中国蚕丝被家纺名镇	江苏省吴江市震泽镇	床品	2008.6
16	中国防寒服·家纺名镇	江苏省常熟市虞山镇	床品	2008.6
17	中国静电植绒名镇	浙江省天凝镇	布艺	2009.1
18	中国毛巾·毛毯名城	河北省高阳县	毛巾	2009.1
19	中国家纺名镇	江苏省丹阳市导墅镇	床品	2010.11
20	中国家纺名镇	江苏省丹阳市皇塘镇	床品	2010.11
21	中国蚕丝被名镇	浙江省桐乡市洲泉镇	床品	2011.1
22	中国床垫布名镇	浙江省杭州市萧山区义桥镇	布艺	2012.7
23	中国家纺流苏名城	辽宁省瓦房店市	流苏	2012.12
24	中国家纺名城	四川省彭州市	床品	2012.12
25	中国家纺面料名镇	苏州市吴江区七都镇	面料	2014.9

2016年国民经济和社会发展统计公报数据汇编

表 1　2016 年年末人口数及其构成

指　标	年末数（万人）	比重（%）
全国总人口	138271	100
其中：城镇	79298	57.4
乡村	58973	42.7
其中：男性	70815	51.2
女性	67456	48.8
其中：0~15 岁（含不满 16 周岁）	24438	17.7
16~59 岁（含不满 60 周岁）	90747	65.6
60 周岁及以上	23086	16.7
其中：65 周岁及以上	15003	10.8

表 2　2016 年居民消费价格比上年涨跌幅度

指　标	全国（%）	城市（%）	农村（%）
居民消费价格	2	2.1	1.9
其中：食品烟酒	3.8	3.7	4
衣着	1.4	1.5	1.3
居住	1.6	1.9	0.6
生活用品及服务	0.5	0.5	0.2
交通和通信	-1.3	-1.4	-1.1
教育、文化和娱乐	1.6	1.5	1.9
医疗保健	3.8	4.4	2.5
其他用品和服务	2.8	2.9	2.2

表 3 2016 年房地产开发和销售主要指标及其增长速度

指 标	单 位	绝对数	比上年增长（%）
投资额	亿元	102581	6.9
其中：住宅	亿元	68704	6.4
其中：90 平方米及以下	亿元	24772	0.5
房屋施工面积	万平方米	758975	3.2
其中：住宅	万平方米	521310	1.9
房屋新开工面积	万平方米	166928	8.1
其中：住宅	万平方米	115911	8.7
房屋竣工面积	万平方米	106128	6.1
其中：住宅	万平方米	77185	4.6
商品房销售面积	万平方米	157349	22.5
其中：住宅	万平方米	137540	22.4
本年到位资金	亿元	144214	15.2
其中：国内贷款	亿元	21512	6.4
其中：个人按揭贷款	亿元	24403	46.5

表 4 2016 年居民消费价格月度涨跌情况

项目	单位	1 月	2 月	3 月	4 月	5 月	6 月	7 月	8 月	9 月	10 月	11 月	12 月
月度同比	%	1.8	2.3	2.3	2.3	2.0	1.9	1.8	1.3	1.9	2.1	2.3	2.1
月度环比	%	0.5	1.6	−0.4	−0.2	−0.5	−0.1	0.2	0.1	0.7	−0.1	0.1	0.2

表 5 2012~2016 年国内生产总值及增长速度

项目	2012 年	2013 年	2014 年	2015 年	2016 年
数值（亿元）	534123	588019	635910	676708	744127
增幅（%）	7.7	7.7	7.3	6.9	6.7

表 6 2012~2016 年社会消费品零售总额及增速

项目	2012 年	2013 年	2014 年	2015 年	2016 年
数值（亿元）	214433	242843	271896	300931	332316
增幅（%）	17.1	13.25	11.96	10.68	10.43

表 7 2012~2016 年全国居民人均收入情况

项目	2012 年	2013 年	2014 年	2015 年	2016 年
数值（元）	16510	18311	20167	21966	23821
增幅（%）	10.6	8.1	8.0	7.4	6.3

world-famous professional towel manufactyrer

南通大东有限公司

NANTONG DADONG CO.,LTD.

南通大东有限公司成立于1987年5月，迄今已有三十年历史，在20世纪80年代是国内较早从事毛巾家居用品的集研发、设计、生产和销售为一体的专业生产型企业，公司与世界顶级品牌长期合作、开发，致力于为全球消费者提供高品质的居家生活用品。

专业，敬业。工匠精神的目标是打造本行业最优质的产品，其他同行无法匹敌的卓越产品。

这就是执着于本心，顺信仰而前行的匠人之心。每件事未必一定有意义，但总有热爱它的人去赋予其生命。对职业敬畏、对工作执着、对产品负责，极度注重细节，不断追求完美和极致，给客户无可挑剔的体验。

TOWEL 大东

公司目前在中国南通拥有一个大型集群生产基地，拥有国际先进水平的浆、织、漂、染、缝、绣、整全流程毛巾生产线、拖鞋生产线、服装制品生产线。在越南投入5千万美元新建占地20万平方集群生产基地，预计在2017年8月投入生产，形成国内外客户群体的优势互补。

大东毛巾从创立至今30年，对细节与品质的追求始终如一，暗合了现在所倡导的“工匠精神”，精益求精。注重细节，追求完美和极致，不惜花费时间精力，孜孜不倦，反复改进产品，把99%提高到99.99%。

Brand

world-famous professional towel manufactyrer

自营品牌

自主品牌“都豪Doout”“艾森Upxon”经设计、开发、推广，逐步进入华润万家、大润发等大型商超以及上海八佰伴、永安百货、伊藤洋华堂等高档百货商场，大东积极进取，适应市场发展，转变战略方向，深化企业机制改革，推进管理创新，和实生物，推行企业文化，大东公司正阔步向前。高新技术企业、Oeko-tex 100欧洲生态认证、美国Wrap社会责任体系认证以及南通市市长质量奖、全国纺织行业质量奖、产品开发贡献奖等，这些都是对大东公司取得成绩的肯定。

产品的设计融合国际流行元素，不断推出创新与优雅兼备的新设计，以“尊贵、温馨、经典”的鲜明定位全面满足现代精英人群对高品质生活的需求。

upxön HOUSEHOLD

艾森UPXON取义于[UP]不断创新和[ON]拒绝平庸的产品理念，产品融合国际时尚元素，致力于为消费者创造健康舒适的居家生活。

Do the real，do the best 做最真做最好，从一开始，DD就致力于为全球消费者创造健康舒适的居家生活。“巾”善“巾”美是我们对生活品质的一种追求。

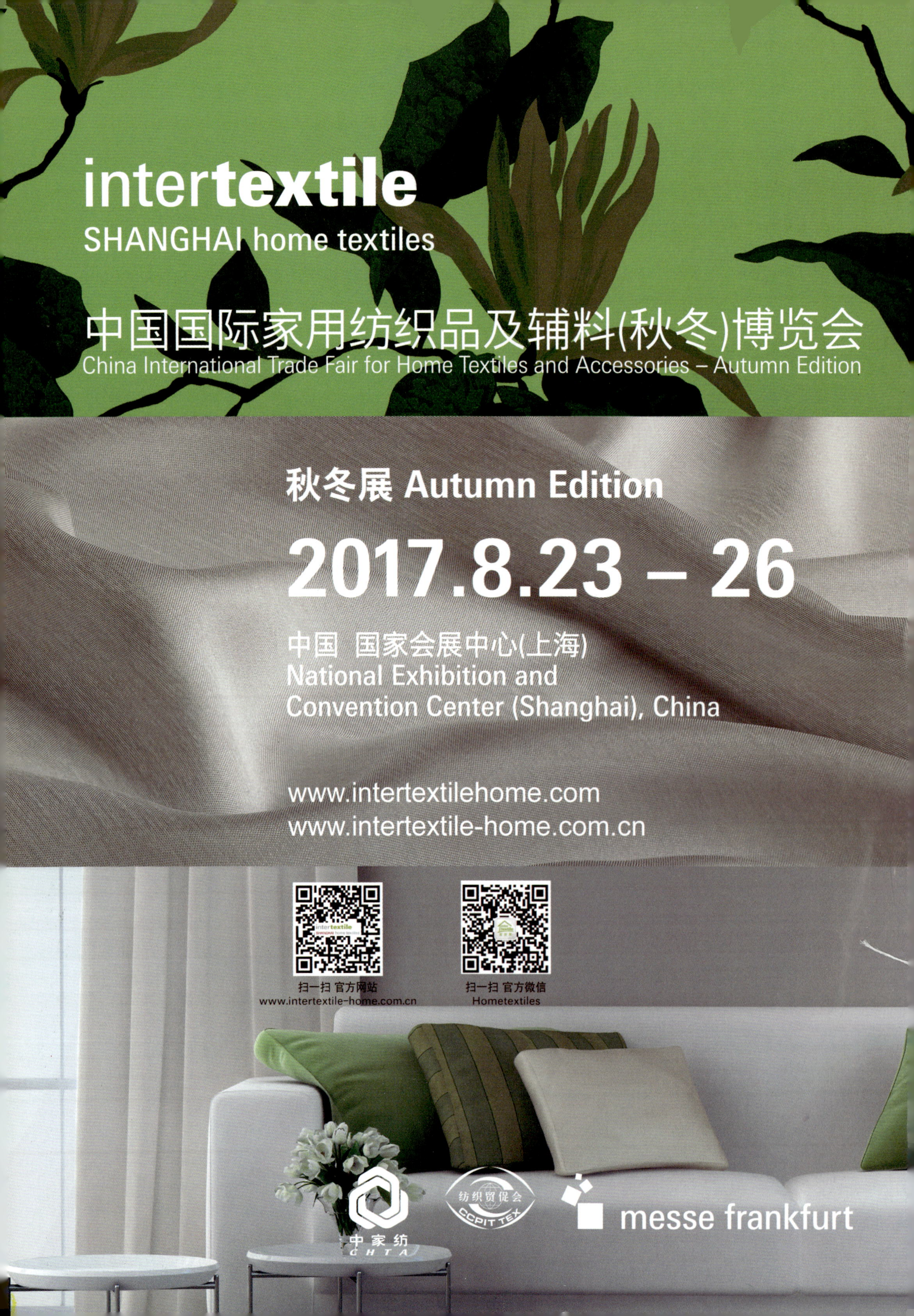
intertextile
SHANGHAI home textiles
中国国际家用纺织品及辅料(秋冬)博览会
China International Trade Fair for Home Textiles and Accessories – Autumn Edition
秋冬展 Autumn Edition
2017.8.23 – 26
中国 国家会展中心(上海)
National Exhibition and
Convention Center (Shanghai), China
www.intertextilehome.com
www.intertextile-home.com.cn
扫一扫 官方网站
www.intertextile-home.com.cn
扫一扫 官方微信
Hometextiles
中家纺
CHTA
纺织贸促会
CCPIT TEX
messe frankfurt